日本政治思想研究

権藤成卿と大川周明

大森美紀彦

世織書房

日本政治思想研究——権藤成卿と大川周明——《目次》

凡例

一、引用に際し旧字体は新字体に改め、ルビ・傍点等は割愛した。
一、原典で判読不能の文字については、伏字にしている。
一、「支那」等、現在使われていない用語については括弧を付した。
一、〈　〉を付した用語は、著者の造語である。

日本政治思想研究

序章

非武力と武力の政治秩序観

1　はじめに

東京裁判で東条英機の頭を叩き退廷になった大川周明については、映画『東京裁判』（小林正樹監督、一九八三年）等で知る人は多いであろう。また、近来その研究書も多く出版されるようになった。しかし権藤成卿となると、滝沢誠が新版『権藤成卿』（一九九六年）を著し、岩崎正弥が『農本思想の社会史』（一九九七年）でその思想を取り上げるなど、アカデミックな研究は継続的になされているとはいえ、一般に知名度はきわめて低いといえる。

それゆえ、本書でこの二人の思想を比較・検討することに対して意外な感じを持つ人が多いかもしれない。なぜ今、権藤成卿と大川周明なのか。

「東京裁判」A級戦犯28人がそろった被告席〈後列中央が大川周明〉（1947年5月3日写、毎日新聞社提供）

　私が権藤成卿研究に入った契機は大学院で農本主義思想を研究対象にしたことによる。最初に研究対象として取り上げた思想家は満蒙開拓政策を推進した加藤完治であった。加藤を対象にした修士論文を書き終えた私は、続けて同時代の農本主義思想家を加藤との比較の中で研究していこうと思い、幾人かの思想家の文献に目を通し始めた。そうした思想家の中に権藤成卿がいた。ところが、権藤の思想にふれるようになって、私はそれまでの権藤研究と実際に彼の著作にあたった時のイメージとの乖離が次第に気になるようになっていった。そして、彼の政治思想が従来の政治学では解釈できないのではないかと考えるようになり、師であった故神島二郎教授に相談したところ、権藤の思想は神島が開発中の「新しい政治学」に拠らなければ解けないと示唆され、農本主義という視点を転換し、権藤をその「新しい政治学」で再検討するという研究にのめり込んでいった。

　神島の「新しい政治学」は何よりも「武力」を「ウルティマ・ラティオ」とする従来の政治学を超えようとしたものである。私は権藤の思想を神島の開発した「政治元理表」[1]（16頁表参照）の「帰嚮元理」で解く作業を始めた。そうした方法で行なったのが私の権藤成卿研究である。

　一方、大川周明は権藤と同時代に生き互いに接点を持つが、その思想は権藤とは対照的である。それゆえ権藤と比較すればその思想史的位置が一層明らかになると考えて、研究を始めた。その結果、権藤の思想が主として「政治元理表」の「帰嚮元理」で分析できるとするならば、大川の思想は主として「支配元理」で分析できることがわかった。私はこうした前提で従来の大川周明研究の再検討を行なっていった。

ところで、私の研究の背後に常にある問題意識は現今の国際的国内的政治状況と「政治学」状況である。国際的にはアメリカは、泥沼化したイラク・アフガン情勢にもかかわらず、依然として武力外交に固執しており、日本の与、野党もこれに合わせるように、憲法第九条の改定を目論んでいるように思われる。これに対して反戦の国際世論やムードが対抗しているように見え、新聞の投書などには反戦や脱暴力の傾向が見て取れる。しかし、そうした傾向を的確に分析して見せる「政治学」がないのが現状である。「武力」を「ウルティマ・ラティオ」とする旧態依然の政治学では、アメリカの「先制攻撃主義」を批判することもできなければ、国内外の平和・脱暴力の思想やムードを浮び上がらせることもできない。

私は一九三〇年代に思想的に相対峙した権藤成卿と大川周明という二人の比較を通じて、同時に現代政治における「武力」の問題を考える手掛かりを探ってみたいと思った。現状を「戦後」ではなく「戦前」ととらえる見方もある。そこで意味する戦争は明治以降先の大戦までとは異なって、「国際貢献」の名の下に行なわれるのであろう。もしそうであるならば、その来るべき戦争を防ぐ手だての一つは「政治学」にもあるのではないだろうか。「世論」や「人心」を的確に組み込む「政治学」があれば国際政治の現状をより的確にとらえ、小泉前首相の政治手法の問題点を的確にとらえることができ、心ある人々の間にある反戦や平和の思想をもっと力あるものとして浮び上がらせることができるのではないか。同様にもし、あの時代に権藤成卿や石橋湛山の思想をもっと浮び上がらせる「政治学」があったならば、大川周明に代表されるような「武力の政治」を大きな勢力にすることはなく、アジア・太平洋戦争へとエスカレートしていったあの時代の流れを多少なりとも塞き止めることができたのではないだろうか。神島の「新しい政治学」はまさにあの時代の戦争体験とその時代的検証の上に構築された政治学である。私が本書で行なった権藤と大川の比較研究は、当時の歴史・政治思想に対する検証研究であるとともに、以上のような問題意識を前提にした現代の政治状況を非戦平和の方向に導く手掛かりを模索する営みでもある。

2　政治学的前提

私がこの本で用いる分析枠組みは〈武力の政治秩序観〉と〈非武力の政治秩序観〉という二分法である。政治現象を考える上で、従来「武力」(通常「暴力」・「物理的強制力」という言葉で表現される。本書では「政治元理表」における「闘争元理」に内包する暴力と区別する意味で「武力」という言葉を使う。「武力」にはそのむき出しの行使だけでなく、「威嚇」という心理的な圧力や武力をちらつかせた「かけひき」も含まれる)は「ウルティマ・ラティオ」として政治における決定的な要因であると考えられてきた。例えば、戦後日本の政治学の方向性を決定付けた丸山眞男は次のようにいう。

ただ紛争が純粋な理性的討議から暴力的対立の方向に近づくに従って、政治的な臭がするのは何故かというと紛争の政治的解決がなにより相手に対するなんらかの制裁力を背景としてその行使、または行使の威嚇によってなされる解決であるからです(2)。

政治的紛争は他の解決手段がすべて効を奏さない場合には、究極には暴力の行使の段階に立ち至ります。その意味で暴力という物理的強制手段を最後の切札（ultima ratio）として持たない集団はそれだけ社会的価値の争奪をめぐる政治的紛争において後れをとることになります(3)。

こうした政治の見方は戦後政治学の常識として定着し、「武力」を政治における決定的な要因とする考え方は長く検討されないままであった。本書の分析枠組みである〈武力の政治秩序観〉と〈非武力の政治秩序観〉は、政治において「武力」が決定的な要因であるか否かという問題に関わっている。つまり〈武力の政治秩序観〉は政治秩序において「武力」が決定的な要因になっていると考える見方であり、〈非武力の政治秩序観〉は「武力」が決定的な要因ではなく他の要素が決定因になっているという見方である。

私が本書で用いる以上の二分法は神島二郎が開発した「政治元理表」の「権力」の概念を援用したものである。神島は「権力」を「切札」「決め手」等の平易な言葉で説明しているが、要するにそれは政治現象（社会・諸集団のまとめ）における「まとめ」（＝従来の政治学用語では「意思決定」「秩序化」「統一」「権威主義的配分」等という言葉で表現される）において決定的な要因を意味する。神島は政治における「権力」を一〇種挙げることによってこの「武力」を相対化した。そこには政治において決定的に重要なのはもはや「武力」ではないという認識がある。さらに彼はこうした見方に基づいて現実政治においても「武力」はもはや決定的な要因ではないと分析していた(4)。

「政治元理表」の一〇の「権力」とは、「人心」「愛」「業」「文明」「交換」「世論」「法」「出会い」「真鋭」「武力」である(5)。ここでは「武力」は一〇の「権力」の内の一つに過ぎない。私の二分法に戻れば〈武力の政治秩序観〉は「支配元理」の「武力」に基づく政治秩序観であり、〈非武力の政治秩序観〉とは「闘争元理」を含む他のすべての「権力」に対応する。

本書では〈武力の政治秩序観〉と〈非武力の政治秩序観〉という「分析枠組み」を使って権藤成卿と大川周明の思想を比較・分析するが、「政治元理表」の「権力」の分類では主に「人心」(権藤成卿)と「武力」(大川周明)を使うことを意味する。

3 具体的課題

1 権藤成卿論の再検討

本書で取り上げる権藤成卿は明治以降の近代日本政治思想史上において〈非武力の政治秩序観〉を唱えた希有の思想家である。権藤は国内政治論においても、国際政治論においても、「武力」をその中心に置かなかった。彼の「人心による政治」は〈武力による政治秩序観〉とは対極に位置するものであった。

権藤成卿については、これまで様々な人が論じてきた。戦前期の同時代人としては、土田杏村、向坂逸郎、兎川寛二、林癸未夫、山川均、座間勝平、郷登之助、長野朗、蓑田胸喜、松沢保和、戸坂潤等であり、戦後では、桜井武雄、山田英世、伊福部隆彦、丸山眞男、藤田省三、橋川文三、蠟山政道、関口尚志、滝沢誠、土方和男、G・M・ウィルソン、綱沢満昭、鈴木正節、村上一郎、G・M・バーガー、渡辺京二、木下半治、福井直秀、松尾章一、西野辰吉、岡崎正道、小林英夫、D・E・アプター、岩崎正弥等である。

兎川寛二、座間勝平が述べているように、権藤成卿の名が知られるようになったのは「血盟団事件」「五・一五事件」がきっかけである。林、郷、兎川、座間の論文は、昭和初期における権藤の紹介的要素が強く、思想の検討といった色彩は薄い。しかし、その後の権藤イメージ――「血盟団事件」「五・一五事件」の黒幕――を作る上では大きな役割を果たした。土田は、農本主義の立場から好意的にその自治主義を紹介している。山川や向坂はもちろんマルクス主義の立場からその階級性を問題にして批判している。松沢、長野は直弟子らしく、その自治主義を踏襲発展させることを期する文章を書いている。ユニークなのは蓑田と戸坂で、蓑田は権藤の日本史を国体論の立場から激しく論難している。戸坂はこの時期には珍しく権藤の変革論を論じており、「人心による革正」という権藤の主張に的確に着目している。戦前期の権藤論をまとめると、①「血盟団事件」「五・一五事件」の黒幕として紹介したもの、②農本主義の立場から行なわれたもの、③自治主義に着目したもの、④マルクス主義の立場から批判したもの、⑤国家主義の立場から批判したもの、⑥「人心による変革論」に着目したもの等があった。そして、一部（長野朗・戸坂潤ら）を除いてほとんどすべて、権藤が「血盟団事件」「五・一五事件」によって世に知られるようになったという事実を前提にして論じられ、権藤がそれらの事件の黒幕であるというイメージをうえつける役割を多かれ少なかれ果たした。

戦後いち早く権藤を取り上げ、そのようなイメージを定着させたのは、やはり丸山眞男である。丸山は「日本ファシズムの思想と運動」(6)の中で日本ファシズムの「農本主義的」特徴の例として権藤の思想を取り上げ、欧米のファシズムとの違いを説明している。しかし丸山は、権藤のとった行動もその思想もつぶさに検討しなかったのではないか。そして、丸山に続くその後の権藤論もこうした戦前の権藤のとらえ方をそのまま受け入れてきたように思われる。例えば関口尚志、G・M・ウィルソンはこうした権藤論の典型であるし、山田英世、小林英夫の権藤論はさらに極端な例である。すなわち、山田は権藤を「志士型農本主義者」とし、権藤が勇ましい思想を持ち勇ましい運動をしたととらえているし、小林は権藤を「現状破壊派のファシスト」と位置付け、暴力的な革命思想の持ち主であるとしている。いずれも「血盟団事件」「五・一五事件」の政治的暴力性に引き付けた解釈であるといえよう。そして、立花隆の近著『天皇と東大・上』の権藤についての記述においても、依然こうした見方が踏襲されている(巻末の参考文献参照)。

ところで、戦後の権藤研究にとって最も大きな成果は滝沢誠によって伝記的な研究が行なわれたことである(7)。滝沢によって権藤研究は大きく発展した。そして、それを踏まえた注目すべき研究が、渡辺京二(8)、岡崎正道(9)、福井直秀(10)、岩崎正弥(11)らの研究である。

私がこれ等の人々の研究に注目するのは、何よりも難解だとされていた権藤の著作の原文に真正面から取り組んだ仕事だからであり、そこから従来とは異なった解釈を提出したからである。彼らはいずれも従来の研究とは違って、権藤の思想の中には「現状破壊」とか「暴力的革命」とかの「政治的暴力性」はほとんど見られないことを明らかにした。

例えば渡辺は権藤の思想には政治的な暴力性が希薄であり、それはむしろ「穏健な保守主義」と名付けるべきで、権藤の思想が政治的な暴力がはびこった時代にもてはやされたのは「昭和史のイロニー」であるとまでいっている。また、岡崎正道は、権藤の思想には過激な実力闘争という視点がなかったといい、それゆえ権藤は変革論を持たず、その思想は一種のユートピズムであったという結論を導き出している。

一方、福井直秀は権藤の思想の中から「変革論」を探ろうと努力した。しかし、福井は権藤が「武力行使を意図せず、むしろ宣伝、啓蒙による人心の覚醒を考えて」いたことに的確に止目していたにもかかわらず、結局岡崎と同様権藤には政治的な「変革論」がなかったと結論した。岩崎正弥は、雑誌『制度の研究』を手掛かりに「社稷自治論」を丹念に検討し、そこにある「軍部独裁批判＝議会制擁護」「ファシズム批判」「公同財産権思想」等を的確に指摘している。

私はこれら四人の研究者がいずれも、権藤の思想が暴力的な政治論ではないということを明らかにした点にまず注目したい。これは、権藤の著作に直接当たりさえすれば誰でも気付くことであるが、従来権藤の著作が難解であることもあり、それがおろそかにされがちであった。そうした意味でこれら四人の研究を高く評価したいが、そうだからといって逆に渡辺・岡崎・福井のように権藤の思想には「変革論」がなかったと結論付けていいのであろうか。それは既成の政治学を前提にし、「武力」という要素がない故に「変革論」がないと断定しているのではなかろうか。「人心」に基づく「政治」を「政治」の範疇に入れなかった故の結論ではなかったか。本書ではそうした問題意識に基づき議論が展開されよう。

2　従来の大川周明論の再検討――再び原文に即して

昭和前期の最後の局面で、権藤は〈武力の政治秩序観〉に支配される当時の風潮及びその申し子のような大川周明と思想的に対決した。しかし、この対決で「勝利」したのは大川周明の〈武力の政治秩序観〉であった。権藤成卿の思想が再評価されるためには敗戦という膨大な人的・物的損害を被らなければならなかった。そうした犠牲の上に構築されたものが戦後の日本国憲法体制――とりわけ憲法第九条の思想に基づく非武装主義路線――に他ならない。

橋川文三が述べるように大川周明については長く本格的な研究がなされなかったが(12)、一九八一年に栄沢幸二が『日本のファシズム』(13)で大川を取り上げることによって本格的な研究が始まった。一九八六年に松本健一によって『大川周明――百年の日本とアジア』(14)が出版され、大川の思想の持つ問題性が様様な面から指摘された。一九九〇年には大塚健洋によって『大川周明と近代日本』(15)が、続いて一九九五年に一般読者向けに新書版の『大川周明』(16)が出版された。大川研究を学者としての出発点においた研究者の登場である。二〇〇一年には刈田徹によって『大川周明と国家改造運動』(17)が出版される。

大川の思想分析に三分の二を割いている栄沢幸二の『日本のファシズム』は実質的には「大川周明論」ということができ、本格的な大川研究の草分け的な仕事である。本書と違い栄沢の著書は大川の思想の変化よりも思想全体を総体的に見て、「急進的ファシズム」の思想として北一輝や内田良平等との共通点を探ろうとしている。そうした総体としての大川の思想の中心に栄沢は「道義国家観」を置いているように思われる。これは後の大塚にも影響を与えたようであるが、「三月事件」等一連の暴力的クーデタに関わる大川の思想をとらえる上で誤解を生じやすい。大川が「武力の政治」を主張したのではなく道徳的な社会改革をめざしたような印象を与えるからである。もちろん栄沢の書を精読すればその誤解は解消される。「ウルトラナショナリズムの特質が、ナショナリズムの本質的な属性でもある民族国家のエゴイズムの、無制限・野放図な発現にあればあるほど、これを正当化する壮大なイデオロギーを必要とする。大川周明の道義国家観や日本精神論、改造論、日本帝国の使命を説く対外政策論なども、その具体化であった。」(18)と大川の思想を厳しく糾弾しているからである。しかし、後の大塚の著作ではこうした批判的視点はなくなっている。

松本健一『大川周明――百年の日本とアジア』では大川の思想は「道義国家観」というよりも「皇室中心主義」(満川亀太郎の大川評)としてとらえられている。もし大川周明の国家論を一言で表現するならば、「道義国家論」ではなく〈皇室尊重主義〉と言うべきである。そういった意味で松本のとらえ方がより適切だといえる。松本のこの書は大川の全思想・全生涯を様々な切り口――「アジア主義」やカール・シュミットの政治思想、A・T・マハンの海軍戦略、戦後のインデラ・ガンジー、ナセル、サダトの引照等々――から論じ多角的に照明をあてている。その最も中心にある分析枠組みは松本独自の「原理主義」(19)である。

近時大川周明研究の飛躍的発展に大塚健洋の果たした役割はやはり大きいといえる。一九九〇年に出版された『大川周明と近代日本』は大塚自身が述べているように「資料的色彩の濃い基礎的研究」であり、「伝記的研究」であった。引用が時として数ページ続くこの書は大川の生い立ちから戦後の活動そして死にいたるまでその生涯を俯瞰した労作である。そこには対象から距離を置く研究者としての禁欲的姿勢を感じることができ、好感が持てる。刈田徹の『大川周明と国家改造運動』も同様な実証的な研究である。「痒いところに手が届く」ような刈田の調査研究が同分野の研究者に与える影響は大きいと思われる。大塚の一九九五年に出版された『大川周明――ある復古革新主義者の思想』は前著が「資料的色彩が濃い基礎的研究」であったのに対して、大塚独自の分析枠組み――「復古革新主義」、「日本主義」、「社会主義もしくは統制経済」、「アジア主義」――を使い、それまでにない――とりわけ「急進的ファシスト」とした栄沢の描いた大川像とは正反対の――新しい大川像を描き出した。そして大塚はこの書の結論として大川の思想に「将来への教訓を学ぶ機会」が見出されるとした。この書は日本の「国際貢献国家」化＝軍事国家化が進んだ一九九〇年代に出版され、新書版という形で一般読者に大塚の大川像を普及させることになったが、こうした大塚の大川像に対して本書のそれはむしろ栄沢のイメージに戻ることになるのかもしれない。私は〈武力の政治秩序観〉という独自の「分析枠組み」で、大塚の分類でいえば大川の「内政面の思想」と「外交面の思想」の分析を行ない、大塚とはまったく違った新しい大川像を示そうと思う。

3　〈非武力の政治秩序観〉と〈武力の政治秩序観〉

課題1の権藤成卿及び課題2の大川周明の思想の分析を通して、私は大正デモクラシーから昭和ファシズムという歴史過程を〈非武力の政治秩序観〉から〈武力の政治秩序観〉への転換としてとらえようと試みた。もちろん権藤成卿は大正デモクラシーを代表する思想家ではないし、大川周明が昭和ファシズムを代表する思想家であると断言するにはいくつかの留保が生じよう。しかし、両者の思想を比較することによってその時代のいわば「定点観測」が可能であると考え、そうしたことを試みた。そして、〈非武力の政治秩序観〉から〈武力の政治秩序観〉への転換を分析するのに、「政治元理表」の「権力」範疇の「人心」及び「武力」を念頭においた。私としてはそうした分析枠組みで、大正デモクラシーから昭和ファシズムへの歴史過程のみならず明治、さらには古代まで遡り政治思想全体の流れを分析したいと思っている。しかし、そうした課題に迫るにはとうてい準備が足りず、本書では権藤成卿と大川周明の個人研究のレベルにとどまった。それは二人の思想の細部にまで拘泥し他の思想家にあたる余裕がなかった本書の限界であるかもしれない。こうした課題が若手の研究者に受け継がれ共有されるようになることを願うばかりである。

4　本書の構成

本書の構成としてはまず、「血盟団事件」と「五・一五事件」を取り扱いその二つの事件に権藤成卿と大川周明がどう関わったかを見ていきたい。そしてそれらの事件を通じ二人の接点を明らかにするのが第1章である。次に課題1の権藤成卿の「政治秩序観」について、思想的背景や日本史論の展開を明らかにする第2章、そして「社稷体統」や「君民共治」概念を分析し、権藤が実際に関わった農民運動の実態を明らかにし、その〈非武力の政治秩序観〉を分析するのが第3章である。

互換 Reciprocity	自治 Autonomy	法 Rule of law	知己 Menschen-kenntnis	闘争 Struggle	支配 Hegemony
交換 exchange	世論 public opinion	法 law	出会い encounter as chance	真鋭 mana	武力 armed force
コムニタス communitas	連合参加 consociation	原告・被告 accuser & accused	二人関係 Zweisamkeit	敵味方 friend & enemy	支配従属 domination & subjugation
伝統 tradition	契約 contract	法治国 Rechts-staat	たのみたのまれる Confidence	治 judgment	組織の強制 organization as coercion
革新 innovation	異議 protestation	市民オンブヅマン democratic control of public administration	不信 distrust	乱 conflict	抵抗 resistance
志 ambition	代表 representation	弁論 legal debate	人間洞察 insight into personality	カリスマ charisma	統率 capability (commander-ship)
世直し restoration	倶分進化 dualistic evolution	政治の透明化 turn to a trans-parent politics	祝祭 festival (orgie)	興亡 rise & fall	暴力革命 violent revolution
共生 millet (milla)	自由・平等・友愛 liberty/equality/ fraternity	公正 fairness	信義 faith	いのち life (human rights)	正義 justice
自戒 self-discpline	相互決定 mutual decision	成敗 jugement	慎独 Self-carefulness	人民裁判 people's court	戦争裁判 war tribunal
異人歓待 hospitality	課税 approved taxation	自弁 pay one's own expense	提供 presentation		
無辺強制 borderless constraint	遍路旅宿強制 hijra (mobility) constraint	情報公開強制 information-disclosure constraint	青春体験強制 youth experience constraint	物化強制 reificative constraint	異化強制 matsyanyaya constraint

（表）政治元理表〈Table of Political Elements〉

元理 element ／ 範疇 category	帰嚮 Involution	エロス Eros	カルマ Karma	同化 Assimilation
権力 Power（gambit）	人心 current mood	愛 love	業 karma	文明 civilization
体制 Regime（order）	まつろう・しらす pietas & regno	族制 relative system	縁 pratityasamtpada	内外華夷 center & periphery
制度 Institution	よさし trust	家族なり教養 family-Bildung	道理 dharma	教義 doctrine
運動 Activity	もののあわれ Japanese boredom	反抗期 rebellious age harassment	達観 satyagraha	造反 zao fan
指導 Leadership	受容 capacity（network）	和 Wahlverwandt schaft	行 yoga	超贈与 potlatch
変動 Change	なる becoming	一家離散 broken up family into singles	輪廻 panta rhei	情報革命 information revolution
価値 Value	清明 serenite（innocency）	幸福 happiness	平安 santi	豊かさ affluence
責任 Responsibility	懺悔・自決 confession/suicide	謝罪 apology	諦観 resignation	私財蕩尽（井戸塀） public service
財源 Finance	奉納 offer to deity	共食 communion	布施 offering	貢物 tribute
基底 Base	馴化強制 convergent constraint	家族強制 family constraint	無化強制 de-imaging constraint	無偽強制 inactive constraint

次に課題2の大川周明の「政治秩序観」を「国内」「国外」に分けて分析する。第4章においては『日本文明史』『国史読本』『日本二千六百年史』の日本史論を比較・検討しながらその〈国内政治秩序観〉の

転換をたどり、最後にたどり着いた著述である「経済改革大綱」の分析を行なう。次の第5章では〈国際政治秩序観〉の転換をその思想的営みにより三期に分けて明らかにしていきたい。課題3は本書の全編を通じその分析の基底に置かれる。なお、最後に「補論」として、本書の意味付けと簡単な要約を加えた。

本書は権藤成卿と大川周明の政治思想を一つの「政治理論」を使って解いたものである。したがって、全体の構成があたかも推理小説の「謎解き」のような形になっており、結論に至るまでに史実に関する長い記述や引用文の細部にわたる検討が続く。最後まで読めばその記述の意味は判明するのだが、こうした記述になれない読者にとってはいささか苦痛かもしれない。「補論」はそのために書き下ろした。読者は本書を最初から「謎解き」のように読み進めても良いし、「補論」から先に読んで、その根拠を本文で確認するというやり方で読んでいただいてもよいと思う。

第1章

「血盟団事件」「五・一五事件」をめぐって

1　はじめに

大正十四（一九二五）年は時代の転換を象徴する年であったといえるかもしれない。すなわちこの年は大正デモクラシー運動の一定の成果である男子普通選挙法が成立する一方、来るべき昭和ファシズムの象徴となる治安維持法が同時に誕生したからである。

この間日本は大正九（一九二〇）年の戦後恐慌、大正十二（一九二三）年の関東大震災、昭和二（一九二七）年の金融恐慌の打撃に加え、一九二九年の世界大恐慌の嵐をもろに受け、経済的な破綻を来し、対外的侵略路線に活路を見出そうとする。それが、昭和六（一九三一）年の満州事変に始まり日中戦争、アジア・太平洋戦争と突き進み、昭和二十（一九四五）年に破綻する対外的侵略戦争とファシズムの歴史である。

右翼・軍部の国家主義的クーデタ運動に目を転じれば、昭和六年の「三月事件」「十月事件」、翌年の「血盟団事件」「五・一五事件」、そして昭和十一（一九三六）年の「二・二六事件」等をへて軍部が次第に台頭し、アジア・太平洋戦争期には軍国主義的指導体制が確立され破滅への道を突き進んで行く。そして、連合軍の力の前に昭和二十（一九四五）年八月十五日敗戦を迎えるのである。

先にあげた治安維持法が成立した大正十四（一九二五）年に権藤は五七歳、大川は三九歳を迎えた。権藤は大正九（一九二〇）年に『皇民自治本義』を、昭和二（一九二七）年に『自治民範』を出版する。吉野作造らの大正デモクラシー運動のピークが大正八年とすると(1)、その運動を引き継ぎながら、その退潮の流れに逆らうように権藤は自らの思想を公にしていくのである。

一方、大川周明は大正五年に『印度に於ける国民的運動の現状及び其の由来』を出版し、国家主義的な運動を開始する。大正八年には満鉄の社員になるとともに「猶存社」を結成、次いで大正十四年には「行地社」を結成し本格的な運動を展開するようになる。権藤が『自治民範』を出版した昭和二年に、大川は東京帝国大学で博士号を取得した『特許植民会社制度研究』を出版する。大正デモクラシー運動の退潮と並行して、国家主義的な対外侵略路線を推進する運動を始めるのである。

こうして二人の思想家は昭和初期の一連の国家改造のクーデタ運動を契機に、思想的にぶつかりあう。しかし、権藤と大川は直接論戦することはなかった。権藤が著書『君民共治論』で激しく大川を批判したのがその唯一の接点である。権藤が批判した問題点を検証してみると、この時代の移り変わり——大正デモクラシーから昭和ファシズムへ——を象徴的に表しているように見える。

本章ではまず第2節において、権藤成卿と「血盟団事件」の関わりを見ていくことにする。従来権藤は「右翼」の革命主義者で「血盟団事件」の黒幕と称されていたが、それは事実なのであろうか。そうした従来の見方について主に「血盟団事件」の被告の供述をもとに検討していきたい。

次に第3節において、大川と権藤が「五・一五事件」においてどのようなポジションにいたかを明らかにしたい。大川は「三月事件」「十月事件」「五・一五事件」と続く国家主義的革命運動の民間側の中心人物である。大川はこの一連の事件に大きく関わったが、その関わり方をこの節では明らかにするとともに、権藤がこれらの事件には関わっていないことを同時に明らかにしたい。

第4節では権藤の昭和七年の著書『君民共治論』の内容を詳しく分析することによって、権藤と大川のこの時期の主張の違いを明らかにしていきたい。

2 「血盟団事件」と権藤成卿

昭和七年二月九日、元大蔵大臣井上準之助は本郷の駒本小学校で開催された衆議院議員候補者駒井重次の政談演説会場に入る直前に背後より銃撃され死亡。同年三月五日、三井合名会社理事長男爵団琢磨は、日本橋の三井銀行本店に入ろうとするところを菱沼五郎により狙撃され死亡した。

この二つのテロ事件の背後に「血盟団」なる組織があることが判明する。中心人物は昭和四年茨城県磯浜町（現大洗町）に設立された「護国堂」を中心に同志を募り、国家改造計画を企てていた日召こと井上昭で、彼の下に集まった東京帝大生の四元義隆と池袋正釟郎、無職の小沼正、菱沼五郎ら総勢一四名で組織された団体であった。

日召は昭和五年茨城の「護国堂」を知人に譲り、初めは北一輝、西田税、藤井斉ら民間・陸軍・海軍の国家改造主義者と接触し、広範な革正運動を画策した。しかし、「十月事件」の挫折をへて、西田税ら陸軍派との間に確執が生じ、結局は海軍・民間側との連携の下、まず日召ら民間側による要人暗殺を行ない、海軍が続いて活動を起こすという計画をたて、これを実行に移したのであった。

この事件は社会に大きな衝撃を与えたが、権藤成卿はこの事件の黒幕として一躍脚光をあびるのである。権藤が黒幕とされた最大の要因は、権藤の住んでいた代々木上原の住居の別棟に井上日召等が仮住まいをし、「血盟団事件」の謀議を行なったからであった。

しかし、権藤は本当に「血盟団事件」の黒幕といってよいのであろうか。人が事件に関わったという時、その意味するところはその首謀者の行動につき従ったとか、または資金援助等を通じて間接的に関わったとか、あるいは思想的に影響を与えたといったことを意味するだろう。しかし、権藤と「血盟団事件」の関係はこのうち前二者にはあてはまらない。権藤はこの事件に直接加わったわけでもなければ、資金援助等もしていない。もし関わったという言い方ができるとするならば、思想的に影響を与えたということである。では、権藤はこの事件に関わった人々にどのように思想的な影響を与えたのであろうか。まずこの問題を考えていこう。

その最初の手掛かりとして、まず権藤自身の口からこの事件をどうとらえていたのか聞くことにしよう。

昭和七年の『文芸春秋』十二月号で、権藤は岩田富美夫、北原龍雄、菊池寛、直木三十五と対談して次のように語っている。

権藤　例の井上日召等がやった事ですか、あれ等も全部総てに見当違いでございましょうね。馬鹿ではありませんが(2)。

「見当違い」だが「馬鹿ではありません」とはどういうことなのであろうか。この『文芸春秋』誌上では、この発言に続いて彼の政治論・国家論の一端が吐露されるので、ここですこしくその論理を見ていきながらこの発言の意味を考えてみよう。権藤は当時の階級闘争的農民運動についてまず次のように論じる。

北原　しかし階級闘争だけを主眼とせずに本来の農民生活を取返えす《ママ》、つまり自治農村を建設するということに主眼を置くということになりますか。

権藤　そうなります。その通りですけども兎に角現在の苦《ママ》みがひどいんですから、それを刎《ママ》ね返さなければ仕様がない(3)。

ここでは権藤は農民運動の主眼は階級闘争にはなく、「自治農村を建設する」ことにあらねばならないという持論を前提にしながらも、井上等の運動を苦しみを刎ね返すという意味では評価している。

次に、権藤は明治維新について論じ、権力主義的な政治を批判している。

権藤　……今頃は忘れられて居りますけれども、明治元年の九月に御即位式がありましてその宣明文があります。その宣明文はその時まで本気に近江朝の遺令を奉ずるということです。近江朝の遺令を奉ずるというのは天智天皇の大化の革新を奉ずるということです。これまでは福羽美静とか何とかいう人が残って居りましたから、本気で復古精神で行こうという、権力主義でなかったんですね。それがどうも岩倉さんが出て来てからこっちはどうも復古精神というものが変な方へくずれて来たんです(4)。

ここで彼は明治維新を論じ、それは初期には近江朝令に基づいて行なわれたが、次第に「権力主義」的なやり方に移って行ったとしている。権藤にとって日本の伝統的政治のイメージは〈非権力的〉なものであることがこれらの発言でわかる。

こうした権藤の〈非権力的政治観〉については後章で〈非武力の政治秩序観〉として詳述するが、こうした政治観から先の対談における「血盟団事件」に対する権藤の評価を見れば、それが政治運動として有効であるかどうかという視点では「見当違い」ということになるであろうし、権藤の変革論のキーワードである「人心の覚醒」(後述)ということでは「馬鹿ではない」という評価になる。

前者について権藤は次のように述べている。

権藤　日本での沿革史から推して見ますと、都市から起った時は権力争奪の騒ぎに終わるようですね、けれども農民は魯鈍なものですから急に火はつかんけれども、一度火がついたら、どうしても消えないというのが従来の見方ですね。それで世の中の政体が変るとか、政治組織が××《（ママ）》するとかいうだけの力を有った動きはいつも農民から起るようです(5)。

権藤の社会変革のイメージは都市から起こった運動ではなく農民の自治的な立ち上がりであり、歴史的には都市から起こった運動は権力争奪に堕し歴史全体を変える力を持ちえないというものである。井上等の「血盟団事件」はそうした意味で権藤は評価しない。

ところが、その運動がまったく無意味であったかというとそうとはいわない。井上等の運動を権藤は次のようにとらえているからである。

北原　日召の目標にして居ったものは何処に中心がありますか。

権藤　あれは自分たちでは何物も出来るものではない。実に荒洋の一粟という――大海の粟というのが禅学の悟り。それで遂にこういう腐敗水になってしまった時は一丸泥になって、一石を投ずれば、どんな波紋を起すか、兎も角自分はその捨石にはいつでもなってしまう。こういう条件であったらしいんですね(6)。

大きな社会変革にはならないが、社会に一石を投ずることができる。権藤はこの事件をこうした視点では評価していたのである。この考え方はあとで詳述する権藤の「人心の覚醒」による変革に関連している。権藤の変革論は暴力については否定的である。よって、クーデタのような暴力的な体制の変革――「血盟団事件」や「五・一五事件」――には与しなかった。せいぜい人々の意識に「一石を投ずる」程度のこととして評価していた。

権藤は暴力的な革命運動に批判的であったけれども、このように井上らの運動にささやかな理解を示したのは、現実を変えたいという気持ちが「血盟団事件」の被告達と同じようにあるいはそれ以上に強かったからである。そうした意味では彼等に影響を与えたといえよう。この点を「血盟団事件」の被告達の主に裁判における弁明を通じて見ていこう。まず被告の中で影響を受けた者と受けなかった者を分け、次に受けた者がどのような思想を引き継いだのか見て行くことにしよう。

「血盟団事件」の被告は次の一四名である（括弧内の年齢は当時、人物名は暗殺対象者）。井上日召（四八歳）、古内榮司（三三歳、池田成彬）、四元義隆（二六歳、牧野伸顕）、池袋正釟郎（二九歳、西園寺公望）、久木田祐弘（二四歳、幣原喜重郎）、須田太郎（二六歳、徳川家達）、田中邦雄（二五歳、若槻礼次郎）、田倉利之（二六歳、牧野伸顕）、森憲二（二三歳、犬養毅）、星子毅（二六歳）、小沼正（二三歳、井上準之助）、菱沼五郎（二三歳、団琢磨）、黒澤大二（二四歳）、伊藤廣（四六歳）である(7)。

このうち、権藤の思想を肯定するにせよ否定するにせよ影響を受けたとしている者は、四元義隆、池袋正釟郎、久木田祐弘、田中邦雄、田倉利之、小沼正等であり、他の人々——井上日召をはじめ古内榮司、須田太郎、森憲二、星子毅、菱沼五郎、黒澤大二、伊藤廣——は権藤の思想が「わからなかった」という人も含めて影響を認めていない。

前記の人々の中からまず影響を受けなかったと証言する人々から見ていこう。

井上日召は昭和五年に藤井斉[8]に会ってから日本国家を改造するには直接行動、暴力に拠らなければならないと考えるようになっていた[9]。つまり、「国民大衆の啓蒙運動」よりも「国家の指導的立場に在る支配階級」を「覚醒」[10]する道を選んだのである。この点自らを「実行家」と認識しており、「理論家」の権藤とはまったく肌が合わなかったといっている。——「私は学者が嫌いだ、学問は、理屈は嫌いだ、第一権藤さん、貴方の書いた『自治民範』を一遍読んだが一つも分らなかった、それで私は放り投げた」[11]といっている。そしてつぎのように権藤からの影響を否認する。

> 世間で見るように、権藤成卿と云う人が我々をやらしめた、具体的に斯う云うことをしろ、誰を倒せと云うことを、少なくとも私には指図しませぬでした、……而も思想の上に於て、私共と権藤さんは今でも御分かりだろうと思いますが、可《ママ》なりの距離がございます、……海軍の同志でも、民間の同志でも、権藤先生から直接にどう言われたから、斯う言われたから、それでそうと思って飛び出した、それ程単純なことでありませぬ、もう権藤先生の所に集まるまでは各人結成して居るので、我々はどうでも実行しなければならぬ、我々《ママ》等は捨て石にならなければならぬと云う、結成して居ったから、

もう理論は要らない、参考に聴くと云うことでしかなかった、是は私共と権藤先生との関係、是は私を中心として見た一つの交りでございます(12)。

ここで井上は、権藤と自身とは思想や行動の考え方について大きな開きがあり、理論より実行を重視したので権藤との関わりはきわめて薄いものであるといっている。

ところで、井上らが事件の謀議を行なったといういわゆる「権藤の空家」とはいったいどのようなものであったのであろうか。被告らはこの「空家」にどのように関わったのであろうか。

この住居は権藤が朝鮮金剛電鉄社長久米平八郎に無償で貸与されたものである(13)。権藤は麻布三河台からここに移り住んだ。権藤はここを寮にして家賃収入を得て生活の糧にしようとしたようである。最初に池袋正釟郎、四元義隆、小島純一という中学校の教師、そして日召らが家賃を払うことを前提に移り住んだという。これらの人々をめあてにその後「血盟団事件」や「五・一五事件」に関わった人々が訪ねてきた(14)。こうしたことが権藤が「血盟団事件」の被告との密接な関係を疑われた原因になった。しかし、例えば井上日召がこの「空家」に移り住んだのは、昭和六年の「十月事件」前後(15)から、「血盟団事件」の翌七年二月までのわずかな期間であった。そしてこの「空家」には様々な人が集まっていた。須田太郎によると、

兎に角、分からない、様子が皆目分からない、どう云う人か、兎に角、あの空家と云うのは第一変な

んです、「マルキスト」が居たり、新聞記者が居たり、どうも変な所なんです(16)。

また、古内、小沼、菱沼、黒澤、四元らは「血盟団事件」以前から井上と行動を共にしており「権藤の空家」で初めて落ち合ったのではない。これらの人々にとってはあくまでも「権藤の空家」は「大事な時に利用してやろう」(17)というものであった。もちろん、「大事な時」に利用するのであるからその家主が自分達の思想や行動にまったく理解を示していなければことは成功しないであろう。権藤は確かにその当時の政治を憂えていた。そして変革の必要を誰よりも感じていた。そうした意味でその方法は違っていても反体制的分子が自らの家の敷地内にいることに理解を示したのであろう。そして、それだからこそ彼等の「軽挙妄動」を戒めたりしたのであろう（後述）。

さてもう少し「血盟団事件」の被告等への権藤の思想的影響如何について明らかにしていこう。まず、池田成彬の暗殺担当であった古内榮司における権藤の影響を見てみよう。小学校の教員であった古内は昭和四年に「護国堂」に出入りするようになり、井上日召の大きな影響を受け国家改造・現状打破の志を持つようになる。しかし、権藤については次のようにいっている。

古内　……私は権藤先生の喋舌ることが、何が何やら一つも分りませぬ、言葉が違うものですから、非常に面白い言葉で喋舌って行った《ママ》、併し何かどうも珍らしい人だと思って居りました、……

問　結局何等の影響も受けないと云うのだね。

古内　結局影響は受けて居りませぬ、『自治民範』も読みましたが、中に良いことは書いてありますが、根本の思想は受けて居りませぬ(18)。

次に須田太郎であるが、須田は国学院大学の学生時代から「日本主義学生連盟」に所属し改革運動を行なっていた。昭和六年の十一月に久木田祐弘の紹介で「権藤の寮」に入り、井上の動きに合流する。「血盟団事件」は翌年の二月であり、権藤の『自治民範』を読んだという供述はあるが、その思想から影響を受けたという供述は見られない。

六高をへて京都帝国大学法学部に入学した森憲二は京都帝大時代に星子毅と知り合い「猶興学会」(19)に入り国家改造を志すが、彼が「権藤の空家」に入ったのは昭和七年一月、「血盟団事件」の直前であり、その供述からはほとんど権藤の影響は見受けられない。

星子毅も京都帝国大学法学部学生であり第二学年の三学期に「血盟団事件」に関わった。田倉・森と同様在学中「猶興学会」に所属する。星子が井上と初めて会ったのは昭和六年十二月のことである。短期間の「空家」の滞在で権藤からの影響はその供述から見られない。

菱沼五郎が井上の「護国堂」に通うようになったのは、昭和五年「旧暦五月五日」のことであった。古内・小沼・黒澤等が同行した(20)。井上が昭和五年十月に「護国堂」を去るころには「直接行動に依ってのみ、此の日本を救い得る」(21)と考えていた。菱沼は昭和六年九月から昭和七年二月までタクシーの助手をやっており「権藤の空家」には住んだわけではなく、昭和七年二月九日に一泊しただけである(22)。

黒沢大二は昭和五年「旧暦三月二日」に井上と初めて「護国堂」で会う。昭和六年二月二七日に上京。「行地社」等に身を寄せ、菱沼と同様タクシー会社で働く。「権藤の空家」には「昭和六年中に二、三回、昭和七年になってから一、二回其処を訪ねた」(23)のみである。特に権藤から思想的に影響を受けたという供述は見られない。

伊藤廣は、「祭政一致」の国体論を主張した今泉定助(24)に大きな影響を受け、「天皇親政」「君民一体」を説く「日本皇政会」を組織。伊藤が井上と知り合うようになったのは昭和六年二、三月頃で今泉定助を介してであった。伊藤の活動拠点は「日本皇政会」であったが、菱沼五郎を団琢磨暗殺の直前に自宅に宿泊させたこと等が「血盟団事件」との接点である。伊藤の罪状は幇助罪であり「血盟団事件」の被告の中では最も軽い刑になっている。そして被告の中では井上につぐ年長者で権藤を知るころには既に思想的に固っていたと見られ、権藤の影響は考えにくい。

以上が影響を受けなかったと証言した被告達の権藤に対する評価である。次に影響を受けたといっている者の発言を検討してみよう。受けたといっても二通りあり、一つはそれを肯定的に受容した場合であり、もう一つは否定的に受容した場合である。肯定的に受容したのは四元義隆・池袋正釟郎・久木田祐弘・田倉利之である。

四元義隆は七高から東京帝国大学法学部に入学した。池袋正釟郎とは七高「敬天会」以来の仲であり、東京帝大在学中も共に上杉慎吉(25)の「七生社」で活動した。上杉慎吉の死後二人は「金雞学院」(26)に入る。四元は東京帝大在学中の昭和五、六年に井上日召・権藤成卿らに出会い影響を受けたという。権藤と最初に会ったのは昭和五年十一月か十二月頃であるという。そしてその「空家」に入ったのは昭和六年四月のことであった。四元は『自治民範』や『柳子新論』(27)を読み大きな影響を受けたという。具体的には「権藤学」が①「実践的革命学」であるという点や、②国家の現状に対する憂い、③その「自治論」に影響を受けたという。四元は権藤の自治論を次のように受容した。

自治ということは天皇と民衆との間に何者も置かん、自ら治めるというのであります。民衆が直ちに天皇に接し奉るという、そういう風な制度を建てようとするのが権藤先生の学問だと思います、日本の歴史を見ると、ずっと夫れが出て来ます。……日本の歴史を見て或る革新とかそういうものは必ず天皇と民衆との間に或るものが挟まり、夫れが権力を奔するとき為されるものが、夫れを倒すのが日本の革新であります(28)。

ここでは民衆の自治よりも天皇と民衆の間の介在物を取り除くのが「革新」であり、権藤はそうした考えを持っていたとされている。

しかし、権藤の言動の中には「中間利得者」を問題にしている箇所は確かにあるが、それを「武力」によって「倒す」という思想はない。又、四元は権藤の思想を「君民一如一体」と表現しているが、権藤は「君民共治」といっているのであって「君民一如一体」とはいっていない。「君民共治」とは為政者が民のために政治を行なうということであって、天皇と民衆が「一如一体」となるという意味ではない。権藤によれば民の為にならない政治を行なう為政者はたとい天皇であっても批判の対象となるのである。権藤にとって天皇は絶対の存在ではない。四元は権藤の思想から影響を受けたといっているが、客観的にこのような齟齬があるゆえに、実際の四元の行動は権藤の思想と切れた形で説明されることになる。結局次のような発言につながる。

我々は決して権藤先生の思想に依ってやったものではなく、夫れは明らかなことであります(29)。

「血盟団事件」の一年前に権藤と会った四元の場合、その思想はむしろ以前から影響を受けていた上杉愼吉によって形成されていたのではないだろうか。

池袋正釟郎も七高から東京帝国大学文学部に進む。四元と同様に東京帝大在学中は「七生社」に入り上杉愼吉の影響を受け、昭和五年に「金雞学院」に入る。同年十一月に井上と知り合い、「破壊＝建設」という革命論に大きな影響を受ける。昭和六年二月三年次で革命運動に専念するために東京帝大を退学。「十月事件」では井上からの指示で西園寺公望の暗殺を担当する事になっていた。権藤との邂逅は昭和五年十一月か十二月のことである。昭和六年十月に上京後本郷に一ケ月いて「権藤の寮」に入った(30)。昭和七年一月三一日の会合で西園寺公望の暗殺を井上から指示される。

池袋は「国体の精華」を「君民一体」とし、「君民」の間の「君側の奸」(天皇側近の重臣・宮廷グループ)を軍隊という「武力」を持って打倒しなければならないと考えた。その根底にあったものは議会政治に対する徹底的な不信感であった(31)。そして「十月事件」を契機に陸軍がその参加能力を失ったため、「有志」

によって「革命の火蓋」を切ろうとして「血盟団事件」に参加した。池袋は上杉愼吉・安岡正篤・井上日召らに影響を受けたといっているが、権藤については「破壊」ではなく「建設」の方面で影響を受けたとして次のようにいっている。

建設は必ず之（『自治民範』のこと―引用者註）でやらねばならぬと思いました、……最後に民衆を救うものは農本的自治制度でなければならぬ、今日の行詰りは中央集権的な官治制度、商工中心の経済政策に原因するものであると信ずるに至りました(32)

ここでは「建設」の考え方で影響を受けたといっているが、それに伴う改革の方法論については権藤の考え方を敢然と批判している。

併し権藤先生の、漸次、地方の自治的結束を固めて、其の力によりて合法的に改革を断行せねばならぬ、軍部の武力を用いて一挙にやる事は軍部の武断的権力支配を招来して、国家民衆の禍であるという議論には承服しかねました、之は先生が学者で、且つ老人だからこんな呑気な事を考えているのだ、地方の自治的結束を固めることも必要であるが、それ許りでは何時、改革が行われるか分らぬ(33)

ここでは権藤が改革は「漸次」的に「自治的」「合法的」に、「武力を用い」ずにやらねばならないと考えていたことを池袋の供述を通して知ることができる。権藤の変革論はこのようなものだったのである。

ただし、池袋は権藤の日本史観・天皇観についてはきわめて正確にとらえており、この点では大きな影響を受けているといえる。日本史を権藤の用語である「自治」「社稷」「郷団」「治己」「衣食住の調斉」等を用い古代から明治までの歴史をほぼ権藤の文脈にそって理解しているからである(34)。

また、歴代の天皇は古来民衆生活に配慮してきたことを権藤の説に沿って供述し、日本は世界に出て行く時も武力を持ってしてはいけないと、「満州国」のあり方を批判している点も権藤の思想に沿った考え方である。池袋はこのような意味で権藤の思想を最も良く理解した人の一人である。ただし、権藤の〈非武力的〉変革論については反対した。

田倉利之も「建設」の方面で影響を受けたと供述している。田倉は京都帝国大学文学部史学科在学中にこの事件に関わった。七高時代に久木田祐弘と「敬天会」で活動、井上日召・四元義隆・菅波三郎(35)と会い国家改造の指向を強め、「十月事件」後要人暗殺の決意を固める。京都帝大在学中に「猶興学会」に入会する。権藤と会ったのは昭和六年十二月のことで、権藤からは「建設」の方面で影響を受けたと次のように供述している。

問　高等学校在学中に、『自治民範』に依って非常に啓発されたようなことはないか。

答　初めは能く分りませぬでしたが、後に段々分って来て、『自治民範』を通じて権藤先生の思想と云うものに傾倒して居りました、次いで日本歴史の沿革に依った制度、そう云うものであるから今度日本の建設的の指導原理とするに足るものだと私は考えて居りました(36)。

次に久木田祐弘を検討しよう。久木田は東京帝国大学文学部支那哲学科一年在学中にこの事件に関わった。七高在学中に田倉利之と共に「敬天会」で活躍、また四元義隆、菅波三郎中尉と知り合い大きな影響を受けた。東京帝大在学中には上杉愼吉の「七生社」に入る。昭和六年五月に井上日召と会う。直接行動による社会変革への志向は菅波中尉と井上日召との邂逅の中で定まった。権藤と会ったのは昭和六年五月頃である。久木田は権藤から「社稷」という概念について大きな影響を受け、自らの思想を「社稷主義」と位置付けている(37)。権藤の思想を最も正確にかつ広く取り入れたのは「血盟団事件」の被告の中ではこの久木田祐弘であるかもしれない。しかし、彼もまた権藤から直接行動主義を戒められている。

何か話を聴きに行ったのではなく、唯ちょっと行ったのです、其の時に、あなたは非合法的に現在を改革しようと思って居られるようだが、それについて社稷と云うことを忘れてはならぬと云うことを申されました、……権藤先生の学問は私をして直接行動、寧ろそれを引止めるように、そう云うように感じられるのです、でありますから、権藤先生の『自治民範』に依って、此の運動に参加したものでも何でもないのです(38)。

「権藤の空家」にはその当時の政治や社会を憂えた様々な若者が集まっていた。その中には「血盟団事件」に関わった若者も含まれていたというわけである。そうした若者達に権藤が常にいっていたことは「合法」的「非暴力」的な運動をしなければならないということであった。「血盟団事件」はそうした意味で権藤の意に沿うものではなく、権藤の思想からは導き出されるはずもなかった。

次に権藤の影響を批判的に受容した人々——田中邦雄・小沼正——について見ていこう。彼等は権藤の思想のどのような点を批判していたのであろうか。

まず田中邦雄であるが、田中は東京帝国大学法学部二年在学中にこの事件に関わる。田中が権藤に会ったのは昭和六年五月頃のことであるが、その思想的影響については次のように供述している。

問　被告は権藤等の、特別に思想上の影響を受けて居ると云うことはないね。

答　権藤さんと云う人からはございませぬ、立派な人だと人格的に思った程度でありまして、別に講義を聴いた訳でもなく、唯茶飲み話に聞いたゞけであります。

問　同人の著書は。

答　著書は見ました、初め見ました所、国体とは何のことだと書いてある、怪しからぬ老爺だと思いました、当時私は上杉先生の国体論に固って居りましたから、怪しからぬと思ったですけれども、併し、官治を攻撃する所は微に入り細を穿って徹底して居る(39)。

田中は権藤の「官治」批判には共鳴しているが、その国体論には批判的である。田中は「天皇と云うものは殆ど神の如きものである」(40)とし、「天皇即国家、或いは天皇は政治及び法律の源泉であると云う言葉を以て現されるのが我が国天皇の本体」(41)であると考えていた。つまり田中の考える国体論は万世一系の天皇の絶対主義的親政を主張した上杉愼吉の議論に近い。権藤の議論では「社稷」を中心にして政治を考え、民のために政治を行なわない為政者はたとい天皇であっても批判されたから、田中は権藤のこうした点を問題にして決定的に離反したのであろう。

次に小沼正の権藤観を見てみよう。小沼が「護国堂」に入って本格的に井上の教えを受けるのは昭和五年六月のことである。昭和七年二月二日井上準之助暗殺を指示され、二月九日これを実行。権藤とは昭和六年に会うが、権藤に対しては終始批判的であった。そして小沼は井上の理論に立脚しながら徹底的に権藤を読み込み敢然と挑戦している。

> 権藤の学問は支那の学問だ、根本思想は支那の儒教思想の系統を多分に含んで居ると云うことを、『自治民範』を読んで居る中に感じた(42)
> 権藤さんの自治と云うものは相対的自治、それから根本思想は支那の大陸的の、民族的の横の思想であると云うことを私は悟って居った、横の思想で横の協調協和主義の自治である、相対的の自治であると云うことを私は直感した(43)

ここで小沼は権藤の自治思想が「横の思想」であるといっている。それは次の天皇観に関する供述でヨリ明確に指摘されている。

社稷の民性の生活と云うものは、絶対的な横の協調協和上に於て絶対でありますけれども、そこに天皇と云うものを持って来る時に天皇観が横になる、それは社稷の上に所謂民衆と天皇とが統一される、私はそう云うように解釈して来た、だから天皇の絶対性、天皇の本質と云うものに対して権藤学は別個となるのは其の点だと私は思う(44)

小沼によれば権藤の天皇観は、明治政府が前提とし、また上杉愼吉や井上日召等が主張する絶対権力者としての天皇観とは異なっている。それは民衆との関係が「横になる」ような関係であるというのである。さらに次の国家主義の記述ではこうした彼の権藤批判がヨリ明白になる。

『自治民範』に於ける自治は国家主義に対立したのです、何処までも対立的なんです、根本に於て対立的なのです、横に自己を唯物論的に概念し、そこに協調協和で行きますから、常に対立的である(45)

ここで小沼は権藤の「自治主義」が「国家主義」とは対立するような思想であるといっている。それに対して小沼が評価する井上日召の国家観は次のようなものであるという。

井上の国家観に於ては、井上は、天皇と個人とは、君民一体だ、因縁の相に依って天皇となり、民衆となる、而も本体は一つだ、人間の身体で云えば首と身体のようなものだ、絶対に一つだ、だから尊敬するもしないも、絶対なんです(46)

そして「社稷」ということでは、井上の思想は「天皇と社稷と民衆は三位一体」で「宇宙全一の絶対性のそれ其のものを表徴して居る」(47)のに対して、権藤は社稷上に天皇と民衆が統一されると考えていると批判している。

権藤成卿の国家観の、社稷を重んじないものは民であって民でない、社稷を重んじないものは天皇であって天皇でないと云うことを書いてありますが、是は支那に於ける平面的な国家観で論ずるから斯の如き論じ方をするのだと思う(48)

小沼の供述によって権藤の国家観が当時の「正統」的な国家観といかにかけ離れていたかがわかるが、小沼の立場からするとそうした権藤の思想はまさに批判の対象そのものであった。そして、小沼は以下の論拠で権藤と「血盟団事件」とは無関係であったと供述している。①権藤と知り合った期間というものがきわめて短い、②権藤と親密になったのは「十月事件」以後でこの頃は「弓を絞り切った」気持ちでとても新しく権藤の思想を受け入れる心境ではなかった、③予審で権藤の名前をあげたのは本当の自分達の思想を明らかにしないための方便だった(49)。

私達の思想は井上の思想其のものであって権藤の思想ではない、私達は権藤の思想に依って動いて来たのではないと云うことを、此の法廷ではっきりと申上げて置きたいと思う(50)。

さらに、この小沼の供述に続いて裁判官は他の被告にも権藤の影響のないことを確認する。

問　それでは尚念の為他の被告、四元・池袋・須田・田中等に訊ねるけれども、権藤の思想で本件に携わるようになったのではないと云うことは皆そうだね。

四元以下一同　はい(51)。

権藤が「血盟団事件」の黒幕とされた理由としては、この小沼の論拠の③以外にも次のような事情があった。井上日召の供述から見てみよう。

然らば何故に権藤氏が此の事件に云々されるかと云うと、吾々が同氏監理(ママ)下にある空家に巣を構えて居った事と、モ一つは事件発生後権藤氏の門下生と称する連中が、事件の黒幕が恰も権藤氏なりと云わんばかりなる言語行為に出でたが為めであって、強いて同氏の責任を問うならば、同氏がこれを黙認した点であろう。但しこれとても同志《ママ》に係わった事では無いと云えば、事件と権藤氏とは何等関係が無いのである(52)。

ここで井上は権藤黒幕説が出てきた理由に、権藤の管理下の建物に彼らが居住していたこと以外に権藤の門下生が権藤黒幕説を流布した点を指摘している。そして、権藤に黒幕説の責任があるとするならば、彼が門下生の行動を諌めなかったことにあるという。

こうした尋問をへて、権藤に下された論告文は権藤が「血盟団事件」とはまったく関係がなかったというものであった。

次に此の際一言附加したきことは大川周明、北一輝、権藤成卿、橘孝三郎の思想が本件事犯に影響ありしや否やの点であります。……（三）成卿権藤善太郎に付いては□《ママ》同人は一君万民、農本自治を主張し、被告人中、四元義隆等学生組が権藤の教を受けたることがあるが故に、四元等が権藤の思想的影響を受けたることありとするも、本件事犯の決行に付いては直接其の影響なかりしものと認めらる、のであります(53)。

以上、「血盟団事件」の被告の供述を通して権藤とこの事件との影響関係を見てきた。「権藤の空家」が事件と権藤とつなぐ接点ではあったが、権藤がこの事件の黒幕であったという説については事実とまったく異なることがわかる。そして権藤の思想的影響を語った被告の供述を見ることによって、権藤の思想が「血盟団事件」のような直接行動主義とは相反するものであり、「非暴力的」「自治的」「合法的」な変革思想であることの一端が明らかになったと思う。次節では「五・一五事件」を手掛かりに権藤の思想に接近して行きたい。

3 「五・一五事件」と権藤成卿

本節では、「五・一五事件」とそれに大きく関与した大川周明を見ながら、同時に権藤成卿がこの事件とどのような関係にあったかを見ていくことにしたい。「五・一五事件」と大川の関わりを明らかにするには、まず昭和六年の「三月事件」から検討する必要がある。大川は大正十五年の『日本及日本人之道』を皮切りに日本史論・日本文化論を展開しつつ、猶存社（大正八年）・行地社（大正十四年）等の結成を通じ日本の革新運動に関係していた。昭和五年九月、橋本欣五郎歩兵中佐を中心にして陸軍内部に桜会が結成される。こうした陸軍内部の革新の機運に大川らが呼応して起こしたのが「三月事件」及び「十月事件」である。

昭和八年の「五・一五事件」第三回公判において、大川は「三月事件」の経過と自らの関わりについて供述している。調書によると、大川は橋本欣五郎ら陸軍内少壮将校の議会政治・政党政治に対する反感に呼応して「国民ハ日本ノ政党政治ニ対シテ愛想ヲツカシテ居ルノテアリマスカラ大キナデモンストレーションヲ起シテ警官隊ト闘ツテ議会ヲ民衆カ取ル迠ニ激化セシメ国民カ警察ニ入ラレテモ其時ニハ軍隊カ出テ急速ニ後始末ヲ仕様トイウ話」(54)を進めた。決行は昭和六年三月二十日の予定であったが、直前に計画が露呈し、徳川義親の進言によって計画を中止した。大川はこの事件を機に軍人に対する信頼が強まったと次のようにいっている。

私ハ小磯ガ此ノ計画ヲ中止スルト云ウタ時モ怒ツタノテアリマスカ後ニナツテカラハ此ノ軍人ノ連中カ黙ツテ居ラレス見ルニ見兼ネテ命ヲ投ケ出シテ非合法手段ヲ執リ日本ヲ好イ国家ニセントシタ事ハ実ニ立派ナ心懸ケタト思イマシタ(55)

そして、ここから次のような反省点を引き出している。

此ノ事件ハ曩キニ申シタ通リ竜頭蛇尾ニ終リマシタカ然シナカラ無意義テハアリマセヌテシタ何トナレハ第一ニ陸軍将校カ此ノ三月事件テ先輩ノ将官階級ニ至ル迠政党政治ニ愛想ヲ尽カシテ居ルト云ウコトカ判然判カリ第二ニハ陸軍老年ノ連中ハ考ハ持ツテ居ルカ其実行ハ出来ヌカラ夫レハ今後モ当テニハ出来ヌカ之レハ若イ連中カ老人ヲ引キズルニ限ル若イ者カヤツテ其責任カ来ナケレハ老人ノ連中カ夫レニ付イテ来ルト云ウ気持カ判リ其ノ方ニ方向転換ヲシタコトテス(56)

陸軍将校らの政党政治への反発を再認識したとか、今度やる時は「若イ連中」を中心にやらねばならないとかという発言は、大川がこの事件の当事者であることを明白に物語っている。

「三月事件」は大規模なクーデタ計画である。計画は、民間側左翼・右翼一万人の動員を行ない八方より議会を包囲し、政友会・民政党両党本部・首相官邸を爆破する。各隊には抜刀隊を置き警官隊の阻止を排除する。軍隊を非常集合し議会を包囲し内外一切の交通を遮断する。この状勢の中で数名の将校は議場に入り各大臣に対して「国民は今や現内閣を信任せず。宇垣大将を首相とする内閣のみ信頼す。今や国家は重大なる時期に会す。宜しく善処せらるべし。」と宣言し、総辞職を強要するというものであった(57)。

こうした暴力的直接行動計画に大川は中心人物として参画した。「五・一五事件」の上申書において大川は「私の郭れの著書に、また郭れの個所に、私は暴力以外国家改造の途なしと言うが如き思想を述べて居るか、乃至は隠約の間にでも之をほのめかして居るか。若し有るならば明瞭に之を指摘して欲しいのであります。」(58)といって無罪を主張しているが、「三月事件」の計画への参画一つとってみても、こうした大川の強弁が通用しないことは明らかであろう。

この「三月事件」は首謀者の責任を問われることもなく、「満州事変」を挟んで次の「十月事件」の導火線となる。前述の「第三回公判調書」を見ていこう。

大川は満蒙問題と国内問題は密接に連関しており、それらは同時に解決しなければならないと考えていた。

大体宇垣大将ヲ始メ軍人カ非常ナ覚悟ヲ持ツタノハ一九三六年迠ニ満州問題ヲ解決シテ日本ヲ建直シ長期ノ戦争ニ耐フルト云ウ必要カラテシタ　夫レテ内外共ニクーデーターヲ目論ンタノテアリマスカ先程申シタ様ナ事情カラ中止シタノテス　夫シテ私共ハ老人連中ヲ加ヘテハ駄目タカラ我々ニ於テ満州問題ヲ片付ケ様ト云ウコトニナリ参謀本部テハ重藤支那課長、橋本ロシア班長、関東軍テハ板垣少将、土肥原大佐等ト私等トカ集マリ満州ノ形勢ハ日本ノ軟弱外交テハ如何ナル事ヲヤルカ判カラヌカヲ《（ママ）》外交自体ニ任セテ置クコトハ出来ヌ帝国ノ面目ヲ潰ス様ナコトカアレハ武力ヲ持ツテ之ヲ引キ摺ラウト云ウ考ヲ決メタノテス(59)

ここでは大川が国内・国外の両面でクーデタを目論んでいたこと、満州問題を解決するために重藤支那課長や橋本ロシア班長、板垣少将、土肥原大佐等と会い「武力ヲ持ツテ之ヲ引キ摺ラウト」していたことが記されている。また、これに続いて満州事変後の満州経営の具体案を参謀本部と共に作ったことが記されている。そして、日本の政党には満州の経営はおろか内地の政治も任せられない、内地のクーデタを早急に進めなければならないといっている。

大川によると「十月事件」は「二十数ケ所ヲ襲撃シテ一挙ニ政権ヲ倒シテ仕舞ウ段取リテアリマシタカ此ノ計画ハ昭和六年十月十六日ニ暴露シテ是亦駄目ニナッテ仕舞ツタ」(60)というものであった。具体的には、首相官邸・警視庁・陸軍省・参謀本部を襲撃し、宮中に入り「新興勢力」(61)に大命降下させ荒木中将を首相とする新内閣を宣言するという計画であった。そして、「三月事件」とは違い、民間側のデモンストレーションをへずに直接軍が出動するというものであった。その背景には「満州事変」を契機に高まった軍に対する一般世論の支持があった(62)。大川の任務は兵士八〇人と共に新聞社を占領することであり、クーデタ後の新内閣の大蔵大臣におさまることであった。この二事件でその中心に位置したのが軍側では橋本欣五郎中佐、民間では大川周明であった。大川は昭和六年に相次いで起きた現状打破の直接行動の画策において民間側の中心にいたわけである。

「十月事件」は軍内の「革新的気運」を煽るとともに民間側の「革新分子」に大きな影響を与え、「血盟団事件」「五・一五事件」の誘因になっていく。

ところで、権藤成卿がその事件に関わったといわれてきた「血盟団事件」については、大川はどのような位置にいたのであろうか。「血盟団事件」は「三月事件」「十月事件」、そして「五・一五事件」「二・二六事件」という一連のクーデタ事件とは少々ずれたところに位置する。つまり「十月事件」で軍が動きにくくなり、また大川派と北一輝・西田税派の確執、それと関連する陸軍と海軍の離反で軍を中心とする革新運動の動きが取りにくくなった状況の中で、民間の井上日召がいわば単独で行なった「捨て石」的なテロ事件であったからである。軍による政権の転覆に批判的だった権藤成卿が「人心の覚醒」のためにこの運動を消極的ながら支持したのは、こうした背景があったからである。

この事件に権藤成卿は前節で詳述したような関わり方を持ったわけであるが、大川は関わることはなかった。首謀者井上日召と決定的に断交していたからである。昭和六年の日本青年館における陸海軍・民間

「革命派」の会合後、井上は藤井斉から大川の画策していた計画を知り袂を分かった。井上は大川が「十月頃満州に於て事を起し日支関係を悪化せしめ、対支貿易を阻害し経済を逼迫せしめ、之を契機として内地の民衆を扇動し、東京、大阪に暴動を起さしめ次で翌年二月国民大会を東京に於て開き議会襲撃を決行しクーデターを行う予定である」(63)との考えに反発し、自らの革命は「仕事」ではなく「道」であるとし、政権を奪取するとは言語道断であると非難したのである(64)。

ところでこの「血盟団事件」と「十月事件」であるが、その実行者の処分については大きな隔たりがある。「血盟団事件」は「民」の運動であり、「十月事件」は軍といういわば「官」の運動であった。「血盟団事件」の第一審判決（昭和九年十一月二二日）では井上日召の無期懲役をはじめ他一三名に厳しい刑が言い渡された。ところが「十月事件」は闇から闇へ葬られ、橋本欣五郎中佐以下十数名の処分は、「重謹慎処分」の名の下に最高二十日間各地の憲兵分隊長官舎に分宿させられ、その後地方に転勤させられるといった軽いものであった。この段階ですでに軍は隠然たる大きな力を持ち始めていたのである。

さて、次に「五・一五事件」と権藤成卿との関わりについて検討しよう。

「血盟団事件」後、昭和七年三月三一日井上の自首を受けて、海軍中尉古賀清志・中村義雄は最初の計画どおり第二陣の決行を決意する。それは①橘孝三郎の愛郷塾一派、②陸軍士官候補生の一団、③「血盟団」の残党と海軍側の連合軍、④大川周明・本間憲一郎・頭山秀三等の援助グループ、⑤西田税・菅波三郎等陸軍派を決起させ一大テロを敢行しようというものであった。この内、①愛郷塾一派、③「血盟団・海軍グループ」は参加の意向を固めたが、②仕官候補生グループは上部将校の慎重論に抑えられ、第四四期後藤映範外十名及び池松武志等の一部のみが参加することになった。④大川は古賀・中村に請われ拳銃と資金を供与し、本間憲一郎・頭山秀三も拳銃を供与した。⑤西田税・菅波三郎ら陸軍派は慎重論が優勢で参加しなかった。この内、西田税は計画を漏らす恐れがあるということで逆に暗殺の対象となる。

計画は昭和七年五月十五日午後五時三十分を期し、第一弾として①首相官邸、②内大臣官邸、③政友会本部、④三菱銀行を襲撃し、第二弾として警視庁を襲撃する。また別働隊の「農民決死隊」は変電所六箇所を襲撃し「市内」を「暗黒」化させるというものであった。

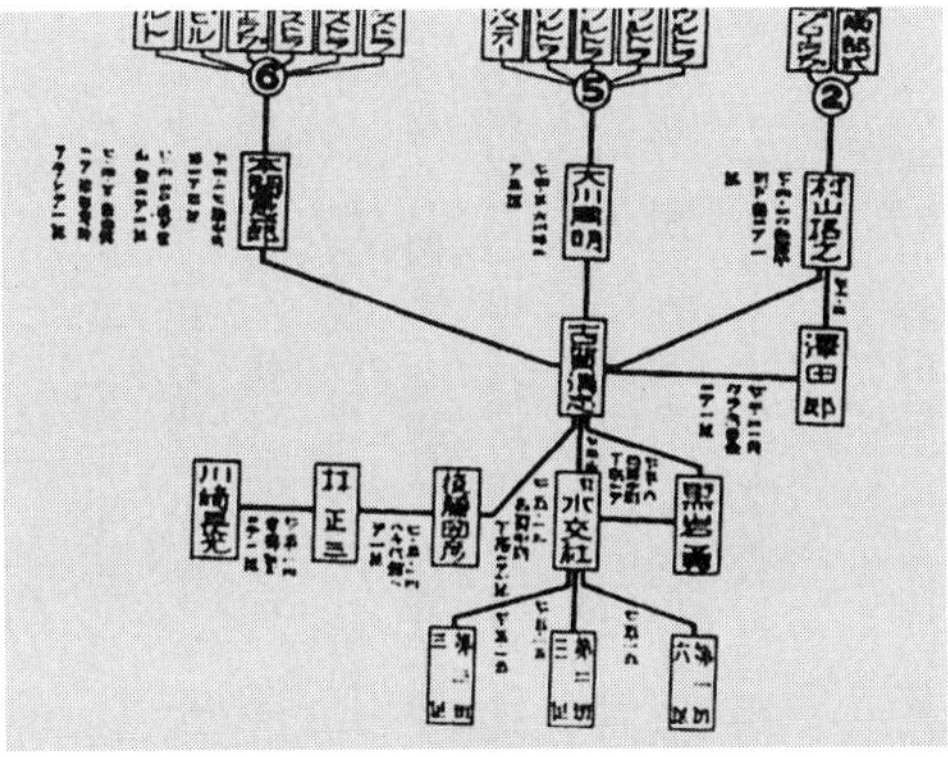

「五・一五事件」事件の概略表・凶器接受経過（1932年5月15日写、毎日新聞社提供）

第一組の海軍側三上卓・黒岩勇・山岸宏・村山格之、士官候補生後藤映範・八木春雄・石関栄・篠原市之助・野村三郎の九名は首相官邸を襲撃、犬養毅首相を射殺後憲兵隊に自首。第二組の海軍側古賀清志・士官候補生坂元兼一・菅勤・西川武志・池松武志は芝の牧野伸顕宅に手榴弾を投擲後、警視庁に向けて発砲、その後憲兵隊に自首。第三組の海軍側中村義雄、士官候補生中島忠秋・金清豊・吉原政巳は政友会本部に手榴弾を投擲後憲兵隊に自首。第四組奥田秀夫は麹町の三菱銀行に手榴弾を投擲後自首した。別働隊の橘孝三郎一派は変電所を襲撃するも単に設備の一部を破壊したに留まり市内を暗黒にするという計画は失敗に終わった。また西田税を襲撃した川崎長光は西田に六発の銃弾をあびせるが、西田は奇跡的に一命を取り止めた(65)。

この事件を裁く海軍軍法会議（昭和八年九月十九日）では、反乱罪及び反乱予備罪で古賀清志・三上卓は禁固十五年、黒岩勇は禁固十三年、中村義雄・山岸宏・村山格之は禁固十年、伊藤亀城・大庭春雄・林正義は禁固二年・執行猶予五年、塚野道雄は禁固一年・執行猶予二年の判決が下された。

また、陸軍側の軍法会議（昭和八年九月十九日）では、反乱罪で全員（後藤映範・中島忠秋・篠原市之助・八木春雄・石関栄・金清豊・野村三郎・西川武敏・菅勤・吉原政巳・坂本兼一）一律に禁固四年の判決が下された。

民間側では爆発物取締罰則及び殺人未遂で橘孝三郎は無期懲役、後藤圀彦・池松武志は懲役十五年、林正三・奥田秀夫・川崎長光は懲役十二年、矢吹正吾・横須賀喜久雄・塙五百枝・大貫明貫が懲役七年、小室力也・照沼操・黒沢金吉が懲役五年、春田信義・高根沢與一・杉浦孝が懲役三年六月となっている。また、大審院まで上告した大川周明は禁固五年、頭山秀三は禁固三年、本間憲一郎は禁固四年となっている(66)。

この裁判の特徴は、軍人側の量刑に比して民間側の量刑の方が重かったこと、そしてこの裁判には全国各地から血書・血判を含めて膨大な嘆願書が寄せられたことである。こうしたこともあり、この事件の被告達は紀元二六〇〇年の恩赦等で刑期が減軽されていくのである。

大川は「五・一五事件」に資金・武器供与者として明確な形で関与し、実際に裁判で有罪になっている。大川にとっては「五・一五事件」は「三月事件」「十月事件」の延長線上にあり、国内の革命運動追求の一環であった。一方、権藤はもちろんこの事件には関与していないが、そのリーダー格の首謀者を通して間接的な影響を与えている。それは海軍では藤井斉、陸軍では菅波三郎、民間では橘孝三郎であった。しかし、いずれにしてもその影響は暴力的直接行動を促すものではなく、橘孝三郎などは「血盟団事件」の久木田祐宏と同じように「軽挙妄動」をたしなめられたりしているのである。主に『検察秘録五・一五事件全四巻』(67)を使ってこのことを見ていこう。

海軍軍法会議で中心人物とされた禁固十年以上の六名――古賀清志・三上卓・黒岩勇・中村義雄・山岸宏・村山格之――について権藤の影響関係を見ていく。まず古賀清志であるが、その尋問調書によると、海軍兵学校時代に藤井斉に出会い大きな影響を受けたという。大正十四年に「大学寮」に起居するようになり大川周明・安岡正篤・満川亀太郎・西田税等に影響を受ける。またこの頃、朝日平吾の「斬奸状」を西田税から見せられ影響を受ける。昭和五年に井上日召に会い直接行動による国家改造の意を固める。影響を受けた書物として北一輝『日本改造法案』、大川周明『復興亜細亜の諸問題』、安岡正篤『日本精神の研究』等をあげ、特に北一輝の『国体論及び純正社会主義』、権藤成卿『自治民範』の「農本的自治主義」、大化改新の中大兄皇子の行動から直接行動主義の刺激を受けたという(68)。

三上卓は昭和五年五、六月頃に藤井斉に、同年十二月に井上日召に会い直接行動の決心を固める。北一輝や権藤成卿の書物を読んだことについては次のようにいっている。

昭和五年末から同六年にかけて権藤成卿の自治民範、北一輝の日本改造法案、支那革命外史等を読みました。之は何れも藤井斉から貰ったものであります。自治民範を読み、自治主義が日本の国史に於ける上古明君の事積を基礎として民人民性を根拠とした社稷体統を主張するものであって、之に準拠して国家改造を企てても宜いと思いました。然し書方が余り懐古的であると云う恨みはありました。……只今は夫等の書籍の内容に付て、具体的に什う云うことが書いてあったか記憶ありませぬ(69)。

三上は権藤の「自治主義」については理解できても、書き方が「懐古的」で具体的な内容については記憶がないといっている。おそらく原文にあたって咀嚼したというより、藤井斉らの権藤の書物に関する解説をそのまま鵜呑みにして影響を受けたと発言したのではないだろうか。

黒岩勇は昭和六年に海軍兵学校同期の三上卓を介し井上日召と会い、その後次第に直接行動によって支配階級を打倒するという国家改造を企てるようになった。そして、そのようになる上で書物の影響はないといっている(70)。権藤からは「支那革命」の話を聞いたことがあるといっているくらいで、大きな影響は認められない(71)。

中村義雄は海軍兵学校時代より、「頭山満伝、藤田東湖伝、西郷南洲遺訓集、大川周明の日本精神の研究」(72)等を読んでいたという。また、古賀清志を通じて安岡正篤・西田税・藤井斉らと知り合うようになり直接行動による国家改造を企てるようになったという。そうした考えになった上で最も大きな影響を受けた書物は権藤成卿『自治民範』であったという。

北一輝の日本改造法案大綱、大川周明の日本精神の研究等も勿論私の革命意識に間接影響は与えて居

ります が、直接行動に依る国家改造を企つるに付、最も私に影響を与えたのは権藤成卿の自治民範でありまして、之は大庭春雄から昭和六年四月頃借り受けて読みました。其の書中、蘇我の十罪と云う章に書いてある中大兄皇子が南淵先生の教えを受けて蘇我の十罪を知り、君前に之を屠ってから大化革新が其の緒に就いて発展したという事跡であります。即ち我々も之に倣って国家改造をしなければならぬと云う考えになりました(73)。

山岸宏も海軍兵学校時代に大川周明・安岡正篤・北一輝・満川亀太郎の著書を愛読し、藤井斉らから直接的な影響を受けたが、革命意識を特に高めたのは他の被告同様、権藤の『自治民範』だったという。——「権藤成卿の自治民範中の、天皇を中心とした自治制に関する主張について深く共鳴を感じました」(74)——しかし、権藤は「天皇を中心とした自治制」などとはいっていない。影響を受けたと供述している被告の具体的言説を見てみると本当に権藤の書物を読んだとは思えないものが多い。

村山格之も海軍兵学校時代に大川周明・安岡正篤・田中智学・北一輝らから影響を受けたという。権藤については水雷学校実科講習員時代に藤井から紹介されて『自治民範』を読み、「其の趣旨に感ずるところがありました。」(75)と供述している。村山は後述するように権藤自身がよく自分の話を聞いた人物としてあげているから、比較的権藤の思想を理解していたと思われるが、古賀、三上、中村等は権藤の思想から影響を受けたといいながら、一方でその難解な書物を理解しえなかったとも述べている。そのへんの事情を古賀清志氏から直接聞くことができた。戦後一九八八年のインタビューであるが、古賀氏は次のように著者の疑問に答えている。

大森　「五・一五事件」に関わる中で権藤成卿から影響を受けましたか。

古賀　権藤成卿先生には「空き家」で画策をしていた時講義を受けたが、そのころはそっちの方だから（実行的方面で頭がいっぱいだったから―引用者註）、難しくてわからず皆居眠りをしていた。「衣食住の安定と男女の調和が人間生活の目的で政治の根本は自治だ」という程度しかわからなかった。……権藤先生はそういうこと（暴力的革命運動等―引用者註）をやる人ではない。日召なんかと違う人だから。

大森　権藤成卿が「血盟団事件」や「五・一五事件」の黒幕だという説が多いのですが。

古賀　とんでもない。あの人は学者ですから。空き家で謀議をやったが、権藤先生はノータッチですから。世間から見ればそうなるわけですが、実際は全然違うんです。私共も権藤先生が自分達のあれ（首謀者―引用者註）とは全然思っていませんでした。まだ自治思想などちょっとふれただけで何もわかっちゃいませんでした。

大森　裁判記録等では古賀さんは影響を受けた本に権藤の『自治民範』等をあげていらっしゃるようですが。

古賀　影響はあったけれども権藤先生の方は薄いですね。影響が強かったのは北一輝ですね、具体的な改造法案がありましたから。あと安岡正篤（『日本精神講話』）、大川周明、満川亀太郎ですね。権藤先生の話はわけがわからなかった。偉大な学者でテロリストなどという評価はまったく当たっていません。……テロの方面で影響を受けたのは朝日平吾ですね。薄いパンフレットですが、何人かが悪い人をたおせば世の中が転換できるという内容でした。……兵学校時代から影響を受けていたのは藤井斉で、藤井の影響が一番大きいですね。

大森　権藤の大化改新の話は古賀さんに影響を与えていますか。

古賀　励みになっていますが、歴史を書く以上はそういうことは出てくるわけですから。それだからと言ってテロリストだということはないですね。

大森　大川周明とはいつごろからのつきあいだったんですか。

古賀　兵学校時代（大正十四年の暮）からの付き合いで、「五・一五事件」をやるために前から知っている私が大川のところに交渉に行きました。

大森　古賀さんへの大川の影響は強いと言えますか。大川は軍事クーデタ路線ですね。

古賀　ロシアで勉強した橋本欣五郎がそうした方法論を提供したようですね(76)。

ところで、この海軍側六名の被告の供述を見てみると、その中心となっているのは藤井斉であることがわかる。山岸・中村・三上・古賀・村山が藤井斉を媒介にして権藤等の書物にふれている。

藤井斉は直接行動による変革を考えていた最右翼で、その直接行動主義は井上にさえ影響を与えているほどである(77)。また、「五・一五事件」の古賀もそうであるからこの事件の海軍側の思想的中心に位置しているといってよい。一方、権藤は自分の説をよく理解したのは藤井と村山格之であるといっている(78)。

藤井斉の日記から権藤成卿の影響を見ていくことにしよう。昭和六年八月二六日に「権翁の思想に非常に共鳴しつゝあり。十七年実行運動をなして得たる結論は、権翁の自治民範なりき」(79)とあり、藤井が権藤を師とし大きな影響を受けていることは間違いない。しかし、その直接行動主義については影響を受けたという記述はないことからして、藤井は権藤の現状批判、理想国家論について共鳴していたのではないか。その結果、権藤の思想は「建設」の方面で役に立つものであるとしている。昭和六年五月二九日に「権藤翁の思想的経綸を参考とし翁を顧問として建設の任にあたること、之最も重大なることに非ずや」(80)といっている。よって藤井の中で暴力革命論が成立するには他の思想との接合が必要であった。それが『ナポレオン伝』に他ならない。

奈翁伝を繙く。我は希くは日本を革命することによりて、その真正日本が剣と、而してコーランたる自治民範の思想を奉じて世界革命の実行力たる日を期望《(ママ)》す。革命は治己に始り斉家、治国に及び平天下に至るべきもの(81)。

ここで藤井は『自治民範』をコーランに譬えている。それは運動の方向性を決めても「剣」の要素は他から持ってこなければならなかったことを示している。藤井にとって権藤の思想は『ナポレオン伝』と組み合わせて初めて意味のあるものであった。逆にいえばこのことから権藤の思想そのものには「暴力革命」の要素がなかったことが証明できるのではないだろうか。権藤の思想は藤井というフィルターを通ってナポレオンの革命論が付加され海軍の青年将校の間に流布したのではないだろうか。

次に陸軍側であるが、一律禁固四年の判決でその懲罰の軽重がない。そのためその供述に思想の影響が比較的よく読み取れる、後藤映範・中島忠秋・篠原一之助・八木春雄・石関栄等を中心に検討してみよう。

後藤映範は「被告人が国家改造運動に関する意識を有するに至った契機如何」と問われ次のように答えている。

何時如何なることが其の契機になったかは判然至しませぬが、……同年（昭和六年―引用者註）十一月三日私の日曜下宿である四谷区坂町坂田方に於て、今回の事件に参加した候補生の過半数の者及其の他合せて約一五・六名にて菅波中尉を招き、同中尉から君民一体、一君万民の思想を中心とした国体論、私を捨てて国難に殉じた明治維新の志士の話、西郷南洲遺訓等の話を聞き大に感ずるところがありまして、財閥、政党、特権階級等が国政を私にし国家を毒して居る現下の国情に照し合せ、我建国の本義に立戻って国家改造をしなければならぬと云うことを感じ、先ず国体の研究を深く広くしなければならぬと考え日本改造法案を読直し、更に第三回訊問の際申述べた様な書籍を読む様になったのであります(82)。

この第三回訊問で後藤は橘孝三郎『農村学』、北一輝『国体論及純正社会主義』、安岡正篤『日本精神研

究』等とともに権藤成卿の『自治民範』をあげている。また第五回訊問において、昭和七年十一月と昭和八年三月に権藤と会ったことが述べられている。昭和七年には『八隣通聘攷』の講義を聴き、昭和八年には次のようにいわれたと述べている。

其の時は満洲国に関する事の話があって、尚今年末頃に行詰るだろうと云う事で、そして君等は軽挙していかぬと云われました(83)。

ここでは後藤が権藤から軽挙を戒められているのがわかる。

中島忠秋も菅波三郎中尉から直接行動による現状変革について大きな影響を受けた。中島は「五・一五事件」の被告の中では比較的よく権藤成卿を読んでいる。「被告人が直接行動を加え様として右の如き決心を為したるに付、之に影響を与えた書籍或は人物の感化等ありや」という質問に次のように答えている。

決心が既に出来てから其決心を更に一層強固にした意味合に於て、影響を受けた人物、書籍等はあります。即、人物としては、先ず菅波中尉でありまして……次に権藤成卿と云う人物の影響も受けました。此の人は市外代々幡町代々木に住んで居り、支那や露西亜の研究も深く制度に通じた学者で高潔な人格者であります。私は昨年十月末頃、菅波中尉の紹介で初めて権藤氏を訪問し、本年二月頃に至る迄数回に亘って同氏を訪問し、同氏から漢学の講義、明治維新迄の制度の批評等を聴きました。そして同氏は日本の政治体形《（マヽ）》は、天皇を中心として自治主義に拠るべきものであると云うことを説きました。併し同氏は直接行動とは反対であって、客観的情勢が到来して初めて制度の改革が成就するのであると云われました(84)。

中島は『自治民範』を自らの愛読書といっているから、他の被告と違いかなり読んだようである。そして、権藤の思想を理解しようとする中で、権藤が直接行動による改革運動には反対であったことを的確に読みとっている。

篠原一之助は陸軍士官学校本科に入った昭和五、六年頃から里見岸雄『国体論』、安岡正篤『日本精神の研究』、大川周明『日本的言行』等を読み始め、「日本人としての自覚」を深め、さらにその年の九月に菅波三郎中尉と出会い『日本改造法案大綱』等北一輝や橘孝三郎や権藤成卿の著作を読んで、直接行動の考えが固まっていったという。権藤との出会いについては次のように語っている。

> 権藤成卿に会うた事は三、四回あります。夫れは十一月初旬、十二月、昭和七年一月、同四月の四回であります。何れも其の自宅を訪問したのであります。権藤は北氏等と異なり、時局に関する憤慨談は更になく八隣通聘攷の講義、及同人の青年時代の話等を致しました(85)。

時局に関する憤慨談はなかったというところに、早急な直接行動への同意が権藤の口から引き出せなかったという思いが出ているようである。
八木春雄においても菅波三郎中尉の影響が大きい。「被告等が目的決行を為すに至った原因動機は」と聞かれ次のように答えている。

私は現時の日本国家の政治が悪る《(ママ)》いと云う事は士官学校本科に這入る前、即ち予科の当時から考えて居りましたが、其の考えを深くしたのは昭和六年十月中旬頃菅波中尉に会った後の事であります。菅波中尉から色々な話を聞いたり、又日本改造法案大綱、自治民範、支那革命外史、農村学其の他一、二の書籍を読む様になりまして、此の信念が一層強固になりました(86)。

八木と権藤の直接的接触は三〜四回あったようであるが、八木には権藤は理解不能であったようである。

権藤成卿には其の私宅で昨年（昭和六年―引用者註）十一月、十二月、本年一月頃に亘り三回か四回会いました。右昨年十一月の際は、権藤は何を質問しても要領を得ぬ事を云い、言語学を引張り出し土耳古の影響が日本に来て居るとか云うて居りました。此の時は松浦外一、二名来て居りました。尚右十二月の際は八隣通聘攷の講義を聞かされました。此の人は学者であります(87)。

八木は、それからの自分の行動には参考にならなかったというニュアンスで語っている。また「要領を得ぬ事を云い」とか「此の人は学者であります。」という発言から、八木が権藤の話を理解できていないことが見て取れる。

石関栄もまた昭和六年秋に菅波三郎に会い大きな影響を受け、北一輝等の本を読むようになったという。

菅波中尉に会い、其の人格的感化を主として受け、献身的殉国の其の熱情等に動かされ、現在の国家は我々に依て本来の輝かしい日本に復す事が出来るのであると云う事を聞きました。そこで止むを得ないものと従来肯定して居た現在の国家制度は、一個の士官候補生の力に依て改革が出来るものであり、又政革《(ママ)》しなければならないものであると云う事を知りました。尚色々の書籍や雑誌等の閲読により前述の思想を得る様になりましたが、それは昭和六年九月頃からの閲読した書籍としては日本改造法案大綱（北一輝著）、支那革命外史（右同人著）、二千五百年史（竹越與三郎著）、自治民範（権藤成卿著）、日本資本主義発達史（高橋亀吉著）を同年一二月頃迄の間に読みました。尚其の以前に国体認識学（里見岸雄著）、天皇とプロレタリア（右同人著）、国体本義（著者不明）等及堺利彦の著した経済に関する書籍も読みましたが、書名は忘れました(88)。

石関栄は権藤と一回会っているという。

権藤成卿に一回其の自宅で会いました。其の時には松浦、神田、八木、篠原、私が参りました。権藤の其の時の話は国体論で、世界の文明は共通である。日本と云う特別な文化は存在しない。又官治制度と自治制度に付て話されました。詳細は覚えませぬ。其の時権藤は自治民範を読め、そうすれば大体判ると云いました。又八隣通聘攷を出して本の内容を説明され、真の日本の歴史を知るには、外国の歴史を調べて夫れから持って来なければいけないと云いました。今の日本歴史は各時代の政府が書いたものであると云いました(89)。

直接行動主義に燃えていた石関には八木同様、権藤の話は学者的な具体性の乏しいものに写ったのであろう。

その他の被告——金清豊・野村三郎・西川武敏・菅勤・吉原正巳・坂本兼一——も菅波中尉からの影響が大きい。権藤については金清豊は影響を受けていないとし、吉原は直接会って話を聞いたが興味を覚えなかったといっている。坂本は権藤に会ったのは直接行動主義の決心がついてから後のことであるといっている。野村・西川・菅は会ったことがないといっている。次の引用は金清豊のものであるが彼らの見方を代表する供述といえる。

菅波中尉と日昭(召)の所説には非常に共鳴致しまして、私の決心を愈々強固に致したのであります。書籍としては昨年十一月頃、北一輝の日本改造法案、権藤成卿の自治民範等を読みましたが、能く研究吟味をして読んだのではありませぬから、余り深い影響は受けませぬでした(90)。

これら士官候補生の供述から次の三つの特徴が浮び上がってくる。①被告達はいずれも菅波三郎の強い影響下にあり、権藤や北・大川らの著作は菅波を通じて理解したらしいこと、②権藤に会った被告達の印象は概して学者だとか要領を得ぬとかというもので、ほとんど影響を受けていないこと、③例外的に中島は権藤の感化を受けているが、その場合でも暴力的な直接行動はむしろ戒められているということである。

菅波三郎は陸軍の被告達に広範な影響を与えている。菅波の思想を要約すると次のようになる。①日本は万世一系の天皇を戴く一君万民の国である。しかるに資本家は富を壟断し、政治家及び君側の奸臣は相結託して政治を紊し、天皇を中心としてまとまるべき国体を乱している、②今や日本は危急存亡の時である。こうした状況に対して軍人が剣を以て起つことが必要である。具体的には政治的権力・軍事的実力を天皇の下に結集し天皇中心の強固な国体を復活させねばならない、③対外的には満蒙を確保しそこを橋堡としてアジアひいては世界を制覇する(91)。

こうした菅波の主張は権藤の主張とはかけ離れている。菅波の要点にそって比較すれば、①については権藤は日本は社稷を中心にした国で為政者は民のために善政を行なわなくてはいけないといっており〈民生主義〉、万世一系・一君万民などとはいっていない。②について、権藤は天皇中心の強固な国体の復活などとはいっていない。自治的国家の実現を説いている。③については権藤は満蒙の進出には批判的だった。

陸軍の士官候補生に実際に影響を与えていたのは権藤の思想ではなく、菅波独自の思想であったといえるのではないか。

次に民間側を検討したい。民間側被告は全一九名であるが、そのうち刑が重かった後藤圀彦・池松武志・林正三・奥田秀夫、そして民間側の中心人物である橘孝三郎を見ていこう。

後藤圀彦は昭和六年八月の日本青年館の革命家同志の会合に出席した後、橘の話に影響され直接行動による「革命」を決意する。高等小学校の訓導を辞職し、愛郷塾の教師となりこの事件に参加した。後藤は橘の影響を強く受けており、権藤との関係では『自治民範』を買いにその住居を訪れたという供述があるくらいである。大川とは一度も会っていないが、「五・一五事件」の資金が大川から出ていることは承知していた。「橘は大川のことを『川』と呼んで居り、良く古賀に『川』から金を貰って来て呉れと頼んで居りました」(92)。

池松武志は思想的事件のため昭和七年一月陸軍士官学校を退校処分となり、「五・一五事件」に関わった。池松が直接行動を取るようになるにあたっては、他の陸軍の参加者同様菅波三郎の影響が大きい。池松も影響された書籍に北一輝、権藤成卿、里見岸雄らの著作をあげている。

林正三は東京美術学校卒業後、橘孝三郎が常磐村で農場を経営し始めるとすぐにこの農場に入り、昭和六年頃から愛郷塾の教師として橘と行動を共にした。「革命計画」については昭和七年三月頃、橘から話があり変電所襲撃を分担した。林は橘の影響下でほぼ思想形成をしており、大川と権藤からの影響は供述書による限り見られない。

奥田秀夫は明治大学予科英法科三年の在学時にこの事件に関わり検挙された。奥田と古賀清志、中村義雄とを繋ぐ者は「血盟団事件」の四元義隆である。権藤との接点はこの四元に会うために彼の下宿先であった権藤宅を訪れた程度である。奥田は大川についての古賀の発言を引用し、次のように述べている。

同人（古賀―引用者註）は常に「西田税や北一輝は不都合な奴だが、大川は金を出して呉れるから未だ良い」と申して居りましたので、私は今度の事件に付て大川が軍資金を出して居るのであろうと想像して居りましたが、多分此の時も大川が金を出すと云う話が出たのではないかと思います(93)

「五・一五事件」の民間側の中心に位置する橘孝三郎は大正四年に一高を中退し、農に生きるべく茨城の常磐村（現水戸市）に帰り農業に従事するようになる。昭和六年に愛郷塾を設立し、農村青年の教育を行なうようになる。その教育の方針は「大地主義」「兄弟主義」「勤労主義」であった。日本は西洋唯物文明に侵され一君万民の祖国観念・同胞観念を失っており、土の生活を忘れている。農村のことは農民自身が解決せねばならないのに農民が意気を失っている。橘が軍部と提携し暴力的直接行動に関わるようになったのは、革命運動が軍部だけで行なわれると結果的に軍部独裁に陥る恐れがあるといったような理由からであった(94)。橘はそうした意味で軍部独裁を説いた北一輝の『日本改造法案』には批判的であった。彼は昭和四年に井上日召と、昭和六年八月に陸海軍の青年将校と関係を持つようになり、昭和七年三月下旬に古賀中尉より破壊活動決行の決意を打ち明けられ首都襲撃計画への参加を決意する。権藤成卿とは昭和六年八月二六日の日本青年館での陸海軍・民間の「革命派」の集まりに参加するために上京の際初めて会い、その後度々会うようになる。

ところで橘は古賀から暴力による襲撃計画を打ち明けられた直後、権藤成卿から次のような忠告を受けている。

問　其頃被告人は右革命計画に付て、何か権藤成卿から中《(忠)》告を受けなかったか

答　其後数日して権藤成卿から手紙が来ましたので、三月二十三日に私は権藤方へ参りました。すると権藤は私に対し、古賀の話では同人は又遣るらしいが、血盟団事件後警戒が厳重で事があれば一網打尽に捕えられ、文句なしに極刑に処せられることは明かである。今有為の若者を失うことは出来ぬから、古賀に早まったことをしない様に注意して呉れと申しました(95)

この辺の事情を権藤自身の言葉で聞いてみよう。

其ノ頃海軍中尉古賀清志等ガ井上日召等ノ後ヲ承ケテ何ニカ事ヲ起ソウトシテ居ルラシイコトヲ私ハ観取致シマシタノデ日召等ノ事件後当局ハ警戒ガ厳重デ妄リニ事ヲ起コストキハ直チニ逮捕セラル国家多事ノ際有為ノ若者ヲ失ウコトハ出来ヌト思ッテ右橘ガ私方ニ来タ際ニ古賀等ニ軽挙妄動セザル様注意シテ呉レト頼ンタ記憶ガアリマス(96)

この発言は先にあげた（註78参照）権藤の尋問調書中の発言——「稍々モスレハ誤解シテ国家改造ノ実行的方面ニ走リタガルノデ私ハ夫レ等ノモノニ会ウ度毎ニ軽挙妄動ヲ戒メテ居タノデアリマス」——と重ね合わせることができるが、権藤は一貫して青年将校等の「軽挙妄動」を戒めていたのである。そうした権藤に対する橘の信頼は絶大であった。権藤の亡くなる直前に宛てた橘の手紙はそのことを物語っている。

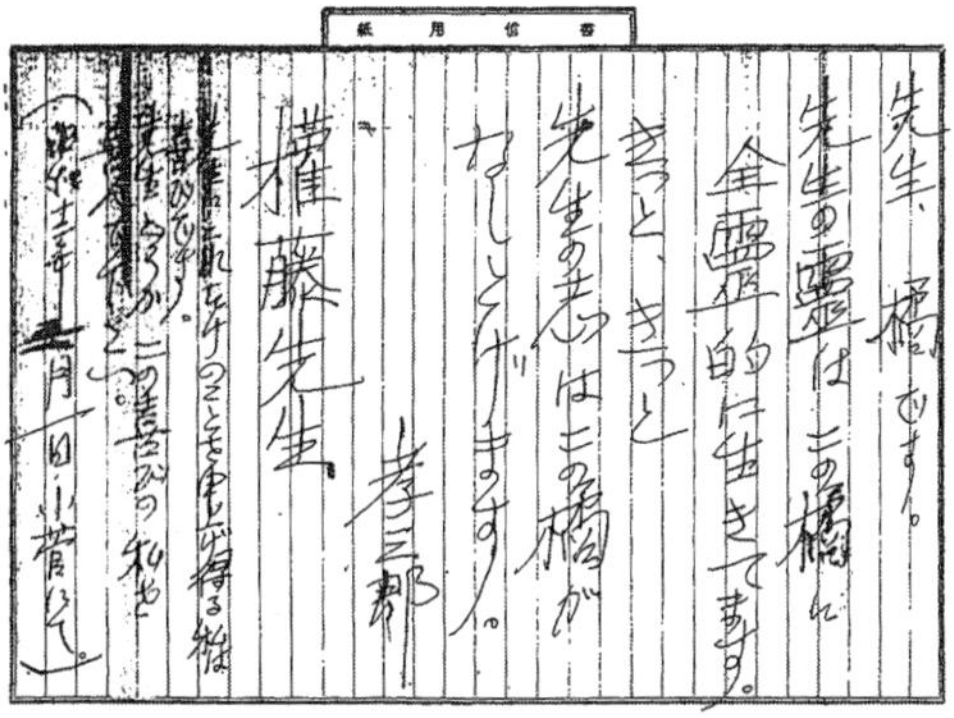
書信用紙
先生、橘です。
先生の霊はこの橘に
全霊的に生きてます。
きっと、きっと
先生の志はこの橘が
なしとげます。
孝三郎
権藤先生

橘孝三郎「権藤宛書翰」（昭和12年３月１日、国立国会図書館蔵）

先生、橘です。先生の霊はこの橘に全霊的に生きてます。きっと、きっと先生の志はこの橘がなしとげます(97)。

一方、橘は大川について次のように語っている。

私は大川周明には会ったこともなく、直接の関係はありませぬ。然し同人の著書等を通して、同人が革命家で相当の勢力を持って居る者だと云うことは知って居りました……大川が今回の計画に付て資金を出して居ること丶、武器を提供して居ると云うことは知って居りましたが、其金額や武器の種類、数量等は知りませぬ。兎に角此の計画に付て大川と塾の方とは直接関係はありませぬ(98)。

橘は大川とは直接会ったことはないと述べている。双方一高中退と東京帝大哲学科出身というエリートであるが、農に生きることを決意した橘と、最後までエリートによる改革をめざした大川とは思想的にも実践面でも共鳴できなかったのかもしれない。

以上、橘を中心とした「五・一五事件」民間側の被告の供述から次のような事情が明らかになった。①愛郷塾の塾生はそのほとんどが思想的というより橘孝三郎との人間的な信頼関係で事件に加わっているという事、②池松武志のような陸軍関係者ではやはり菅波の影響が強いという事、③民間側の中心である橘孝三郎においては権藤成卿の影響は強いが、直接には「軽挙妄動」を戒められていた事、④大川周明が資金面でこの事件の援助をしている事は被告達に広く知られていた事等である。

この節では「三月事件」「十月事件」「五・一五事件」に大川周明が首謀者的位置にいた事、逆に「血盟団事件」には大川は関わらなかった事、そして、権藤成卿はいずれの事件にも関与せず、この時期行動を起こした青年将校らと改革のパッションは共有していたけれども、その現状打破の方法論において大きな相違があり、青年将校達とは明らかに距離があることを明かした。つまり、権藤は「武力」による「革命」的な方法には賛同しておらず、むしろ「直接行動主義」には異を唱えていたのである。「五・一五事件」における「直接行動主義」は海軍では藤井斉がその主唱者であり、陸軍では菅波三郎が中心であった。彼等は権藤の著作を読んだが、それはあくまでも「建設的」側面の理論として読んだ。その「破壊的」側面は彼等自身が権藤の思想に接木したものであり、権藤思想それ自体から導き出されたものとはいえなかったのである。

以上明らかになった大川周明と権藤成卿の思想の相違を、次節では権藤の著述『君民共治論』を通じて具体的に見ていくことにしたい。

4 『君民共治論』をめぐって

昭和七年十二月、権藤成卿が『君民共治論』を出版した意図は、「五・一五事件」に対する自らの立場を明らかにするためであった。すなわち、この書の出版の動機は、一つは「五・一五事件」の首謀者である大川周明の学説を批判するためであり、もう一つは「五・一五事件」が目論んだ軍部独裁に対して議会制を擁護することにあったのである(99)。

「五・一五事件」を契機として政党内閣は崩壊し、政党政治は終焉へと向かうが、そうした中で犬養内閣は最後の抵抗を行なった。すなわち、この時期の外交上の最大の課題は満州問題であり、それを軍事力で解決するか、外交交渉によって解決するかをめぐって軍部と対立した犬養はあくまでも外交交渉路線をめざしたからである。

政友会内部においてこの確執は、総裁の犬養毅と幹事長の森恪の対立として現れる。森は満蒙問題解決策については、軍部をバックにした強硬路線を主張し、犬養は中国の宗主権を認めた上で、経済的には日中合弁で新政権をつくろうという反軍部的構想を持っていた。そして、森は北一輝・大川周明の思想的影響下にあった。

『君民共治論』はこの大川に対する全面的批判として展開される。その序は、次のような批判から書き起こされる。

> 蓋し人国の存立は、必ず其基由淵源あり、之れを棄つれば統制輙ち破る。故に我(ママ)　皇家民人と其宗社を奉じ、以て公例を正し公典を立て、政理の據る所を誓明し、是を不易の制謨となさせ給えり、然るに典学(ママ)阿世の徒、動もすれば私説を恣にし、媚を権豪に鬻ぎ、此の不易の制謨を冒瀆し天智天皇君民共治の聖詔を以て我(ママ)　皇家の正典に非ずして、隋唐の模倣なりと妄断し、民心の抑圧を図り、伊独の驕相に附和せんと擬するに至れり(100)。

このくだりは大川周明批判の箇所であり、「典学阿世の徒」とは大川のことであることは、この書の第六章第六節において、「某博士の議論の数節を摘出し」とし、大川周明の著作『日本的言行』(101)の数節を引用していることからも明らかである(102)。

それでは、この書において権藤の大川批判はどのように展開されるのか。

権藤の日本史像は、後述するように「社稷体統」と「君民共治」という基本概念によって整序される。『君民共治論』でも同様の整序が行なわれるが、その議論の中心は「大化改新」に置かれ、大川学説批判の焦点もここに置かれる。しかし大川の「大化改新」把握に対する批判を通じて、権藤はその把握の背景にある大川の①日本史の全体像、②明治維新の解釈、③議会制の位置付けをも批判した。順をおって説明しよう。

まず「大化改新」の解釈をめぐってであるが、権藤は大川の「大化改新」の記述から四つの論点を引き出し、「大化改新」が「支那思想に依り施設され」たとの主張を激しく批判する。

第一は「大化改新」を背後から支えた南淵請安(103)・沙門旻法師(104)・高向玄理(105)はいずれも「帰化漢人」の子孫であるゆえに「大化改新」は「吾国の古道」によって行なわれたのではなく、「儒教的精神」によって行なわれたという点。

第二は「孝徳天皇記」の記事――「天皇、皇祖母尊、皇太子、大槻の樹の下に、群臣を召集めて盟わしめ玉う」――をあげ、天皇が庭前の大樹の下で群臣と共に盟うといったやり方は「支那」流であり、わが国では空前絶後であったとする点。

第三は、孝徳天皇即位の誓盟の辞の中に「商書の伊訓」が引用され、これが「支那」思想に基づいて書かれているという点。

第四は、孝徳天皇即位の大嘗祭を行なうことを怠ったのは、日本の歴代の恒典を忘却したものであり、一人右大臣蘇我石川麻呂がこれを批判したという点である。

権藤はこの四つの点について、次のように反駁する。第一の点については、

漢唐学術を修めた彼等謀臣の都ては、我国の古道を知れる者でない、と最も大胆に断定されて居るが

その南淵請安、中臣鎌足、高向玄理等の諸謀臣が、儒学に通ぜしや、将た国典に通ぜしや、固より之を実証すべき何等の文献もあろう筈がない(106)。

第二から第四については次のように反駁する。

第一、御誓盟のことは、上代以来祭祀に現われ、上は神祇より、宗室以下万民に対して信を示し賜う公典である。之をも支那式として拒斥するとせば、我国古来の祭祀典例は、如何なるものであるか。第二、出典ある周漢文辞は、橿原朝の御詔令中にも『申太孝』『蒙以養正』等々最も重用なる主眼点に摘用され、爾来御歴代周漢文辞を以て史冊を埋めて居る。而も特に大化に於いてのみ、周漢文字を摘用さるれば、我日本の公典を棄てゝ、支那式となる訳であるか。第三に、御即位式の始まりしより以来、御践祚後多く一年以上を経て御挙行あるは、大嘗祭に新穀を供する典例を此間の御喪忌を過ごさせらるゝ為である。……石川麻呂が御即位式に就て奏上せしなど歴史上影だに見えぬことである。……固より御践祚当初、それ等の御準備ありしや否やも、何等の考拠ないことで、之を其幻想を以て『その用意さえもせぬ』と断言せるは、是れこそ実に驚くべきことゝ申さねばなるまい(107)。

権藤は以上のように大川の「大化改新」把握を文献学的に論難し、第六章第七節においてこの書の結論を述べる。そこにおいては、権藤史観と大川史観の相違が鮮やかに浮び上がる。

ここにおいて権藤は「我が上世以来の尚俗に遵由して、橿原朝御創開の第一着に、御誓明あらせられたる鳥見山の御祭典、――是より列聖《(ママ)》の御體継を以て民を本とせる公典、其の公典に随う所の政理」(108)は、大化をへて、その「民を本とする公典」が「君民共治」の公典となり一層明確化され、これが明治天皇即位式の宣命に引き継がれ、「万機公論」の名の下に、ヨーロッパの立憲組織を取り込んだとし、その公典の一貫性を主張し、「近江朝制」を隋唐の模倣とし「独制政治」の必要を説き「衆議組織」(109)を否定する大川の思想を批判する。

次に権藤と大川の相違点を、前述した三点、①日本史の全体像、②明治維新の解釈、③議会制の位置付けに沿って整理してみよう。

①日本史の全体像についてであるが、権藤が「社稷体統」と「君民共治」という概念に基づいて日本史をとらえるのに対し、大川は「皇室」、「神道」を中心概念にして日本史を整理する(110)。すなわち、日本は古来、「天神にして皇帝」(111)たる天皇を中心にして「神道」に基づく平等の社会を作ってきた。これは主君の禅譲放伐を肯定する（「有徳作王主義」と大川はいう）儒教及び支那思想によって度々揺り動かされたが、聖徳太子の改革、大化改新等に見られるように神道は巧みに外来思想を取り込むことによって危機を脱してきた。平安末期からは武士の台頭が著しく、一時後醍醐天皇による「皇政復興」が試みられたが、武士勢力は頑強で、その後明治を迎えるまで「日本の真実の主権者たる天皇が京都に居り、其の代理人たる将軍が江戸に居って、政治の中心が東西に分立し」(112)ている状態が続いた。明治維新はこうした状態を打破し、「皇室を中心として君民一体の国家を再現」(113)しようとしたものである。

こうした大川の日本史把握を見ることによって、権藤のそれとの相違は自ずと鮮明となる。すなわち、大川の見方が天皇中心であるのに対して、権藤のそれは民衆を基本に据えた見方であることである。この相違が大川と権藤の「大化改新」のとらえ方の相違に反映する。すなわち、権藤が近江朝制を「君民共治」という日本の政治の伝統の継承であるとするのに対し、大川は天皇が神武天皇の子孫であることで「無上絶対」の存在であるという立場から(114)、「大化改新」の過程に見られる「群臣と共に盟う」というやり方を「支那思想」ととらえ批判したのである。

こうした相違は当然、②明治維新の解釈にも反映する。すなわち、権藤の明治維新解釈は、維新当初の明治天皇即位式宣命においては、日本古来の公典に基づき、かつ近江朝制を踏まえたものであり、さらに欧州の立憲組織を「応用適用」せんとしたものであったが、次第に「末を逐うて本を忘れた結果に生まれたものは多く模倣に堕し」(115)、古来の政治とはまったく異なった「普魯士式」の「官治国家」になってしまったとする。これに対して大川の解釈は、まず明治維新を「皇制復興」として鎌倉幕府創立以来七〇〇年を隔て、再び「天皇親政の古に復し」(116)たものととらえる。この「親政」は先に述べたように「天神にして皇帝」、すなわち宗教的権威と政治的権力を合わせ持った天皇による政治に他ならない。端的にいえば、権藤は明治維新を否定的にとらえ、大川は肯定的にとらえているといえる(117)。

さてこうした両者の史観の相違は、昭和初期の段階における、③議会制の位置付けをめぐってヨリ先鋭化する。

『大川周明博士控訴公判速記録』(118)によると、大川は議会政治そのものを否認しようという意思はなかったと述べているが、当時の政党に失望し、「軍部中心ノ内閣」(119)と「兎ニ角言ウ事ヲ聴ク議会」(120)を作ろうとしたといっているのであるから、目標は軍部独裁政権であった。

権藤の『君民共治論』は大川のこの議会制否認に対して厳しい批判を加えている。

> 大化新制は、日本の皇典にあらず、支那式なり隋唐の模擬なり模倣なりと唱道し、敢て強力なる独制《マヽ》政治の必要を説き、甚だしきに至りては、衆議組織を否定する者を見るまでになったのは何故であろう。これが大小の官吏公人、乃至教育家宗教家等の多くが、固く官僚観念に囚われ、目前の利害得失に拘泥し、我国の高遠至正なる君民共治の公典を、文運進歩の順序に随い、理会体得することを怠りし結果ではあるまいか(121)

こうして権藤は『君民共治論』を通じて、大川の軍部独裁構想を批判し、議会制の擁護を論じたわけである。

この考えに従ってこの時期権藤は様々な活動を行なっている。松沢保和は次のような事実を記す。

> 『君民共治論』は五・一五事件後の軍部独裁への政治動向に打撃を与えるものであり、そのために当時の右翼陣営の反発を買ったものである。……この本を読んで秦憲兵司令官は激怒した。そして一方『君民共治論』出版後、千代田区麹町の万平ホテルで政友会の代議士八〇名が集まって、権藤から『君

民共治論』の歴史的由来を聴講した[122]。

権藤と政界との繋がりは深く長く、この頃は隠然とした力を政界に及ぼしていた[123]。特に政友会とは門下の自治講究会・船田順弘[124]を通じて密接な関係があった。

権藤は『自治民範』公刊後、各地に招かれて講演をすることが多かったようである。雑誌『制度の研究』[125]の「自治講究会彙報」によると、昭和十年八月十三日福島県須賀川町、昭和十一年七月二九日、北海道帯広市、同年九月三日千葉市、同年九月二三日千葉県木更津町での権藤の講演会が認められる。講演内容についての詳述はないが、須賀川町での講演会では、「須賀川主催の講演会に臨む。演説題目は選挙粛正に関して。先生は今次の所謂選挙粛正の民人より発せずして、吏僚より発せるをもって千古の不可思議と断ず。」[126]とあり、講演会を通じ、議会制や選挙制度について論じていたことが伺われる。

以上のように、権藤は大川を『君民共治論』を通じて激しく論難した。それは日本史のとらえ方だけではなく、議会制を否定する大川の姿勢を問題にしたのである。このように『君民共治論』を通して両者の関係を見ると、この時代を分岐点とする大きな二つの潮流――大正デモクラシーで獲得された議会主義の方向とファシズムへ向かう方向――を二人が体現していることがわかる。時代は結果的に大川のめざした議会政治否定の方向へと向かうわけだが、次章より権藤と大川の思想世界に詳しく立ち入り両者の比較を行なっていきたい。

第2章 権藤成卿の政治秩序観・I
——背景

1 はじめに

権藤成卿は、明治元（一八六八）年三月二一日久留米藩の藩医権藤松門の長子として府中（現久留米市御井町）の隣接地阿志岐（現久留米市山川町）に生まれた。彼の人生は①久留米時代（明治元年～明治二八年頃）、②長崎時代（明治二八年頃～三五年頃）、③東京麻布・赤坂時代（明治三五年～昭和三年）、④東京代々木時代（昭和三年～昭和七年）⑤東京目黒時代（昭和七年～昭和十二年）と大別できる(1)。東京に出る前はほぼ九州に居り、人生の半分（明治三五年までの三五年間）をこの地で過ごしている。

思想形成で最も大切な時期——その土台形成期——を、権藤は久留米と長崎で過ごしている。初めて自らの名前で発表した書は五三歳の時に出版した『皇民自治本義』(2)である。自著の刊行は他の多くの思想家と比較すると遅く、東京に出てそれもかなりたってからである。しかし、それらの著書を検討すると、郷土久留米あるいは長崎ひいては九州の思想風土の影響が色濃く表れているのがわかる。

権藤の学問的な問題関心は大きく二つに分けることができる。一つは日本古来の政治のあり方に対する考究であり、もう一つは九州を中心にした古代日本の対外交渉史である。前者についての著作の代表は『皇民自治本義』や『自治民範』(3)であり、後者の代表が『南淵書』(4)や『八隣通聘攷』(5)である。日本古来の政治のあり方についての考究――そうした問題関心に基づいて「社稷体統論」や「君民共治論」が出てくる――も、日本古来の対外交渉史に対する関心も、権藤の生まれ育った久留米の風土――農業が盛んで実学的な学問が生まれた風土――、及び古来日本の対外交渉の要衝の地であり、江戸時代には唯一外国に窓を開いていた長崎を持つ九州の思想環境が大きく影響していると思われる。

後者の問題関心――日本の対外交渉史――も権藤の思想を見る上できわめて重要であるが、本書では前者――日本の伝統的な政治のあり方を考究したもの――に焦点をしぼり、本章ではそれを主に『自治民範』によって概観するとともに(第3節)、そうした彼の歴史観・思想を育んだ権藤家の「家学」、そして郷土・久留米の風土と歴史を見ていきたい(第2節)。

2　権藤家の「家学」と久留米

1　権藤家の「家学」

筑後府中の「権藤氏」は、筑後の原田氏の系統に属する名門である。対馬守大蔵春実の孫種材は筑紫の原田に住んで原田氏を名乗った。その末裔原田種宗の第五子が種俊、信州善光寺権堂の傍らに移り住んだ事から権堂五郎と改名する。文永の役（一二七四年）でモンゴル襲来の急を知った種俊は九州に戻り、堂の字を改め藤として、弘安の役（一二八一年）で功を立てた。この権藤種俊が遠祖である(6)。

種俊の裔の権藤種茂は関ヶ原の役に西軍に属して、敗れて帰国の途中、宮崎の変（宮崎城の種茂の父・兄が黒田如水に攻め殺される）を聞き、部隊を解散し筑後府中に住み着いた。種茂はその後、武を廃し医術を学び一六七一年に没した。

種茂の孫が権藤宕山（栄政・一六六四〜一七三〇年）である。権藤家の学問は権藤宕山によって決定付けられ、延陵によって体系付けられたと考えられる。宕山の学は世を救い国を治める実学であり、「飲食・男女・衣服・住居」に関心を置いた。祖父種茂の親友であった京都堀川講習堂の開祖松川尺五の門下・安東省庵(7)に師事し、鄭一元(8)という明の亡命者に薬学を、種茂の甥の種賢に診察術を学ぶ。元禄年間に大中臣友安(9)が蓮台院に逃げてきた時、医業を子の寿侃にゆずって制度律令を友安に学び、世を救い国を治める道はこれだと悟り、専心制度律令を学ぶようになる。そうして形成された宕山の学は実用を主とし「我が道は飲食・男女・衣服・住居にあり」といい、「安民八綱・五刑の論」を立て、礼刑の別を正したという。宕山の学（制度律令）はその高弟田中宜卿をへて権藤寿達に受け継がれる。

成卿の祖父・延陵（直・一七八二～一八四二年）はこの寿達の子である。荻生徂徠の古学派に属する筑前の亀井南冥(10)、南冥死後はその子昭陽(11)について古文辞学を学び、日田の広瀬淡窓、筑後石崎の円勝寺の竺大匡と合わせて「筑後川辺の三秀才」と称された。延陵の学問は祖父宕山の学統を受け、究学時代の壮年期には安芸・三備・大阪・紀伊・江戸・長崎と巡り、華岡清洲(12)から医学・薬学・外科術・オランダ医学等を学んだ。府中に開業すると患者が殺到し、大いに栄えたという。同時に東西二つの塾を開いた。東の塾では学問（法制・経済・歴史）文芸を指導し、『救饉論』や『防疫論』といった経世の実学的書物を著した。西の塾では医学薬学の講義を行ない、子弟は両方で一六〇〇人に達したという。親友の広瀬淡窓の咸宜園との間には交互に門弟が行き来をした。また、柴野栗山(13)・菅茶山(14)・頼春水(15)・頼山陽(16)等一流の学者・文人と交わりがあった。

久留米藩校明善堂創立に力を尽くした樺島石梁は、天保七年の大飢饉の際に延陵の著した『救饉論』『防疫論』を藩公に差し出し、久留米藩はこれを参考に飢饉の被害を最小限にくいとめたという。

成卿の父権藤松門（直・一八三一～一九〇六年）は延陵の三男である。十三歳で藩儒・池尻葛覃(17)に師事、十五歳で広瀬淡窓の門にはいる。淡窓は親友延陵の子である松門をことのほか愛したという。十八歳の時に淡窓の紹介で安芸の坂井虎山(18)の門下になる。その後江戸に出て多紀元堅に医学を学ぶ。この時水戸の藤田東湖(19)とも交わったという。帰国後、医学館の管理にあたった。明治維新後、九州の民は相次ぐ戦乱に疲れ果てていたが、松門は農園を開発し種苗を分け、東京・京都を往来し淡窓の咸宜園を復興し、公私多忙の中、明治三九年に没したという。

「社稷」を中心に国家・展例・制度・道徳等のあるべき姿――「社稷体統論」――が全面的に考究されている『皇民自治本義』、その前半では民衆の生活（〈民生〉）という視点から日本史を整理した『自治民範』の内容も、久留米の地の農業を基本とした文化及びそこで形成された「実学」としての権藤家の「家学」の伝統を確実に受け継いでいるといえる。

2 久留米の風土と権藤家の「実学」

権藤成卿の郷土、久留米の政治風土はいかなるものであろうか。ここでは主に明治維新期の政治的変動を手掛かりに検討したい。

久留米を取り巻く筑紫平野は九州最大の平野であり、古来太宰府が置かれ実力ある豪族が栄えたことからもわかるように九州の交通・政治・文化の中心であった。そしてその基盤をなしていたものは、筑紫平野の米を中心とする豊かな農作物であった。しかし、ここにも幕末・維新の政治的動乱の波がやってくる。当時の久留米藩の藩主は第十代の有馬頼永であり、この頼永に仕え幕末の藩政を担ったのは天保派と呼ばれる水戸学の影響を受けた人々であった。この天保派は頼永の継嗣問題を契機として二派に分裂するが、嘉永五年の「嘉永の大獄」で一方の真木和泉(20)を中心とする尊皇・倒幕・攘夷派の「真木派」が村上守太郎(21)を中心とする公武合体・佐幕・開明派の「村上派」に追われる。その後の幕政は「村上派」を継ぐ不破美作(22)、今井栄(23)等によって担われ、富国強兵・殖産興業を旗印に開明路線がとられ、幕府・薩摩・肥前に次ぐ海軍力を持つにいたった(24)。

明治元年、幕府が鳥羽・伏見の戦いに敗れたことにより形勢は逆転する。不破美作は暗殺され、公武合体・開明派の「村上派」は藩政から追われ多くは屠腹させられた。久留米市史上では「明治二年殉難一〇志士」と称され有能な人材の処刑が惜しまれている(25)。

明治四年、長州奇兵隊残党大楽源太郎(26)が久留米に逃げ込み反政府の挙兵を準備したが、それを許した咎によって、久留米藩は明治政府の激しい処分を受け大量の処罰者を出した。この事件は久留米市史上では「明治四年辛未の藩難事件」として「明治二年殉難一〇志士」事件と同様、失われた人材が惜しまれている(27)。

さて、こうした久留米藩政のヘゲモニー争いの中で、別の一群の人々の存在があった。それが実学派で、後に久留米の産業界で活躍する人々の源流をなす。本庄一行・内藤新吾・戸田乾吉・弥永健吾らの旧藩士、馬場孫三郎・田中庄平ら旧御用聞き商人である。彼等は旧久留米藩の「開明派」あるいは「社稷党」と称された(28)。

久留米藩は藩籍奉還直後の明治二年、それまで五局に分かれていた藩府の産業関係部局を一つに統合し「生産方」とした。「生産方」は藩内の諸税の徴収、藩内重要諸産物の輸送販売を一手に行ない大阪・長崎に出張所を持ち、藩の大きな収入源を育成した。久留米藩は廃藩置県により久留米県となり、さらに三池県・柳川県を合併し、明治四年一月三潴県が成立するが、この事業は三潴県に引き継がれて「授産方」となり、さらに株式会社三潴県産物会社となった。前記の本庄一行・馬場孫三郎等はこの三潴県産物会社の頭取・副頭取となった。三潴県産物会社は三潴県管内・筑後一円の上納米、上納大豆の取扱いを一手に引き受け大きな収益をあげた(29)。

そして、彼等が明治維新後の久留米の殖産興業の先鞭となった。急進的改革志向の村上派と尊皇・倒幕・攘夷派の真木派の間にたって、明治維新後の久留米を担い発展させたのは中間派ともいうべきこうした「社稷党」の人々であった。そして、こうした人々の中からその後実業界に多くの人材が輩出されるようになる。

イブラヒム黒竜会訪問記念（明治四十年四月、於東京麻布）――前列左より内田良平、同夫人、イブラヒム、権藤誠子、権藤成卿。後列右より岩倉善久、盛田暁、古川里美、中山免三、島田一得（滝沢誠『権藤成卿』ぺりかん社、1996年）

権藤成卿が世に出る地盤には、これら久留米出身の実業界さらには政界に進出した有力者がいた。彼等は権藤家と以前から繋がりがあった。例えば枢密院議長になった倉富勇三郎(30)、衆議院議員の内藤新吾(31)、久留米本間病院院長本間一郎(32)、「社稷党」のリーダーである本庄一行(33)。一行は廃藩後大阪に出て鴻池家に入り、大阪商業会議所の創立に当たりその理事になっている。また弁護士を開業し改進党の創立にも関わり東京に出てからは日本鉄道会社に入社、黒龍会(34)にも関わっている。この本庄家と権藤家の繋がりは特に強く、成卿は社稷党のリーダーであった一行の世話で十五歳の時大阪に実業見習いに行っている。また、彼の蔵書目録(35)には一行の著作や本庄家蔵の書物が数点含まれており、その影響を伺い知ることができる。

後藤成卿が目黒区中根町の住居の件で、また成卿亡きあと、その妻の信枝が世話を受けたのは久留米の松下家(36)である。成卿の妹・誠子(37)は元田作之進(38)が初代学長を務めた立教大学に入学しているが、元田家も権藤家と繋がりがあった。藩校明善堂創立に関わった樺島石梁(39)をはじめ樺島家とは延陵以来の付き合いである。

従来権藤の思想が語られる時、ともすれば高山彦九郎(40)、平野二郎(41)、真木和泉ら勤皇派、また明治四年の明治政府転覆事件(明治四年辛未の藩難事件)の関係者との関係が強調され、反体制的精神あるいは暴力的な革命精神を持つ思想家とされてきたが、渡辺京二(42)が指摘しているように、「社稷党」系統の実業界・教育界・政界の人々との繋がりが強く、これらの人々の穏健な実学的思想の影響をヨリ強く受けたのではないだろうか。二松学舎入学の際に世話になった品川弥二郎(43)、東京での政界との繋がりを深めた際の媒介者となった嘉納治五郎(44)等との関係はこうした久留米と実業界の関係の延長線上にあったのではないだろうか。

滝沢誠が明治二五年頃、権藤家を中心に組織されたと紹介している「久留米青年義会」(45)(「筑後壮年義会」)に集まった人々について検討してみると、渡辺五郎(一八六八～一九三五年)は九州日報筑後支社長、憲政党地方幹事になっている。松村雄之進(一八二五～一九二一年)は福島県安積郡原野開拓に従事し、「久留米開墾社」の社長になり、明治三五年衆議院議員、議員を辞した後は民間にあって国事に奔走した。

柳瀬勁介（一八六八〜一八九六年）は台湾総督府民政局法務部兼高等法院に就職している。坂本格（一八六五〜一九二三年）は福岡県会議員、後に満洲に渡り撫順興業株式会社等の一四の会社の創立者となる。大庭陸太（一八七一〜一八四三年）は久留米私学の三大功労者といわれ、南筑中学校などの創立者になる。権藤震二（一八七一〜一九二〇年）は台湾総督府官吏をへて、後に日本電報通信社、共同通信を起こす。宮崎来城（一八七一〜一九三三年）は黒龍会に関係したが、後半生は詩作の生活に入っている。松村雄之進は「明治の国士」として頭山満(46)とともに勇名を馳せ、武田範之(47)は日韓合邦運動に生涯をかけたが、「筑後壮年義会」に集まった人々の多くは「実学派」としてまとめられるのである。

権藤が生まれ育った、そして思想形成した環境、久留米は筑後川を中心とする筑紫平野のもたらす豊かな農作物に支えられて文化的にも発展した地であった。そこでは何よりも「実学的」な風土があり、そうしたことが久留米から多くの実業人を輩出した背景をなした。権藤成卿はこうした風土の影響を受けその思想を形成し、またそうした久留米の実業界の人脈を通じて東京に出てきたものと思われる。

3　権藤成卿における日本史の展開

権藤が古来の日本政治の伝統の探求に基づき描いた日本史では、「社稷体統」（日本は古来社稷を基本として社会の習慣や制度を成り立たせて来たという意味、第三章第二節で詳述）及び「君民共治」（治者と被治者が共に心を通わせて政治が行なわれている状態。強権によって行なう政治ではなく、民衆本位の政治、第3章第2節で詳述）が日本政治の本来のあり方とされている。また、これらの政治的伝統に対する政治のあり方は「官治」（「自治」の単位である社稷を軽んじる中央集権的な政治・官僚政治。明治以降は「普魯士式国家主義」）である。

大正九年出版の『皇民自治本義』に置いて、権藤は「社稷体統」論を展開した。そこでは日本の伝統的諸政治制度がすべて「社稷」に基礎を置いており、民も皇室も「社稷」を共に重んじてきたとし、国家・展例・制度・徳操・産業・芸能等社会のあらゆる側面において、「社稷を尊重する」という基準から日本の現実を世界の潮流と比較しながら批判的に論じたのであった。

昭和二年に出版された『自治民範』以降、権藤の著作はヨリ歴史論的色彩が強まる。すなわち、『自治民範』においてはその後編で『皇民自治本義』を再掲しつつ前編では「社稷体統」「君民共治」、別の側面からいえば「〈民生〉の重視」「変革の契機としての人心」という二つの基準で日本の歴史過程をたどったのである。『皇民自治本義』においても歴史的過程は論じられたが、それは「社稷」の尊重という基準から歴史が引照されているにすぎなかった。『自治民範』前編においては逆に日本の歴史過程に視座を移し、「社稷体統」・「君民共治」が日本の伝統であるということを歴史的に論じたのである。『自治民範』の緒言から見ていくことにしよう。

予がこの衣食住を基調とする社稷体統の自治を講述するは、ただ古を援いて今日を警醒せんとする微衷である(48)。

ここでは「古を援いて」とあるように明治国家体制を日本の伝統と比較して批判していこうという意図が明らかにされている。そして、明治の「普魯士式国家主義」批判は『自治民範』をはじめその著作の随所に出てくる。

予は東洋古制度学の研究に没頭して居る民間の老書生である。嘗て一論文（『皇民自治本義』のこと―引用者註）を著わし、日本の社稷伝統の国性は、普魯士の国家主義形式の成立ちとは、全然別ものであると云うことを詳述し、……(49)
彼の普魯士式国家主義を基礎とした官治制度の行詰りが、此の変体現象を造り出したことが明瞭に分るのである(50)。

こうした視座は権藤のその後の著作でも一貫しており、『君民共治論』『自治民政理』等でも同様にその骨格をなしている。『君民共治論』から同趣旨の記述をあげよう。

然るに明治以降我国に普魯士式国家学説が輸入され、上皇室より、下万民が共に社稷を体統し来れる、我国性の基調を忘却し国民思想を極点迄に昏惑せしめたのは軽薄なる御用学者の罪である(51)。
官治制とは、都て官に依り、国政を統制するものにして、至上権を天と倣し、官司を公正最善の者として、生殺与奪都ての支配に任じ、其至上権を代行せしむるものである。彼の近世の独逸式国家組織の簡単なる者とも見らるる。故に自治制の、専断を誡しめ、朝野相親しみ、官民の共治を以て主眼とするものとは、全然別種別質である(52)。

こうした記述から明らかなように、権藤は明治以降の「普魯士式国家主義」が日本の伝統・「国性」から隔絶していることを批判すると共に、日本の伝統・「国性」が「社稷体統」「君民共治」であるとしているのである。こうような視点から権藤の歴史論である『自治民範』を読むと、この難解な書物もそのいわんとするところが明らかになる。

『自治民範』によると、わが国は神武朝より、古来の「自然而治」のままに、綏靖・安寧・懿徳・孝昭・孝安の五朝まで進んだ。権藤の「天孫隆臨」解釈は「出雲氏の失政に人心が移り革」(53)って、わが皇室に天命が格ったとする。そして、神武天皇を「一国民衆」が「奉戴」(54)したという。孝霊朝に大陸交通が始まり、大陸の民や文物が流入した。この時安静なる「自然而治」の邦土に攻伐争奪の余波が入った。

崇神朝では、大陸騒然の影響で国内の「人心擾然」となり、「庶政振作」が行なわれ、まず天皇は「八十万神」に質された。「八十万神」とは各種各部民衆の祖神であり、権藤によれば古代における「国民大衆の世論」を聞くことを意味したのだという(55)。この崇神朝で日本は「組織的自治主義」の時代に入ったという。

成務天皇の立制では六つの綱が宣せられた。そこでは自治的な民が作る国郡県邑が「仁政」の「正しき中心」に「帰趨」し、中央を擁立するという政治のあり方が理想とされた。

成務より応神朝をへて積年の外征に加え高麗討伐に疲弊した国を建て直したのが仁徳天皇である。「民心を体し化を行う」(56)、すなわち民の心の有り様を体得し民の生活のための改革を行なった。履中・反正・安康をへて、外征の功臣が財の兼併を始める。雄略天皇が打開を試みたが、清寧朝にいたり再び功臣閥が占奪する世になった。

そうした状況は顕宗・仁賢・武烈にいたっても変わらず、継体天皇の時に「躬耕親蠶の詔令」(57)が発せられ、社稷の安泰のために宗廟を奉じるということが確認された。

宣化・欽明時代の三韓紛乱、献仏問題によって物部・中臣二氏が蘇我氏に追われ、続く厩戸皇子（聖徳太子）の時代は蘇我氏と仏教が栄えた。この時代は兼併占奪、惨殺弑逆の時代で評価さるべき時代ではなかった。

この厩戸摂政の時代に隋に留学し三十数年後に帰国したのが南淵請安である。この南淵の指導のもとに「十の大罪」を犯した蘇我氏に対して中大兄皇子と中臣鎌足が起こしたクーデタが「大化改新」である。その最大の狙いは「本と民心を体せらるべき筈の上御一人と国民とが、尊卑の階級に隔てられ、其中間に官僚と富豪の大権力が、財物の兼併に基礎を築き、遂に『上を克し下を虐げ』凶逆を恣にする迄になって居ったので大化制度は特に中間利得者の制馭を目的とし、先ず其中間利得の本源たる、土地の利用を調斉することより始まったものである。」(58)とする。すなわち、民と君との縣隔と富の兼併の是正のために「土地の利用を調斉する」ことが最大の狙いであったとする。

中大兄皇子（天智天皇）はこれを受け、大同の詔書を発し、民と共にある政治を約した（「君民共治」の本来の意味）が、壬申の乱で位に就いた天武天皇は再び尊卑を隔て、人心を「柔化」（自治の気風をなくさせる）し、官治の世の中になった。天武天皇の時代を権藤は「組織的官治主義」の確立期と位置付けている。この官治の時代は天武朝より称徳朝の九朝九七年間続いた。八世紀後半に「天智天皇の遺胤」の光仁天皇によって「体統が社稷の体系に復帰」し、これを受けて桓武天皇は遷都を行なったが、その後九世紀後半の醍醐朝に至るまで社稷民人を匡救しようとするものが出なかった。

藤原氏の摂関政治の一二〇年間は官治法度の極点の時代で、この時代は社稷民人の政治というより仏教のための政治が行なわれた。

こうして武士の台頭の時代がやって来るが、源義家は大江匡房の教えを受け、社稷体統自治の古制を窮めていた。その後平氏が勃興し民政を無視し栄華を求めたが、人心が平家より離れ源氏がこれを倒し鎌倉に開府となった。源頼朝は大江広元の教えを受け民政を重視した諸改革を行ない、その後幕府は承久の乱にも民心をつかみ勝利した。しかし、二度の元寇によって財政逼迫し人心が乖離し幕府は亡んだ。

南北朝の対立期には民政は為政者に配慮されなかったが、鎌倉幕府時代の遺風が残り、「郷邑の自強自衛」が保たれた。応栄以降の室町幕府の時代は諸侯の反乱抗争絶え間なく、応仁の乱となり「地震凶荒、天変饑疫頻出し、人心が極点迄に荒み、戦国に入った」(59)。

こうした戦国時代を抜け出し、指導権を握っていったのは織田信長・豊臣秀吉・徳川家康である。信長は民政に細心の注意を怠らなかったが、朝鮮出兵を行なった秀吉は逆に民を苦しめた。

徳川幕府が農民を搾り取ったのは「応仁以来農民に余力ある地方より起こった諸将は、容易に討平さる、ものでない」(60)という認識に基づく。つまり、民政を重視した治世を行なう諸藩はその力が強くなり統制ができなくなると考えたからであると権藤はいう。

徳川時代には、幕政の建て直しのために徳川吉宗・松平定信・水野忠邦等が改革を行なったが、天保の大飢饉、大塩平八郎の乱等が起こり、人心が離れ明治維新を迎えた。

維新当初の「五条の御誓文」は「人心に新警なる標的を與え」(61)た。ところが、明治の「普魯士式国家主義」はこうした日本の伝統を徹底的に破壊した。明治天皇の「即位式の御宣命」は「近江朝制」の復活、すなわち「公同自治」「君民共治」を宣言したにもかかわらず、明治藩閥の「普魯士式国家主義」の輸入は民衆から「自然而治」の気風を奪い、「社稷体統」「君民共治」の伝統を破却した。欧米の翻訳法制が逐次公布され、自由民権運動は「大に民心を伸ぶるの機会を迎え」(62)たが、日清・日露戦争をへて官僚専権の軍人国家になった。権藤は「軍人国家」を厳しく批判している。この点、軍人に多大の期待を寄せた大川とは対照的である。

軍国に付きまとうのは特権的富裕者と庶民の困窮、軍人の台頭である。そうした国に日本をしたのは「普魯士式国家主義」である。

誤れる国家主義に眩惑し、我が至高至仁なる社稷体統の典範を破却する者は、我日本を賊する匪類である。我同胞庶民の仇敵である。世界人道の破壊者である(63)。

現在の急務はこうした「普魯士式」官治国家の改革である。そのためには「人心の覚醒」が必要であり、「社稷を主とするの自治」の復活が求められている(64)。

このように権藤の日本史の叙述を見てみると、江戸時代までは漸進的な進歩史観になっていることに特徴がある。その進歩史観を表現する権藤の言葉が「漸化」である。この「漸化」について権藤は次のように説明している。

この漸と云い、宜と云い、化と云う所に深い意義がある。乃ち漸とは「ススム」と読み、謂ゆる進歩の意義であるが、進むにも突飛に進むことではない、必ず漸次に順序正しく進むと云うことである。現今の科学的進歩にしても、決して順序を飛び越して進むことは出来得られぬのが是である(65)。

「漸化」とは進歩における「順序」のことである。

代謝変換は宇宙の大則である。故に代る可き時がくれば、必ず代る可き順序に代わらねばならぬ、若し之れを代らせたくないために、人為的に色々な工夫をして、或る一部の権力とか利益とかを維持しようとするのは、偽道と云うのである。偽の字を分解すれば人為となる、偽道は自制自治の大禁物である。社稷体統の組織は則天」《ママ》即ち天に則とると云うことが要諦である。天時天象は暫くも猶予なく代って居る。人心も風尚も亦た時に応じ勢に依りて換りて行く、謂ゆる「易るに依て漸む」と云うことは、実に天理自然の常則である(66)。

『自治民範』で描かれた日本史の過程を「自治」的・「官治」的という見方でまとめてみると、古代自治制より鎌倉までは、「官治」「富の兼併」「習俗の衰退」が進んだ時代があっても良き為政者が出てそれを「自治」的「平等」的「道徳」的に改革し、「自治」的な時代と「官治」的な時代とが交互に漸進的に進んできた。室町以降江戸までは、「官治」的な政治が行なわれたが、民衆の間に「自治」的な気風が残されており、為政者の「官治」に対抗する力強さがあった。それが、明治に至って、為政者・民衆の双方から「自治」が失われた――以上が権藤の日本史の認識である。古来こうした日本の伝統が危機に陥った時代もあったが、「成俗の潜在本念」(人々の間に残された自治に基づく成俗)が「人心」を変化させ「患を救い急を済」ってきた(67)。鎌倉時代はその最たる例として権藤は説明している。彼の「漸化」の思想は「人心の覚醒」によって再び「自治」的な政治が復活するという見方も持っていた。それが彼の非暴力的な変革論になる。

権藤が『自治民範』を発表した昭和二年当時はファシズムの「強権的統合」の足音がひたひたと近づいていた時代であった。経済的には昭和恐慌を迎え、満州における植民地経営も現地民衆の反日感情が高まり必ずしも順調でなかった。大正デモクラシー期の民主的な風潮は政治の世界から急激に失せていった。対外的思潮においても第一次大戦の厭戦的な気分が薄れ、軍部青年将校の間には桜会結成等の不穏な動きがあり、左翼運動も過激化し、同時に右翼の国家主義団体も活発な運動を進めていった。

こうした時代において、権藤はきわめて穏健な漸進主義的な改革を示唆する日本史像を提出した。そこで主張されたことは「社稷体統」「君民共治」が日本の政治の伝統であり、そうした伝統から見れば明治以降の「普魯士式国家主義」は厳しく批判されねばならないが、その変革は「漸進」的に行なわなければならないというものであった。

第3章 権藤成卿の政治秩序観・Ⅱ

思想と運動

1 はじめに

『皇民自治本義』では「社稷体統」論が全面的に展開されたが、時代の危機を感じた権藤は『自治民範』以降「君民共治論」にその主張の力点をシフトさせていった。それは変革の契機を持つ概念であったからである。つまり、「君民共治」とは治者－被治者間の関係性に関わる概念であり、当時の国家イデオロギーであった「君民一体」論とはまったく異なったものだったのである。権藤の描く日本史はこうした「君民共治」を理想とし、「人心」の離れた治者は歴史の舞台から消えていくというものであった。「君民共治論」は明治の国家体制設立期に既に登場しており、大正デモクラシー期の吉野作造らの思想にも受け継がれたが、権藤の「君民共治論」ほどラディカルなものではなかった。権藤の「君民共治論」は民衆の自治を政治の基礎に置き、民の意向に背いた為政者の交代をも唱えていたのである。

そうした歴史認識を持ち、「血盟団事件」や「五・一五事件」の直接行動・暴力主義的変革に批判的であった権藤が関わったいわば「本位」の運動は、「農民救済請願運動」という「合法的」「非暴力的」「漸進的」なものであった。

こうした農民運動の実践から浮び上がってくる権藤の政治論はまさしく〈非武力の政治秩序観〉と特徴付けられるだろう。ロシア革命やベルサイユ講和会議・「ヘーグの平和会議」、そして植民政策に関する権藤の論説を見ると、国際政治においても「非武力」による施策を提言していることがわかる。国内政治においても「統制的」国家秩序に対する批判を書いているが、それは一九二〇年代から三〇年代にかけて進行した日本の「統制国家」への方向に抵抗する主張であった。

権藤の「非武力の政治思想」の鍵概念をなすのが「人心」である。権藤はそれが歴史上の変動において大きな役割を果たしてきたと指摘すると同時に、現実変革においてもその動向は大きな力を持つと考えた。従来の政治学においては究極的な力（ウルティマ・ラティオ）は「暴力」ないしは「武力」であると考えられてきた。しかし、権藤の政治論を的確にとらえるにはそうした政治学は有効ではない。「人心」の政治思想を解くべく私が用いたのは神島二郎が開発した「新しい政治学」であり、その試論が本章の第四節で展開される。

時代はしかし権藤のめざす方向へは進まなかった。軍部と「統制的」権力が次第に力を増し、戦争へと向かう中で、言論界の表舞台に躍り出たのは、「五・一五事件」での服役を終えた大川周明であった。そこに見られるのはまさしく〈武力の政治秩序観〉であり、「植民地主義」であり、「統制経済論」であり、「君民一体論」であった。時代は大正デモクラシーから昭和ファシズムへと大きく暗転していくのである。

2 「社稷体統」・「君民共治」

権藤成卿は『自治民範』発表後、昭和六年十二月『日本農制史談』(1)、昭和七年七月『農村自救論』(2)、昭和七年八月『日本震災凶饉攷』(3)、昭和七年十二月『君民共治論』(4)、昭和八年九月『八隣通聘攷』(5)、昭和十一年四月『自治民政理』(6)等を相次いで出版していく。

『自治民範』以降の著作は『自治民範』のいわば「各論」ないしは平易に「再論」したものになっているが、その中では『君民共治論』と『自治民政理』が権藤の政治論を知る上で重要である。前者の『君民共治論』では、「大化改新」で確立され明治天皇によって「近江朝制」の復活という形で宣命された「君民共治」が、それ以降いかに頽廃したかを大川周明の学説批判を通じて展開し、後者の『自治民政理』では、『自治民範』を平易に再論する中で主に日本古来の政治の伝統及び規範、すなわち「政理」を全般的に論じたのである。そして、二著作を通じてあらためて鮮明に浮び上がってくるのが権藤の政治論「社稷体統」「君民共治」にほかならない。

「社稷体統」というのは日本は古来「社稷」の尊重の上に諸制度・道徳・芸能等が形成されてきたという思想である。「体統」は「制度」という意味である。「社稷」の「社」は「土地の神」、「稷」は「穀物の神」（『礼記・祭義』）(7)の意味で、『論語・季氏』(8)では「国家」「朝廷」の意味で使われているが、権藤はこれに実体としては五〇戸程の村落（権藤の他の言葉では「邑里」）の意味を持たせ、「社稷の自治」等という使い方ではこの集団のまとまりのあり方である「自然而治」の意味を持たせている。「自然而治」とは日本古来の社稷の政治のあり方——上から強権的に治めるのではなく、「社稷」の成員自らその集団を治める——を意味する。「原始自治」から崇神天皇の「組織的自治主義」をへて日本に定着したものである。「社稷」における政治、「自然而治」は衣食住男女の調和を念頭にその風土にあった自然への働きかけに基づく産業を背景に、会議や選挙によって行なわれ、「才幹徳操」ある者の指導によって「善例」に則って行なわれる。こうした「邑里」の自治を根底にして「県邑」「郡県」「国家」の政治が重畳的に位置付けられる。これに対立する政治のあり方は「官治」で、それは上から「強圧」的・「独制」的・「統制」的に行なわれる政治である。

この「社稷」の原イメージは権藤家の「家学」を育て成卿を育てた筑紫平野の自然・社会環境ではなかったか（本書第2章第2節参照）。しかし、そうした自然的集落で現実に行なわれている自治を理想とするだけならば、権藤の思想はありふれた復古的ユートピア的「無政府主義」であり、「郷土主義」であり「農本主義」に過ぎないであろう。

しかし、権藤の思索はそうした素朴な段階にとどまらず「社稷」の自治と国家政治との関係を「君民共治」論で追求し、その「君民共治」論ではさらに変革の契機をも示唆する議論を展開し、明治国家体制に対する根源的な批判を行なったのである(9)。

「君民共治」とは、言葉としては大化改新で登場したものであるが、「共治の公例は国初以来の政基」(10)であり、我が国の歴代朝廷による度々の官治主義の拡大にもかかわらず保持されてきたものであると権藤は述べる。

その政治のあり方は「慴服」や「統制」ではなく、治者の善政を被治者が下から支える関係である。その下からの支持の実体を権藤は「人心」「民心」「衆心」ないしは「輿情」という言葉で表現した。すなわち、「民政」を重視し共に「社稷」を重んじ、被治者との距離を置かない治者に対して民衆の「人心」が支える。また被治者や「社稷」を顧みない治者からは「人心」が離れ、その交代が要求される。そういう政治を日本の伝統的な政治のあり方として提示したのである。権藤は実際にこうした悪しき治者からの人心の離脱が政治的な大きな変革を呼び起こしたという見方を、その歴史叙述を通じて展開する。『自治民範』をこうした観点から読みなおしてみよう。

権藤成卿『自治民範』(平凡社、昭和7年再版)

まず上代出雲氏の衰退のくだりである。

出雲氏の失政に人心が移り革りて、天統たる我皇室に天命が格ったと云うことは、強て否定することは出来まい(11)。

次に崇神天皇の庶政振作のくだりである。

然もかゝる交通に伴い流行病は輸入される、人心は不安と危惧に襲われる。中には野心を抱蔵して機を窺うて居るものもある。かくなれば国防の必要も起り、検察の必要も起る。是れが崇神天皇庶政振作の動機である(12)。

また、継体天皇躬耕親蠶の詔令のくだりでは、

武烈朝に及び民心怨結し、崩じて嗣なく、継一体天皇、応神天皇の統を以て入りて天統を復す(13)

八幡公源義家の施政を述べるところでは、

義家嘗て大江匡房を師とし、律令制度を修め、頗る治術に通す、故に克く其旗下の民を撫し、誘うに自強自衛の法を以てす、東国の郷邑之を利とし、人心靡然として義家に附す(14)

次の箇所は平家が没落していくくだりである。

平治の乱、源氏挙族皆な死し、幼孩亦た配流せられ、京師幾んと其遺類を留めす、獨り頼政免かれて

官に居り、兵庫頭に補す、平氏漸く人心を失うに及び(15)

次の箇所は承久の乱に際しての大江広元の言からである。

広元謂て曰く、民心幕府に在らは、旗下の死士馳せて後に従うもの、応さに洪波の如くなるべし、否らされは幕威已に堕つるなり、安んして命を天下に聴き、挙族刑を待つ亦た可ならすやと(16)

次のくだりは鎌倉幕府が亡びるところであるが、歴史の変動に人心の果たす役割を権藤がどうとらえていたかが特によく現れた箇所である。

師時後を嗣き、高時職を襲うに及び、地震凶饉踵て臻り、度支出入相当らす、人心離乖し、竟に其倒覆を見る、鎌倉幕府民心を獲て興り、民心を失うて亡ぶ(17)

次の箇所は戦国時代に入るくだりである。

応仁の大乱となり、是より地震凶荒、天變饑疫頻出し、人心が極点迄に荒み、戦国に入った(18)。

次の箇所は、織田信長が人心にいかに注意を払っていたかを語ったところである。

一説に当時信長は、僧徒を討って天下の人心を失うや否や、先ず之（「練達の士を召致す」、すなわち信長が貴賤にかかわらず人材を登用したこと―引用者註）を試みたもので、若し不幸にして天下の人心が去れば、大事は出来ぬものと決心して居ったと云うのである(19)。

次は江戸幕末の人心の変化である。

是より家慶の代に移り、天保の大饑饉に遭い、大塩平八郎の乱が突発し、人心に大変化を起し、続て風害水損海嘯屢々起り、安政二年の大震火災となった。此の大震火災が実に幕府の財政を根底より破壊した(20)。

こうした「人心」重視に基づく変革論は、「人心」を変えるという「漸進」的なものにならざるをえない。次節で明らかにする農村運動は権藤のこうした歴史認識に基づいている。長野朗が権藤の思想の中から摂取し強調した「漸化」という概念は、こうした漸進的な変革論を意味していたのである。

ところで、「君民共治」の議論は明治国家創設期にも存在し、「欽定憲法主義」に駆逐されていったものである。鈴木正幸は、一八七四年の自由民権運動の出発点にあたる「民撰議院設立建白書」から明治十四年の政変へという歴史過程を、「欽定憲法主義」による「君民共治論」の否定の過程として跡付けている[21]。それによると、大久保利通・木戸孝允らも君民共治体制の必要を自覚しており、一八七二年から七七年頃まで政府内には、民権の伸長はあくまで国権を確立し国家を富強たらしめるものであるという立場からではあるが、君民共治体制をめぐる議論がなされていたという。こうしていわば上から調達された国民のエネルギーは、その後自由民権運動期には逆に自主的な人民政府構想まで高まることになる。しかし、明治政府はそうした人民政府構想までは認めず、天皇を最高統治権者とする欽定憲法を制定する。それは自由民権運動の人民政府構想の否定であるとともに、「君民共治」思想の否定でもあった。そして、明治憲法体制が範としたのはプロイセンの一八一〇年のハルデンベルク官制であり、それは絶対主義的官僚制度を根幹とするものであった。権藤が「普魯士武国家主義」と批判している制度である。

こうして明治憲法体制形成期に「欽定憲法主義」に駆逐された「君民共治」論が再び息を吹き返すのはいうまでもなく大正デモクラシー期である。大正デモクラシーを代表する吉野作造の民本主義思想は「人民政府論」ではなく紛れもなく「君民共治」(君民同治)論であった。

君民同治を理想とする所の民本主義の政治は、正に此の君主と人民との人格的関係を益々涵養するものではないか[22]。

しかし、吉野の「民本主義」論は「一般民衆の利益幸福並びにその意嚮に重きを置くという政権運用上の方針である」[23]と述べるに止まり、権藤のように民衆の自治を政治の基礎に置いたり、民の意向にそむいた為政者の交代という歴史観に裏打ちされたものではなかった。

美濃部達吉も『憲法撮要』第4章「帝国議会」において「立憲君主政ハ君民共治ノ政体ナリ」(24)と述べているが、彼の「君民共治」論もやはり明治の初めに議論され「欽定憲法主義」に駆逐されていった主権論の復権であった。しかるに、権藤の「君民共治論」はそうした明治初期に誕生して大正デモクラシーで復活した「君民共治論」とはまったく異なるラディカルなものであったといえよう。

一方「天皇機関説論争」で美濃部批判の論客であった上杉愼吉はこの「君民同治」を徹底的に嫌悪した。


美濃部博士の嘗て説けるが如く、君主と国会とは共に国家の直接機関にして、国会は君主の設備する所に非ず。自立して国家の機関たり。君主独り国権を総攬するに非ず。立憲政体は「君民同治の政治」なりと為すは、国家なる法人を拈出し来て、之を二機関の上に超然たらしむるに依りて始めて説明することを得べし。然れども斯の如きは実に我が立憲政体の構成に非ず(25)。


美濃部は後の「国体明徴運動」の渦中で、この時代の過激な天皇崇拝主義者蓑田胸喜に徹底的に批判される。

即ち『憲法撮要』第四章「帝国議会」を論ずるに当り「立憲君主ハ君民共治ノ政体ナリ」(三四七頁)という「上御一人ノ統治」「一君万民」の日本国体国憲破壊の「君民共治」(先には「君民同治」とい

えり）という凶逆語を吐きて曰く……ここに美濃部氏はその「君民共治（同治）」の僭濫思想より「議会」をして「天皇」と対等対立する「国家の直接機関」たる地位に上騰せしめ、「議会の権能」を以て「天皇の大権」以外に超出せしめているのである(26)

そして蓑田胸喜の批判は権藤の『君民共治論』にも及んだ。蓑田は権藤の『君民共治論』を批判し、権藤が「君民共治」の根拠にしている孝徳天皇の詔を取り上げ論難する。そこでは摂政中大兄皇子の返答があり、その中に天皇に対する臣下としての忠誠が宣せられている。「君と共治」した「臣道」を忘却した時代こそ「官治独制」の時代である。「君民共治」を日本の国体の成俗伝統とすることなど言語道断である。「大日本帝国ハ万世一系ノ天皇之ヲ統治ス」「天皇ハ神聖ニシテ侵スヘカラス」の国体のもとにあり、勅語の「朕カ意ヲ奉體シ朕カ事ヲ奨順」せよとの大御言葉の前に「君民共治」とは何を意味するか。権藤成卿を「誅戮す」(27)。

吉野や美濃部において復活した「君民共治論」も、そのラディカルな形である権藤の「君民共治論」も、もちろん当時の「公定」国体論に真っ向から対立するものであった。この国体論（久野収のいうところの「顕教」(28)）とは次のようなものであった。すなわち、

我が国の政治は、上は皇祖皇宗の神霊を祀り、現御神として下万民を率い給う天皇の統べ治らし給うところであって、事に当たるものは大御心を奉戴して輔翼の至誠を尽くすのである。されば我が国の

政治は、神聖なる事業であって、決して私のはからい事ではない(29)。

君民の関係は、君主と対立する人民とか、人民先ずあって、その人民の発展のため幸福のために、君主を定めるというが如き関係ではない。然るに往々にして、この臣民の本質を謬り、或は所謂人民と同視し、或は少くともその間に明確なる相違あることを明らかにし得ないもののあるのは、これ、我が国体の本義に関し透徹した見解を欠き、外国の国家学説を曖昧な理解の下に混同して来るがためである。各々独立した個々の人間の集合である人民が、君主と対立し君主を擁立する如き場合に於ては、君主と人民の間には、これを一体ならしめる深い根源は存在しない。然るに我が天皇と臣民との関係は、一つの根源より生まれ、肇国以来一体となって栄えてきたものである(30)。

「国体の本義」における政府の「公定」解釈によれば、そこには天皇と国民の間にはっきりとした上下の距離がもうけられており、天皇は肇国以来絶対であり、民衆の気持ちが離れた天皇とか、ある基準からそれた天皇が批判されるなどという認識は許されようもなかった。こうしたイデオロギーは昭和十六年の「臣民の道」(31)にも引き継がれている。

大正デモクラシー運動が終焉し、天皇中心の「強権的統合」が強まるこの時代において、権藤の「君民共治」論は権力批判・民衆中心の政治論という点においてきわめてラディカルなものであった。権藤は「血盟団事件」や「五・一五事件」を契機に社会の表舞台から消えていったが、管見によれば、権藤はそれらの事件を契機に「危険思想の持ち主」として当局者から消されていったといった方が適切であるかもしれない。そして、権藤に代わって社会の表舞台に登場し、「強権的統合」を促進しアジア・太平洋戦争へと日本国民を駆り立てていったのが大川周明とその思想にほかならないのである。

3　農村救済請願運動

山川均は『経済往来』昭和七年十一月号に「新農村運動のイデオロギー」をいう論文を載せている。山川はここで「新しい」農村運動の興隆を指摘している(32)。山川によると、従来の農村運動には二種類あり、一つは「地主階級の農村救済運動」であり、もう一つは「無所有農民の階級運動」である。そして前者の例として「帝国農会およびその系統の運動」を、後者の例として「全国農民組合」（全農）をあげている。山川のいうこれら「無所有農民の階級運動」は小作争議を中心とするものであり、この小作争議に対抗して地主階級は「地主組合」（大正十四年）や「地主小作協調組合」（大正六年）を結成するのである(33)。また政府は農村政策の一環として「帝国農会」等を組織し、様々な施策を行なった。山川のいう「地主階級の農村救済運動」とはこうした動きをさすものであった。本節では、山川の分類では「新農村運動」と位置付けられる長野朗の「農村救済請願運動」を権藤成卿に焦点をあてて検討したい。

高畠通敏が指摘するように一九二〇年代から三〇年代は「社会組織の再編成」が進行した時代であった。

この時代、企業は近代的な組織としての姿を整え、終身雇傭、年功序列、学歴尊重という今日にまで至る経営システムの原型をつくり上げる。それに対応して、労働者も、渡り者的な職工から組織化された労働者へと姿をかえ、友愛会から総同盟へと発展する近代的労働者組織がはじめて形成される(34)。

同様に、農民運動もこの時期変化の過程にあった。一九二二(大正十一)年、全国的組織として杉山元治郎・賀川豊彦等を中心として「日本農民組合」が結成される。しかし、高畠が指摘するようにこうした全国組織も下部組織は「粘土の足」であり、大正十五年にははやくもイデオロギー対立から四つに分裂する。それが「日本農民組合」「全日本農民組合同盟」「全日本農民組合」「日本農民組合総同盟」である。昭和三年にはこれらが再編成され、左翼に「全国農民組合」(日本農民組合と全日本農民組合)が、右翼には「全日本農民組合」(全日本農民組合同盟と全日本農民組合香川県連合会、及び新潟県蒲原農民組合)と日本農民組合総同盟が二組合を形成した。昭和六年には左翼の全国農民組合は全国労農大衆党支持をめぐって対立し、右翼二組合は日本農民組合として合同したが、両派とも年を追ってその活動は衰退していくことになり、最終的に国家総動員法の枠の中に吸収されて行くのである(35)。

このような状況を背景に権藤成卿らをブレーンとして「新農村運動」が長野朗を中心に開始された。昭和六年十一月三日、長野らは「日本村治派同盟」を結成する。内務省警保局編『社会運動の状況・昭和七年』は次のように記している。

昭和四年一一月創立ノ愛郷会（茨城）会長橘孝三郎、昭和三年一月以降農村青年共働学校（静岡）ヲ開設セル岡本利吉、昭和五年六月興国農民組合（長野）組織ヲ企タテル津田光造、昭和六年六月以来農本勤労党（福島）ノ結成準備中ナリシ矢部周等、地方的農本主義者等ハ期セズシテ共通的主張ノ下ニ活動シツ、アリタルガ、昭和六年一一月初旬豫テ農本自治主義ヲ主張シ居タル権藤成卿ヲ中心ニ前記主義者ノ外田口康信、高須芳次郎、下中弥三郎、長野朗、土田杏村、小野武夫、武者小路実篤、江藤源九郎等主トシテ、重農主義的学者及農村研究者等ヲ網羅シテ農本主義ニ立脚スル聯合団体ノ結成ヲ為シ左記ノ如ク役員、標語、綱領、方策、宣言ヲ発表スル所アリタリ。……(36)

「農本主義者」の大同団結ともいえるこの運動もその方針をめぐって直ちに分裂する。まず「国民社会主義政党」の樹立をめざす下中弥三郎らが長野・岡本・橘らから分離し、長野らは雑誌『農本社会』を昭和七年二月に創刊し「農本連盟」を結成する(37)。さらに「農本連盟」は二ヵ月後には政治運動化をめざす長野らの「自治農民協議会」と、共働農場を拡大していくという岡本利吉らの「先駆者同盟」とに分裂する(38)。

こうして「新農村運動」も分裂を繰り返すが、権藤成卿は「日本村治派同盟」「農本連盟」では顧問の位置に、「自治農民協議会」では実質的なブレーンの位置にあった。というのもこの運動のリーダーである長野は権藤の隣家に移り住み権藤から逐一指導を仰ぎこの運動を進めたからである。

長野朗は明治二一年福岡県三池郡二川村生まれ、陸士卒。第一次大戦に参戦の後、大正十年政友会系の中央新聞記者となる。東方通信社員をへて大正十五年支那問題研究所を創設、中国問題の研究をした後、昭和二年千倉武夫の紹介で権藤成卿と出会いその思想に心服。昭和七年には権藤の隣家に居を構え権藤から直接教えを受けながら農民運動を実践していく(39)。

長野が権藤の強い影響の下に『農村新聞』を創刊したのは、昭和六年四月二十日であった。『農村新聞』は前期三七号、間に休刊期間をはさみ昭和十六年十二月二十日再刊三七号まで、全部で七四号発行された(40)。

長野の自治学は、『農村新聞』前期第八号「農民から見た日本歴史（一）」のはしがきに「権藤成卿先生の自治民範に拠って筆を進めること、した。」などとあるように、そのターム も論理も権藤からの強い影響下に形成されている(41)。長野は権藤の自治思想をいわば踏襲するかたちで自らの自治学を形成し、それに基づいて農民運動を実践した人としてとらえられよう。

さて長野らが権藤の指導の下に行なった「農村救済請願運動」を見ていくことにしよう。そこには権藤の思想がどのように反映していたであろうか。

「農村救済請願運動」は二期に分かれる。第一期は昭和七年の第六二、三臨時議会に対する請願運動であり、第二期は昭和八年から十年までの「飯米差押禁止」運動である。請願運動の呼びかけが「農村新聞」に初めて載ったのは昭和七年五月十日号（第一四号）である。長野等はこれを契機に本格的に請願運動を開始する。請願内容は①農家負債三ヵ年据え置き、②肥料資金反当たり一円補助、③満蒙移住費五千万円補助の三項目であった。この請願は昭和七年六月一日〜十四日の第六二臨時議会に向けて六月末日現在で約一万八千人の署名を集めた(42)。これは権藤成卿紹介の沖縄県選出議員竹下文隆によって議会に提出された(43)。

第六二臨時議会は、これを受けて「速やかに更めて臨時議会を開き通貨流通の円滑、農村其他負債整理、公共事業の徹底的実施、農産物其他重要産物統制に関し必要なる各般の法律及び予算案を提出すべし」という「時局救済決議」を採択した。

長野等はこれを受け次期臨時議会に向けて請願内容を次の五箇条に改め、新たなる署名運動を開始した。

① 政府低金利資金三ヵ年据置、利子補償ノコト
② 農民ノ生活権ヲ確保スル様強制執行ヲ改正スルコト
③ 三億円ノ開墾事業ヲ起シ、且開墾助成ノ範囲ヲ拡ムルコト
④ 適当ナル移民教育ヲ施シ海外移住助成金一人当百円、内地移住助成金一人当百円ヲ給付シ且帰農移住者ニハ助成米一人当四斗ヅツ三年間支給スルコト
⑤ 俸給ヲ物価ニ平行セシメ上下ノ縣隔ヲ緩和スル様俸給令ヲ改正スルコト(44)

第二次署名は一八県より四二五〇〇余名に達した。各地で署名を集めた代表者は、目黒区中根町の長野朗、権藤成卿宅に滞在した。昭和七年八月二四日、そのうち二二名が風見章・鷲沢与四二両代議士を介し

て植原衆議院副議長に請願書、及びこれに伴う法改正の法律案及び声明書を提出した(45)。法改正の目的は、破綻した農家が農業経営を継続するための法整備であり、法律案は以下の通りであった。

「民事訴訟法中改正法律案」

民事訴訟法中左ノ通リ改正ス

＊第五七〇条第一項第一三号ノ次ニ左ノ二号ヲ加フ

第一四　農業者カ其生産ニ依ル収穫ノ中次ノ収穫迄債務者及其家族ノ生活ニ必要ナル食料

第一五　立毛

＊民事訴訟法第六四一条ノ次ノ左ノ一条ヲ加フ

第六四二条　左ニ掲クル不動産ハ之ヲ差押フルコトヲ得ス

第一　自作農業者カ其一家ノ生計ヲ営ム必要ナル耕作地

第二　農業者ノ住宅及敷地

「国税徴収法中改正法律案」

国税徴収法中左ノ通リ改正ス

＊第一六条第九号ノ左ノ二号ヲ加フ

十、農業ニ必要ナル器具種子肥料及牛馬並ニ其飼料

十一、器具及材料

＊第一七条削除(46)

こうした運動の結果、第六三臨時議会では、民事訴訟法と国税徴収法の改正は行なわれなかったが、時局匡救予算が組まれた。昭和七年度当初予算の一般会計歳入規模一二億五千万円のうち一億一八〇〇万円が計上され、救農土木事業や経済更生運動等が立案された。

第二期の「飯米運動」は前述の二法のうち民事訴訟法第五七〇条一項に第一四号として「農業者が其生産による収穫のうち次の収穫まで債務者及其家族の必要なる食料」を加えるという一点に絞りその実現をめざして行なわれ昭和九年三月二四日衆議院本会議で可決された。しかし、同年三月二四日貴族院で「農業者の窮状緩和に関する決議」――政府は次の議会において我邦農業者の窮状を緩和するため必要なる法律案を提出すべし右決議す――を残し次議会送りとなった。そして第六七議会（昭和九年十二月二四日～十年三月二五日）において、政府案――差押禁止期間を一ヵ月から三ヵ月とする法改正案――が可決成立し、第二期の長野らの運動は終わりを告げたのである。

以上が二期にわたる「農村救済請願運動」の経過であるが、私はこの運動の次の二点に注目したい。一つはその運動が小作争議等ではなく議会の請願や法改正という終始、合法的かつ漸進的方法で進められたこと。もう一つは自治的な農民の自立――つまり単なる援助（施し）ではなく――を目標に行なわれたことである。この二つの特徴はリーダーの長野に対する権藤成卿の影響によるものといえる。

『農村新聞』によると、「農村救済請願運動」は終始「合法性」に注意を払われて行なわれた。第一次「農村救済請願運動」における「声明書」の中には「国には法がありそれ〴〵の機関がある。従て我々は決して矯激の行動に出づるものでなく、国法の定むる所に従い、飽まで温健《（ママ）》に、最も順序正しい方法を採るべきもの」(47)であるとしているし、第二次「飯米運動」の「要領」の中にはその一つとして「凡て運動は、合法的に行い一点の過誤なきこと。」(48)とうたわれ、『昭和農民総蹶起録』では次のように長野の苦心談が記されている。

　この運動の指導について、二つの点で苦心した。一つは各県から集まった農民隊の隊員の大部は二十才代の血気盛りの連中だし、こと桜田門の水戸浪士の気風をついだ茨城勢は戦斗の中核となって働いたが、一方血気にはやって脱線する恐れもあった。もし少しでも非合法的なことをやれば、政府の思うツボで、待っていましたとばかり、これを口実に一挙に全運動が弾圧されるので、それには相当気を配り、未然に防ぐことにした(49)。

昭和八年『改造』十月号の「権藤成卿と其学説」という論文で長野は次のようにいっている。「血盟団事件」、「五・一五事件」で権藤の名前は一躍有名になり、「氏を過激な破壊論者見《（ママ）》たように見る人があるが、氏の学説は社会変革については非常に穏健なもので」ある。その自治学説における社会変革には二つの原則があり、一つは「漸化の理」であり、もう一つは「変化の理」である。「漸化の理」とは①正しく進むということであり、②順序よく進むということである。そして変革の方法については「日本の成俗に基づかない改革や、順序を飛び越えた改革にも賛成」しないのであると権藤の思想を紹介している(50)。

権藤の用語である「漸化の理」については、長野の『自治学・総論編』(51)にそのまま取り入れられている。長野の「農村救済運動」における漸進主義・穏健主義・合法主義は権藤の思想を受け入れたところから出てきているように思われる。

長野の自治学がいかに権藤の自治学を踏襲しているかはここでは詳しく論じないが、『農村新聞』前期第一六号（昭和七年七月十日発行）より第三六号（昭和九年三月十日発行）まで「耋翁話断」と題して権藤成卿に長野朗がインタビューする形をとった連載読み物が掲載されている。ここでは、民事訴訟法改正運動・国税徴収法改正運動の基本にあった、農業者が自力で立ち直るために生産に要する器具や食料・種苗等を確保するという考え方や、具体的運動における穏健・合法主義が示唆されている。長野は権藤の著作から根源的に影響を受けるとともに、日々の農民運動の過程においても随時権藤から示唆を受けていたようである。その点は次の「自治主義」の影響においてヨリ顕著であるといえる。

前期の『農村新聞』の基調は①「自治主義」、②「反官僚主義」、③「反商業主義」にまとめられよう。その中心に位置するのはもちろん「自治主義」である。その主張は第六三臨時議会が時局匡救予算によって行なった救農土木事業に対する「農村新聞」の対応に顕著に見られる。

救農土木事業に対する『農村新聞』の批判はそれが農民の自立を妨げるものであるという点であった。第六三臨時議会に提出された「声明書」を見てみよう。

目黒区中根町居間で武田凞氏と写る権藤成卿〈左〉（権藤延子氏所蔵）

> ……出来上がった政府案なるものを見るに、土木興造を中心として農村救済案が主体であり、農民の望む所と甚しく隔って居る。土木興造は如何に資金を費しても、一時の姑息策にして、その結果は更に多数の失業者を生じ、農村の風紀を害し、人民をして恩恵に慣れしめ、農村の生気ある振興を阻害する。……こゝに農民は断々乎として一切の救済案に反対なることを声明する。これ吾人は本旨として物を恵んで民を軟化するの政を排し、生気溌剌たる農村の出現を待望するからである(52)。

そして真に必要なものは政府による「農業を保持し、農民の生命を維持するに足る最小限度の保証」(53)であるという。「民事訴訟法中改正法律案」や「国税徴収法中改正法律案」はこうした思想を基礎にして主張されたのである。

それに対し、「農村救済請願運動」への政府側からの対応としての救農土木事業の主旨は、上からの補助金による農村の救済復興であった。その後の農林省の「農山漁村経済更生運動」においても当然のことながら、上からの「部落の美風」の作興、配給統制組織や産業組合、行政組織の「整備」、そのための「助成金」の下付という方針がとられた。長野らの運動、特に第二期の「飯米運動」が「生活の最小限度の保証」にその基調を絞ったことに比べると、政府の上からの施策はその方向性がまったく逆であることがわかる。

権藤は「飯米運動」に長野を通じて思想的に大きな影響を与えるとともに、請願に対して竹下文隆代議士を紹介したり、具体的な法改正の手続きを示唆したり、実務的な面でもこの運動をバックアップした。それは軍部の力が増大していく時代状況の中で議会政治を守ろうという権藤の意図にも沿ったものであった。

この運動は結果的にはこの時代の政治を大きく変えるにはいたらなかった。農村は上からの「強権的統合」の動きが強まる中で、農林省の農村救済政策の中に統合されていく(54)。権藤はその後、「成章学苑」(55)で自治主義の教化や各種講演を通じての議会政治の擁護等の活動を行なっていく。それは権藤にとって「官治」の抗えない波に飲み込まれた形で終焉した農民運動の挫折感の中での、最後の抵抗であったかもしれない。

4 〈非武力の政治秩序観〉

第2章第3節で権藤成卿の日本史観の展開を見た。また本章第2節において「社稷体統」・「君民共治」論を検討し、第3節で権藤の運動を分析しその特徴が「非暴力主義」的で「合法主義」的「漸進主義」的であったことを見てきた。

本節ではそうした権藤の歴史論・政治論、そして現実に彼が関わった運動を見ていく中で浮び上がって来る政治思想についてあらためてまとめていきたい。

昭和七年に出版された『君民共治論』の中に「信州に於ける座談会抄録」が掲載されている。農民に対して現状変革の方法を説いたものである。

権藤「私は政民両派に友人を相当持っておりますが、行き会って見ると決してボンクラばかりでない様ですが、要するに思い切ってやれないのでしょう。その思い切ってやれないと云うことは即ち民衆を総括した大運動がやれないからではないでしょうか。思い切って物事が行えないと云うのは色々な障害があるからでしょう。私は此事に就いて革命とは申しませんが世の中が変化して進むつまり漸化と云うことがなければ進歩はないと思っています。老若男女共に公同意思を根抵《ママ》とする団結を以て進まなければならないと思います。」

某「そんなことでは手間が掛って駄目ですね」

権藤「皆さんは四十年も五十年もかゝって、こう云う世の中にして終われたのですからそれを又もとの住みよいものとするには相当の時間がかゝることも当然の話で、それは覚悟せねばなりますまい。直ぐにと焦るのはあんまり虫がよすぎる話ですね」[56]

ここでは「民衆を総括した大運動」が課題とされており、その成功のためには老若男女の「公同意思」

による「団結」が必要であるとしている。そしてその運動は漸進的で「相当の時間」がかかると述べる。つまり、彼の運動論は「上からの」統制的なものではなく「下からの」「公同意思」の形成という、あくまでも自発的な意思に基づく民衆の団結を前提にするものであったのである。

権藤「徳政と云うことは非合法ですね、お話すればそれは非合法になるから私は申し上げられません。そんなことをやれば財界攪乱と云うことになりますよ。私が遠慮なしにお話の出来る時は、自治の結束が出来た時で、結束が出来さえすれば何事も実行出来ると思います。一村の結束がやがて隣村に、隣村の結束が、やがて一郡一県にと次々と延びて、自治の基礎が強大となれば大きな勢力を持つことが出来るのです。そうすれば例えば大恐慌なり、大饑饉が来た場合、米は当然大暴騰するでしょう、その時結束の勢力が出来て合法的に共同貯蔵がしてありますれば何でもありません。そうでなければ実に惨めの極みですよ。ですから多少の不便は忍んでも、農村にまれ、都市にまれ、共に皆自治的に結束して食料の準備をしておくべきだと思います。話が横道に外れましたが、負債償却の問題も要するに結束して、それや《(ママ)》有るうちは拂うがいゝが、無ければ、無い者からとると云うことは出来ないのですからそこは皆さんも充分にお考えになって一つ合法的にかたまることですね」(57)

権藤は何よりも大事なものは「自治の結束」であり、それを下から積み上げていくことが肝要であるといっている。権藤にとっての「変革」のあり様、そして政治のイメージはこのようにあくまでも「社稷」

の自治から出発し国家へと向かうものだったのである。権藤はここで急激な変革についても批判しているが、『自治民範』ではその根拠にロシア革命の経験を引いている。

凡学説主張に発する條理ある問題は、必ず他の学説主張に対し淘汰磨礪さるゝを以て、固より疑慮を挟むに及ばぬが、急激なる人心の忿悁に起る衝動は、其学説主張の如何に拘わらず頗る恐るべきものである。幵は其実行動作が復讐的に化し易きが為である。彼の露国のレーニンが過激行為の詰問に対し、今日はまだ復讐行動の時である、破壊は復讐の常則である、他日の建設は主義の実行なれば、徹底せる平和と公正なる條理に依る組織であると云うて居るのは、大いに考慮すべき一言である。言う迄もなく、彼の露国がロマノフ朝の末季（ママ）に於て、甚しく思想界を掩圧したのは、我曹の新しき記臆（ママ）である、露領在留の或る友人は、彼の思想界掩圧の反動が、刻下の過激行為を産み出したものであると観察して居る、自他の比較対照を以て、這裏の参考を求むれば、此観察も亦た頗る考慮の価値がある。併し我輩は仮令弱者に同情するとしても、労働民衆を煽揚して、過激驕怠の行動を取らしめ、一時の快を貪ぼる如きは、決して之を妥当とは認めぬ(58)。

ここでは、過激な行動が復讐的行動を呼び起こすという事、建設は平和的に行なわなければならない事、ロマノフ朝における思想界の弾圧が後に過激行動という反動を生み出した事、弱者に同情するところから出ていても過激な行動はよくないという事などが主張されている。

こうした政治における「非暴力の思想」の延長線上に「ヘーグ（ママ）の平和会議」「ベルサイユ講和会議」に関する次のような論説がある。

ヘーグの平和会議、ベルサイユ講和会議以来引続ける列国の会商に於て、一層具体的に軍国主義を否認したることは、世界進歩の目的が那辺にあるかを暗示するのであって、其謂ゆる国際連盟の前途には尚お幾多の暗礁があるとしても、若くは軍備制限が今日尚お事実的反対の歩調に在るとしても、开は新主義を以て旧主義を革めんとする場合に、如何なる時代に於ても、常に免れざる所の保守的反抗より来るもので、若し新主義にして新時代の要求に合するものならしめば、最後の帰着は知れ渡って居るのである。軍国主義や官僚主義が未だ世界の人心の幾分を支配し得るものとの考から、中央政府に莫大の権力を集めんとするが如き、憐れむべき時代後れの思想が、最早何時迄も継続すべき命脈はないのである(59)。

この書が出版された昭和七年の前々年の昭和五年にはロンドン軍縮会議が開かれ、これを契機に統帥権干犯問題が起こったばかりである。民政党内閣の浜口首相はロンドン軍縮条約批准に反対した加藤寛治海軍軍令部長を更迭し批准を強行したが、これに対して海軍・民間右翼・政友会が政府を猛烈に攻撃し、同年十一月には浜口首相は狙撃され翌年死去する。国際政治に対する論調が大きく右旋回していた時期である。そうした時期に権藤は前述のような認識を示していたのである。それは世界の潮流において軍国主義や官僚主義はすでに時代遅れであり、これに基づく中央政府の強大化は時代に逆行するというというものである。

この「ロンドン会議」について大川周明は昭和五年に「ロンドン会議の意義」という論評を書いている(60)。それは米国が勢力伸張をはかり太平洋の覇権を握るための会議である。日本は「支那満蒙」より駆逐されぬよう米国に反省をせまるため国運を賭して戦わねばならないと書かれてあり、日本の世論もアメリカの横暴を憤る論調に満ちていた。

この時期においても日本の軍国主義に批判的論調を保っていた希な例は石橋湛山である。海外への領土拡張に対し経済効果という視点から一貫して批判していた石橋は、ロンドン会議についても政府の妥協は日本の国力に見合っていると肯定的な論調を展開していた(61)。

そして、権藤は植民政策の認識においても石橋湛山と共通するようなユニークな論説を展開していた。前掲『農村自救論』において権藤は「満蒙移民政策」を次のように批判している。

満蒙地帯の独立は、其内容頗る複雑を極め、彼の単なる独立聲言のみにては、猶お不安点も尠なくないが、未だ我輩に忌憚なき議論を下すの自由がない。但だ満蒙は未だ従来の版図主たる中華民国政府より、其独立を允許せるものでもなく、列国の公認せるものでもなく、我国の藩属でもなく附庸でもない。而も其在留民は、従来の満蒙人四五百万なるに、漢人の漸入は三千万に近く、これに朝鮮人百四五万人と、我満鉄従事員等二〇余万人、其数字は固より正確とは思われぬが、大體漢人が大数を占《(ママ)》

め、随て農商地盤を造れるに対し、我国が××××《ママ》資力を以て鉄道を管理し、経済上の枢機を握り居るのであるが、我国民は未だ農業土着の拠点を造る迄になって居らぬ。而も幸に満州新国が確乎不抜となり、我植民に安全なる土着が公認されざる限りは、農業土着の拠点は容易にでき得られぬかと考えらるる。且つ漢人の多数勢力が、将来に於ける満州の組織基礎となるであろうか、将た、我国の武力と経済力が、之を統制するであろうか。……之を要するに移植民の恒例は、第一、祖国との関係親善にして、交通往復便宜なるを要し、第二、風土気象衣食住居の差違あるも、子孫の繁殖に支障なきを要し、第三、敵国の津関遮断乃至優勢民族の圧迫なく、祖国援護の及ぶべきを要するものとしてある。若し以上の三綱に随わざれば、移植民の成効《ママ》は覚束ないのみならず、三四代にして子孫絶滅するのは、其考左甚だ明瞭である。現に戦国末季《ママ》に於て、我流民の比律賓に土着せしもの丶如きは、早や巳《ママ》に退滅し盡し、纔に哀話を留むるのみである(62)。

ここで政府の満蒙移植民政策批判の論拠として権藤は次の三点をあげている。①「満蒙」の支配権が中華民国をはじめ国際的に認められていないという事、②「満蒙」の居住者の多くは「漢人」・「鮮人」であり日本人は比較的少数である事、それゆえ日本人植民のため農商地盤が形成されていない事、③農業土着の安全性が確保されていない事。最後に移植民が成功する条件の一般論として、①祖国と移植民対象国の関係が親善である事、②風土気象衣食住の文化的差異を乗り越えられる事、③移植民に反対するような周辺民族の存在がなく祖国が援護できる事の三つの条件をあげ、「満蒙」移民はこの条件に照らして成功の可能性が薄いことを主張している。

昭和六年の満州事変、そして翌年の満州国建国の直後に権藤はこのような「満蒙」移植民政策に対する根本的な批判を展開していたのである。ここで注目しておきたいのは、権藤の批判がきわめて的確である事である。つまり、①日本の「満蒙」政策が国際上理解をえられていないという指摘に見られるように、当時においては幣原外交に通有するような良識的な国際認識を持っている、②「満蒙」における民族構成の把握・農商業の成立条件等をあげ、石橋湛山と同様に経済的な側面からも移植民の成否を論じている、③移植民の生活の保証と安全性になによりも配慮している事である。これらの根拠は「満蒙」移植民の非現実性を明らかにしてあまりあるものであったろう。

権藤の政治論でもう一点注目しておきたいのは、日本が翼賛体制に向かう時代において「上から」の統制を早くから批判している点である。権藤は昭和十二年一月発行の『制度の研究』第三巻第一号(63)における「電力統制に関する座談会答問抄」という問答形式の論説の中で、昭和六年以来の電気事業法の改正について批判を加えている。この電気事業法改正とは、電気事業におけるそれまでの管轄官庁への「届出制」を主務大臣の「認可制」に改めるというものであった。権藤はこの改正の過程で強調された「公共的事業としての責務を尽さしむるよう事業監督力の拡張充実」という点に注目し、「非常時という呼声の下に国家―官僚統制を強化せしめる」傾向があることを指摘し、その改正を「ファッショ的統制案」であると批判している。電気事業法改正を手掛かりに、翼賛体制形成の初期の段階において早くも後の「強権的統合」体制への歴史的進行を見ぬいたものとして、この権藤の着目を評価したい。

後述するように、同じ時期大川周明が主張し推進しようとした流れと権藤成卿の主張はまったく逆であった。大川周明は昭和七年に「経済改革大綱」(64)を著し、国民経済は超階級的な国家意思によって統制されるべきだという議論を展開していた。日本政府の経済統制は後述するように大川の示した方向に進む。昭和八年には「米穀統制法」「製鉄合同勅令」「石油販売カルテル」の成立、昭和九年には「軍需工業監督制」の実施、昭和十年には「重要肥料業統制法」、昭和十一年には「米穀自治管理法」、昭和十三年「軍需工業動員法」「電力国家管理法」、昭和十四年には「賃金統制令」「価格統制令」の成立、昭和十五年には「大政翼賛会実践要項」が発表される。戦争に向けて「新経済体制」の名の下に統制経済が本格的に組織されていったのである(第4章第4節で詳述)。

さて、最後に権藤の政治思想における「人心」の意味について論じよう。繰り返しになるが権藤の政治論の中心には「民の生活」、すなわち〈民生〉がある。為政者の政治の目標はこの〈民生〉を全うなものにすることである(65)。そして〈民生〉をおろそかにする為政者に対しては「人心」が動き、その政治から「人心」が離反し、新たな為政者を招来するという歴史的変革が起こる。この「人心」をつかんだものが新たな為政者になるというものであった。

歴数家に於て、甲子を革命と称し、辛酉を革命と称することは、三代以来の遺習である、乃ち甲子の令、辛酉の命、この令と命とを以て、天地大運の新陳代謝を定むるのが、謂ゆる命数である。細かなることは省略して、令と命との二義の大体を述べんに、令とは時令の令の字にして、春夏秋冬気《(ママ)》節の代り移ることで、人心も時勢につれて時令と同じく其令が移れば命格ると云うのである。例えば夏の時令が格れば命として衫の必要、冬の時令が格れば命として綿入れの必要が起るが如く、令即ち人心が革れば、命は其必然の帰結として革ること丶なる。是れが謂ゆる革命である、この名数の原理に対する批判は別として、古人は堅く其説を信じて居ったものである。精しいことは天管氏易伝五経暦説等の諸書を見れば分る。今この「辛酉元年」を、試に革命の元年と読んで見れば、其紀元推定の深意が、自ら分かるのである。三善清行が延喜の辛酉に際し、革命議を上ったと云うのも、深く慎考せねばならぬことで、近世一種の学者連が日本民族には、神代より絶対に革命はない等と云うて居る概念とは、頗る其思想の基礎が異って居る(66)。

権藤にとっては「革命」とは「人心」が移ることによって為政者の交代が起ることを意味した。また近世以来の学者が日本には革命がないというが、権藤はその「革命」の意味転換をしなければいけないと述べている。日本における「革命」とは「人心」の変化の帰結としての為政者の交代のことである。

権藤の歴史叙述においては、「人心」はあたかも天変地異のように強い力を持つものとして描かれているが、権藤は天変地異について別に書を一冊物している。それが『日本震災凶饉攷』である。〈民生〉に考慮し良き政治が行なわれている時は、民衆の生活は天変地異に対しても安定を保つことができ、歴史的変動につながらないが、その逆の場合は歴史的変動を呼び起こす。権藤はあたかも為政者の悪政に対して「天が怒る」ような歴史叙述をしているが、政治と天変地異の関係についてのこのような認識があったのである。

それでは、権藤の歴史観に従って「人心」の変化が天変地異のように歴史的変動を呼び起こすならば、逆に変革をもくろむ主体が「人心」を変えることによって歴史を変える事はできないのであろうか。権藤は『自治民範』の最後にそのことについてふれている。

然し今日は、法律制度の改革よりも、更に一層切実なる急務がある。他に非ず、即ち先づ人心の改革である、人心すら緊粛して居るならば、如何なる悪法律悪制度も、或る程度までは、必ず之を善用することが出来る筈のものである。……唯だ今日の急務は、互いに其心を引きしめることである。互いに心を引きしめたならば、人は総べて天の寵児である、別に隔る所はない、皇天皇土の間、縦横無碍に発展して差支がない。法律に不当な所があらば何時でも改正が出来る、人が作ったものに誤謬ある場合、人が之を改正するのである、真理は何時でも勝利者であることは確実である、「淵に臨んで魚を羨むよりも退いて網を結ぶに如かず」である。今日の急務は先ず人心の緊粛である、人心の緊粛というは、社稷を主とするの自治である(67)。

当時の危機的な状況の中で何よりも必要なのは、遠回りに思えても「人心」を「緊粛」させる事であると権藤はいう。「人心」を「緊粛」させるには個々人がその心を引きしめる事だという。個々人が心を引きしめるという事は「社稷を主とするの自治」を復活させる事だ。そしてそうした変革への道はあくまでも「順序を失わず」（＝漸進的に）切り開くべきだといっている。

国民は一日一刻を争い之れが革正を要求すべきである、併し其要求が順序を失えば、必ず人心の擾乱となり、秩序の破壊となる、故に吾人は神世以来の典型に依り、人文進化の公例に準拠して、一事一物も苟もせず、性情に率う自慎の善徳を押し進めて、一町一村の自治を正し、其自治の権威に依り、国民共存の大本を樹ることが眼前の急務である、幵は自治に依りてのみ衣食住の平斉を得られ、民俗振興を鞏められ、公衆道徳の光華を発揮せられ、而も其自治の権威は如何なる圧力も之れを抑制することが出来ぬが故である(68)

権藤は「革正」は順序を失わず、そして身近かな一町一村の自治から出発し、その自治が国家のレベルまで積み重ねられなければならないとする。そしてこの「自治」こそは如何なる圧力も跳ね返す力を持っていると述べる。

権藤の政治思想においては、この「人心」が「暴力」（急激な変革の手段）よりも力を持つものと位置付けられている。そして「人心」があたかも天変地異のように大きな歴史変革のパワーを持っていることを明らかにしようとしたのが、その日本史論であったわけである。

ところで権藤のこうした「人心」の政治思想は日本政治思想上どのように位置付けられるであろうか。権藤は古今東西様々な思想を吸収し自らの思想を形成している。著作の中に出てくる人物をあげても、例えばプラトン、ミル、モンテスキュー、ルソー、サン・シモン、プルードン、ブハーリン、マルクス、アダム・スミス、レーニン、孔子、孟子等中国の思想家があげられる。また第2章第2節で述べたように、権藤の祖父延陵は荻生徂徠の学統をひく亀井南冥の門下で、広瀬淡窓、竺大匡と「筑後川辺の三秀才」と呼ばれていた。延陵の交友は柴野栗山、菅茶山、頼春水、頼山陽にも及んだ。成卿の父直は尊王攘夷の主唱者真木和泉等とともに久留米の勤皇党の領袖である池尻葛覃に学び、品川弥二郎とも親しかった。また『柳子新論』の山県大弐、父直と親交のあった国学者福羽美静、そして彼の推挙した伊達千広、『東京経済雑誌』の田口卯吉等も成卿に影響を与えた。これらの中で「人心の改革」という点で注意しなければならないのは伊達千広の『大勢三転考』である。

松本三之介の研究によると、歴史の流れの中の「人心」や「衆心」「民心」が注目され、「勢」や「機」が重視されるようになったのは、徳川幕藩体制安定期に書かれた安積澹泊の『大日本史賛藪』等が嚆矢であるという(69)。幕末に書かれた『大勢三転考』にもこうした歴史観が見られる。この書は神武創業以来、徳川幕府成立以前までを「骨の代」「職の代」「名の代」と三つに時代区分し、制度の変遷という「客観的」基準で時代区分を行なったという意味で、江戸時代以前の歴史観と後の明治啓蒙主義歴史観を橋渡しした重要な史書であるという(70)。『大勢三転考』で注目されるのは「骨の代」から「職の代」への転換の歴史的「推力」が上からの力によるものであったのに対して、「職の代」から「名の代」へのそれが下からの動きであったという叙述である。「そもく骨の職と変り、職の名と移りたるに、勢の異なるけぢめあり。其は、骨を廃て職とかえ賜へるは、上の御心より出て、つとめて変易さえ賜へるなり。職の名と変れるは、下より起りて次第に強大にして、止事をえぬ勢なり」[71]。権藤の「人心」を日本政治思想史上で本格的に位置付ける準備は今のところ私にはない。安積澹泊の『大日本史賛藪』の「人心」「衆心」「民心」や、伊達千広の『大勢三転考』の「止事をえぬ勢」を手掛かりに今後研究を進めて行きたい。

ところで、近代日本政治思想史の上で、「人心」あるいはそれに似た概念を提出している思想家は意外に多い。福澤諭吉は明治八年の『文明論之概略』で次のようにいっている。「世の治乱興廃亦斬の如し。其大勢の動くに当て、二、三の人物、国政を執り、天下の人心を動かさんとするも、決して行わる可きことに非ず。況や其人心に背て独り己の意に従わしめんとするものに於てをや」[72]。中江兆民は明治二十年の『三酔人経綸問答』で南海先生に「政事の本旨とは何ぞや。国民の意嚮に循由し、国民の知識に適当し、其れをして、安靖の楽を保ちて、福祉の利を獲せしむる、是なり」[73]といわしめている。「国民の意嚮」も「人心」に近いのではないか。また、徳富蘇峰は大正十二年の『国民自覚論』でイギリスの政党勢力を論じた中で次のように「人心」という言葉を使っている。「されば労働党の多数は、対手の弱きが為めのみでなく、労働党其物が、英国の人心を支配するものあった為めと判断するが、最も正鵠に庶幾くある」[74]。そして、権藤と同時代の思想家では、大正デモクラシーを代表する吉野作造の次の議論に注目したい。吉野は「憲政の本義」論文において、「人民の意嚮」「民意」が政治における重要な要素であるとして次のように説明している。

民本主義は一般人民の意嚮を重んずるというけれども、しかし一般人民の意嚮、即ちいわゆる「民意」なるものは本来実在するものではない。少なくとも衆愚は被動的に少数野心家の煽動に乗って彼方此方に妄動することはあるけれども、能動的に或る一定の目標に向って意識的の活動をなすものではない。故に民意を取って政策決定の標準となすというが如きは畢竟空論であると。この論は民本主義の理論上の基礎たる「民意」の実在に対する疑いである。そもそも民意なるものの果たして実在するや否やは哲学上社会学上大なる問題であろう。もちろん民意という大いなる意思を有って居る人格者が眼に見えて存在して居る訳ではない。故に目に見ゆる個々の具象のみに執着するいわゆる懐疑派に属する学者が、多数人民の雑然たる集団に意思の主体たる資格を認めざらんとするのはもとより怪しむに足らぬ。しかれども社会万般の事象を洞察達観するものにとっては、この見えざる意思の主体を認識することは決して困難ではない。もっとも我々の社会においては、同一の問題についても各種の意見が色々行われて居るもので、何が多数の輿論なりやは容易にこれを決することは出来ないものである。けれどもこれらの雑然たる社会の議論は恰も時計の振子の左右に動揺して止まざるが如くほとんど安定するの日なしといえども、しかしながらこれらの議論が自ら或る一定の中心に向ってその周囲に動きつつあるものなることは少しく物事を深く観ずる人の見逃さざるところである(75)。

ここで吉野は「民意」など実在するはずがないという「懐疑派」に反論し、「社会万般の事象を洞察達観するものにとっては、この見えざる意思の主体を認識することは決して困難ではない」といい、その実在を主張している。そしてその「民意」は社会の議論が一定の中心に向かうことによって形成されるのだという。吉野はこうした目に見えない「民意」の動きを要諦とする政治のあり方を探り当てていたのである。それは政治における暴力の契機を超えようとした吉野の思索のたどり着いた一つの境地であったろう。吉野の「一般人民の意響」「民意」という考え方は権藤の「人心」に近いものではなかったか。権藤が日本の歴史叙述を通じて必死に明らかにしようとしていたものを、吉野は彼独自の西洋的教養の中で表現した。そしてこの時代において鶴見祐輔も「権力」の多様性に気付いていた。

昭和三年に鶴見祐輔が『英雄待望論』を書いた時には、まだ政治権力観において以下のような幅の広さが見られた。彼は一九二八年の「不戦条約」の調印にふれて次のように述べている。

従来の世界を支配したる最後の力は、武力であった。国際問題の最後の審判廷は、戦場であったのである。一切の政治はこれを基礎として作られていたのだ。しかるに今や全世界の強国は——露国を除き——武力を最後の審判官たる祭壇より引き下ろして、武力以外の力をもって、国際問題を決定しようと、厳粛に約束したのである。於茲、国際間の基本哲学が一変したのである。将来の人類活動は、この新原則の上に樹立せられなければならない。将来この武力に代るちからが、正義という観念であるか、金力という現実な力であるか、民衆という多数の力であるか、條約という形式的法規の力であるか、それは今日に於て予想することは出来ない。……於茲、将来の人類の活動の目標が、経済上の共存共栄と、文化の建設ということに集中せられてゆくものと見ることが出来る(76)。

鶴見は「不戦条約」成立当時の時代状況の権力観を「武力」「正義」「金力」「多数の力」「形式的法規の力」と五つにまとめている(77)。そして、権力としての「武力」が他の要素によって克服されていくという見通しを立てている。

しかし、大正デモクラシーは吉野の活動の後退とともに退潮していった。それと同時に〈武力の政治秩序観〉を否定する動向も退潮し、鶴見が可能性としてあげた五つの権力観のうち「武力の政治」が突出し、日本を戦争にまで引きずっていった。大川周明の政治観はその典型であったわけである。権藤は昭和前期に至っても、〈武力の政治秩序観〉を最後まで否定し続けたのである。

ところで、私が権藤や吉野の「人心」「民意」に止目できたのは、神島政治理論というフィルターを通したからにほかならない。本章を結ぶにあたって、逆にこの「抽出」された「人心」を普遍化すべく、神島政治理論による逆照射を行なっておきたい。

吉野・権藤の「人心」及び「民意」は、「政治元理表」の「帰嚮元理」の「人心」で解釈するとその意味が明白になる。「人心」について神島は次のように説明している。

人心とは、個人心理ではなく、人々の選択が集積されるにつれて方向づけをもって動くところの集合的な人の心の総体としての動きを言う。もしこれを固定的に把えるなら、ルーソーの一般意思〈volonté générale〉になるだろう。しかしながら、これは刻々に動いている状況のままに概念化したものであるから、その点で一般意思とはまったく違っている(78)。

つまり、「人々の選択が集積されるにつれて方向づけをもって動くところの集合的な人の心の総体」に、権藤がいうところの「人心も時勢につれて時令と同じく其令が移れば命格る」のイメージが重なり、また「老若男女共に公同意思を根抵とする団結を以て進まなければならない」という時の「公同意思」にルソーの「一般意思」のイメージが重なってくるのである(79)。この点、吉野がヨリわかりやすい。吉野は「民意」や「人民の意嚮」を「見えざる意思の主体」とし、「これらの議論が自ら或る一定の中心に向ってその周囲に動きつつあるもの」としている。これは神島のいうところの「人々の選択が集積されるにつれて方向づけをもって動くところの集合的な人の心の総体としての動き」と同じイメージを持っているのである。

従来権藤の思想が難解であるとか、「変革論」がないなどと評されてきた原因は、その思想を分析する「分析枠組み」に問題があったのである。神島政治理論という新しい「分析枠組み」で権藤の思想に光を当てれば、その意味は以上のように明白に浮び上がってくる。「人心」は神島政治理論が提出した多くの分析概念の一つに過ぎないが、本書で試みたようにその一つを使っただけでも政治分析の新しい地平を開く可能性を示しえたのではないかと私は思う。

第4章 大川周明の〈国内政治秩序観〉

――〈革命思想家〉から〈統制思想家〉へ

1 はじめに

前章まで主に「血盟団事件」及び「五・一五事件」という昭和初期の二つの事件を検討し、権藤成卿がそれらの事件に関与していなかったこと、そしてそれは彼の思想の当然の帰結であることを明らかにした。彼の政治思想はまさしく〈非武力の政治秩序観〉というべきものであり、間違いなく大正デモクラシー時代の申し子であった。しかし、時代は大正デモクラシーから昭和ファシズムへと暗転する。その契機となったのが犬養首相を暗殺し政党内閣の命脈を絶った「五・一五事件」である。この「五・一五事件」の民間側の首謀者が大川周明にほかならない。

本章以降、その大川周明の思想を検討する。まず本章ではその〈国内政治秩序観〉を見ていきたい。権藤成卿とは逆に、彼の思想が「三月事件」「十月事件」「満州事変」「五・一五事件」という一連の直接行動による国家改造運動といかに符合していたかを証明することになろう。大川の政治思想は〈武力の政治秩序観〉といえるものであり、〈国内政治秩序観〉も〈国際政治秩序観〉も「武力」を中心に組み立てられていた。

そうした大川の〈国内政治秩序観〉を分析することは、同時に大正期・昭和初期の左右の様々な変革運動の時代から「上からの統制の時代」（高畠通敏のいう「強権的統合」）への転換を描くことになるだろう。そうした時代の変化と並行するように、大川の思想は「五・一五事件」での逮捕を契機に転換する。つまり「三月事件」「十月事件」「五・一五事件」をリードしたものは「革命思想―下からの武力による権力奪取」であったのに対し、逮捕後は「統制思想―上からの様々な手段による管理・統制」へと転換するのである。そうした移行過程を私はまず大川の日本史論――『日本文明史』、『国史読本』、『日本二千六百年史』の三つの著作――を通して明らかにしたい。それが本章第3節である。

次に、第4節では「調査部第二課・昭和七年稿」と書かれた「経済改革大綱」を分析する。この論文こそが大川の〈革命思想家〉から〈統制思想家〉への転換のいわば「転向声明」をなすと思われるからである。それは政治犯という経歴を背負いながらその後の思想的活動を行なっていくために、権力に向けて書かねばならないものだったのだろう。この論文は満州国そしてアジア・太平洋戦争期日本の統制的国内秩序のシナリオを作った宮崎正義らの構想と驚くほど似通ったものである。宮崎のシナリオは昭和十年代の日本の進路を方向付けたが、「五・一五事件」後の大川の思想的転換はそうした政策の方向に沿ったものだったのである。

ここでは「転向」を政治学の本来の意味で使う。つまり「自発的回心＝コンヴァーションと異なり、むしろ上からのプロシリタイゼーション（権力その他強制的手段を背景にした改宗）」（『政治学事典』平凡社、一九五四年）である。大川はその〈武力の政治秩序観〉の「武力」の出発点を「下」から「上」に変えさせられた。しかし、この場合「質」を変えさせられた（例えば〈武力の政治秩序観〉を〈非武力の政治秩序観〉へ）わけではないから、大川自身の葛藤はきわめて少なかったと思われる。むしろ積極的に受け入れたきらいもある。しかし、客観的に見ればその思想に明らかなぎこちなさが生じた。〈国内政治秩序観〉においては『日本二千六百年史』の改訂版での数々の削除にそれは表れ、〈国際政治秩序観〉においては政府の外交方針に合わせるために「木に竹を継ぐ」ような論理的整合性の欠落をもたらした。そして、そうした「転向」は昭和ファシズムの「強権的統合」の威力を表してもいる。本書ではその「強権的統合」の「威力」を大川の「転向」を通じて描くことにもなるだろう。

そうした大川の〈国内政治秩序観〉〈国際政治秩序観〉の分析に入る前に、まず彼の〈英雄主義〉の思想的背景についてふれておこう。

2 〈英雄主義〉の思想的背景

「古今東西の歴史は、最も明白に一人又は数人の英雄が、如何に偉大なる功業を成就し、社会又は国家のために新しき時代を開拓したかの実証を吾等に示して居る」(1)——大川周明は歴史を動かすのは少数の英雄であると考えていた。彼の思想の背景にあったのはこうした認識に基づく〈英雄主義〉であり、人生の目標としてあったのは歴史を動かす主体である「英雄」としての自己形成ではなかったか。

大川の一生を概観すると、五高進学からエリートコースに乗り、東京帝国大学卒業後、一九一九年に三三歳で東亜経済調査局編輯課長、翌年拓殖大学教授、四三歳で満鉄から独立した東亜経済調査局理事長、「五・一五事件」の服役後、昭和十三年には満鉄東亜経済調査局最高顧問、法政大学大陸部長と、常に権力中枢のブレーン的な位置にいた。この間、一連のクーデタでは、破壊後の「建設」に大臣として携わろうとしたし、アジア・太平洋戦争では対英米戦争を正当化しようとプロパガンダ的役割を担った。こうした彼の経歴から見えてくるものはその歴史観——英雄が歴史を作るという——に基づいた自らも英雄（実際には権力のブレーン的存在）たらんとする生き方である。

そうした意味で私が彼の成長過程で注目したいのは次の四点である。一つは父との確執（家業の医者を継ぐかどうかで父親と対立した）、二つめは五高から帝大という学歴、三つめは「普遍宗教」としてのキリスト教への傾倒、四つめは『列聖伝』の編纂である。

大川周明は明治十九年十二月六日に山形県酒田市藤塚で生まれた。家業は医家で父周賢、母多代女との間の長男であった。その母を「宗教的対象」(2)とさえ呼び敬愛したのに対して、父親とは幼い頃からそりが合わなかったようである。——「子供には父を好く子と母を好く子がある。私は幼い時から父よりも母が好きであった」(3)——こうした周明は父周賢とその進路をめぐって決定的に対立する。『大川周明日記』に次のようにある。

9時ヨリ父上ト将来ノ志望ノ事ニ就キテ談話セシガ父ノ意ト余ノ意ト合ウコト能ハズ凡ソ三時間ニ亙リテ互ニ弁論セル末霹靂一声明日から勝手にせー。貴様の様な奴にもう己は構わないぞナル言ハ父ノ口ヨリ出デタリ。余敢テ痛痒ヲ感ゼザリシモ事ヤ人倫ノ大綱父子ノ関鎖ノ絶タレントスル時決シテ笑破スベキニ非ズ。頑固ナル父ニ向ツテ極メテ明瞭丁寧ニ余ガ論旨ヲ説明シテ反省ヲ求メタリシモ空鼾シテ応ゼズ。傍ナル母ガ後ニテ能ク謀ラント云ウニヨリ遂ニ床ニ就ケリ時ニ1時ヲ過ギタリ。事ハ父ガ余ノ言ウ所ヲ誤解セルニ出デタルモノニシテ父ノ論タル固ヨリ聴クニ足ラザルモノニハアラザルモ大ニ参考ト成スベキモノアリ(4)。

父親の権威が強かったこの時代において「頑固ナル父ニ向ツテ極メテ明瞭丁寧ニ余ガ論旨ヲ説明シテ反省ヲ求メタリシモ空鼾シテ応ゼズ」とは驚くべき反発心の表現である。大川が父についてふれる文章はこの『日記』の箇所や『安楽の門』でその死を語る箇所のほかきわめて少ない。「幼い時から父よりも母が好きであった」周明と父との二八年間の関係は、父について語る事が少なかった点に端的に表れているかもしれない。周明にとって医学そのものが肌に合わなかったのか、それとも父親の意にそう事自体を忌避したのかは定かではない。しかし、家業を継がないという事は同時に生まれた酒田の地を離れる事を意味した。周明は遠く熊本の第五高等学校への進学という道を選ぶ。

五高時代に早くも政治的リーダー、歴史を動かす「英雄」的人間としての自己意識が発揚された。それが明治三九年の「栗野事件」である。これは当時五高生は絶対に転校が許されなかったのにもかかわらず、文部省の特例措置によって政府の高官を父に持つ生徒が転校を許されたことに学生が抗議して学内紛争になったものである。この結果、校長・教頭・生徒監が引退・辞職させられた。生徒の代表委員となった大川は学生大会で熱弁をふるい、学生運動のリーダーとして五高の歴史に残るほどの勇名を馳せた。

大川は明治四十年、五高を卒業し、九月に東京帝国大学文科に入学し印度哲学を専攻する。トップエリートの道である。本書で取り上げる権藤成卿・大川周明・北一輝・橘孝三郎の四人を比較してみると、権藤と北は思想家としては優れていたが、日本の学歴社会の中ではトップエリートとはいえなかった。これに比して大川と橘は高等学校進学を許されたトップエリートであった（橘は一高中退ではあったが）。そうした意味で大川と橘の比較に意味があるだろう。

橘孝三郎は明治二六（一八九三）年茨城県常磐村（現水戸市）の中堅地主の家に生まれた。一九〇六年に水戸中学に入学、一九一二年に第一高等学校に入学した。一高在学中、トルストイやドストエフスキー等を読みオイケンやベルクソン、プラグマティズムのウイリィアム・ジェームズ等の影響を受けた。一九一四年には故郷に戻り農業にいそしむ事になる。橘の「帰農生活」は必ずしも成功とはいえなかったが、その農業と著述活動は徐々に知られるようになり、一九二九年には橘を代表とする「愛郷会」が設立される。一九三二年これが「愛郷塾」となる。「自助努力」と「共同組合運動」がその基調であった。橘は一九三一年に『農村学』を出版し、「五・一五事件」直前に後に『日本愛国革新本義』として出版される講演を青年将校の前で行なっている。両著書に共通の主張は農業政策の振興と農民の自助努力であった。

農村に生き、土と農民を語り、そこで思想形成をした橘は農民の奮起によって日本を改革しようとした。これに対して帝大卒のエリートとして権力の中枢に位置した大川はその〈英雄史観〉に基づき、主に「エリート軍人」による改革を希求した。そんな大川と橘の高校時代の生き様は対照的である。一方は「栗野事件」の学生運動の英雄として勇名を馳せ、他方は懊悩の末一高を中退する。次の言は橘孝三郎の一高中退のいきさつを自身で語ったくだりである。

> 頭にうららかな太陽を戴き、足大地を離れざる限り人の世は永遠であります。人間同志同胞として相抱き合ってる限り人の世は平和です。人各々その額に汗のにじんでを《ママ》る限り、幸福です。誰か人としてこの永遠に平和な幸福を希はない者がありましょうか。然らば土の勤労生活こそ人生最初の拠り所でなくて何でしょうか。……私はかつて哲学を研究せんと志して第一高等学校文科哲学部の方へ入学致した事があります。そこで私は文字通り寝食を忘れて哲学研究に没頭した事がございました。実はその結論の結果でもあったのですが、私はどうしても帰農せずんば《ママ》をられなくなったのです。理由とする所はなんでもありません、今しがた申し上げた通りです(5)。

図書館にこもりきりで、寄宿舎の消灯後も蠟燭の灯で「ローベン」をし、「骨」「カンヅメ」と渾名されていた(6)橘の高校時代は、大川の潑剌とした高校生活とは対照的であった。

ところで橘の哲学的思索は一高時代であったが、大川のカントやヘーゲル、シュライエルマッハー等の哲学的研究はむしろ帝国大学進学後に行なわれた。帝国大学入学以前の大川の哲学的な探求において特筆すべきはキリスト教とので出会いである。『安楽の門』では家業を継がなかった理由を、中学三年の時にめぐりあった鶴岡天主公教会のマトン神父の影響があったとしている。

中学時代に聖書によって宗教的に目覚めさせられてから、初めて真剣に世界とは何か、人生とは何か、如何に世界と人生とに処すべきかを考えるようになった。私は少年時代から読書が好きであった。それは少年の飢え渇くような知識欲を満たすためであった。然るに今や世界や人生についての問題が、単純な知識欲からではなく、謂はば全人的要求として私に迫って来た。そのため私は中学の五年生の時に、大学では哲学を修める決心を極めた。この決心は痛く私の父を悲しませた。それは私の家が足利時代の昔から私の父の代まで、連綿として代々医を業とし、先祖の二三は日本医学史の上に其名を留めて居るので、父は長男の私に是非とも家業を継がせるつもりでいたからである。若し私がマトン神父にフランス語を学び初め、それが因縁となって宗教や哲学に心を惹かれることがなかったならば、私は父の希望通り医者になって居たことであろう(7)。

大川はこうしてマトン神父からキリスト教の最初の影響を受けたが、五高入学後もキリスト教関係者との交流は続いた。五高英語教師・遠山参良、熊本草葉教会に牧師として赴任した郷里の先輩榊原政雄、熊本草葉教会の福田令寿らである(8)。しかしその後、大川の後半生においてキリスト教が登場することはなく、「日本精神」が思想の中心に置かれるようになる。大川はクリスチャンにはならなかった。「イエスの人格と信仰とに対する憧憬を深めて行ったにも拘らず、洗礼を受けてクリスチャンとなることが出来なかった。それが（ママ）私がポーロの基督教又はポーロ・ルッターの基督教を、そっくり其侭自分の信仰とすることが出来なかったからである。」(9)と弁明しているが、なぜ彼はクリスチャンにならなかったのであろうか。

傾倒する三人の先輩の一人で「真個の信神者」(10)として大川が『安楽の門』等であげている押川方義との出会いのエピソードに、そのあたりの事情が語られているようである。「押川方義先生を憶う」によると、大川は押川の「名声」をすでに中学時代に知っていたという(11)。しかし、その「謦咳に接した」のは大学を卒業前後の押方の晩年であり、この時大川は「一個の国士」として押川を認めたのである(12)。つまり、この頃すでに大川の関心はキリスト教から「愛国者」「日本民族の偉大」「大日本帝国は世界文明の成就者」「日本文明の完成は世界文明の完成」を唱える「日本精神」(13)論に移っていたのである。

そして、クリスチャンにならずに、こうした「日本精神」論者となった最初のきっかけは松村介石の「道会」への入会であったろう。帝国大学卒業一年前の明治四三年のことである。そして翌々年にはこの「道会」を縁に、〈英雄史観〉形成の最大の契機となる歴代天皇の『列聖伝』の編纂を行なうことになったのである。ところで、この会は「基督教から独立」し「信神・修徳・愛隣・永生の四綱領を掲げ」(14)て、つまり、本来のキリスト教から離れ、精神修行の色彩の強い団体として出発している。もっとも、大川にとってこの会は「精神修行」というよりも人との邂逅の場であった――「松村先生は宗教家というよりは道徳家又は道学先生と呼ぶにふさわしく、従って私は先生から宗教的に啓発されたことは殆どなかった」(15)。そして「道会」入会によって大川がえた最大の成果は、押川方義と八代六郎との邂逅であった(16)。押川方義とは先述したように「一個の国士」との出会いであったが、後に海軍大将となった八代六郎に大川が魅かれたのは軍人としての華々しい活躍ゆえであった。大川は八代に「英雄」を見たのであろう。先の『安楽の門』では「八代大将に於て真個の武人を見た」(17)といっている。『日本的言行』で「軍人並に軍隊は今日といえども吾国の如何なる他の階級よりも遥に堅実であります」(18)と述べ軍人を最も評価する大川にとって、この八代に対する「真個の武人」という表現は最上級のものであった。

大川のキリスト教傾倒の期間はきわめて短かった。彼にとってのキリスト教とは、その「普遍宗教」的性格ゆえに故郷を離れること、つまり酒田の郷土に根ざした歴史や文化及び思想研究からの離脱を促す働きをしたに過ぎなかったのかもしれない(19)。キリスト教の「普遍宗教」性をステップに『列聖伝』に取り組み、今度は逆に編纂作業を契機にキリスト教にある「普遍性」追求を棄て「日本精神」に回帰したのではなかったか。

彼にとって『列聖伝』編纂はどのような意味を持ったか少し詳しく見てみよう。まずその編纂の仕事が大川にめぐってきたいきさつは次のようなものであった。

道会の後援者で会堂建立費を寄付した大倉孫兵衛翁が、還暦の祝に何か意義ある事をしたいと考え、其事を松村先生に相談した。すると先生は、日本の国民生活の中心は皇室であるから、此事を普く国民に知らせるために、平明に歴代天皇の御伝記を書き、之を印刷して配布しなさいと奨めた。大倉翁が即座に先生の言を容れたので、先生は原稿の作成を私に相談した。即ち私が先ず列聖伝を草し、先生が之に加筆し且論評を加えて刊行しょうというのである[20]。

それまで日本歴史に興味を持たなかった大川は、この仕事を通じて急速に日本の歴史への関心を強めていく。そして「強烈」な「日本人としての自覚」を持つようになったと、次のように述べる。

私は此時まで日本のことには殆ど興味を有たず、日本歴史は中学校で教わっただけであった。併し其頃私は要るだけの生活費を参謀本部の独逸語翻訳で得て居たので、勿体ない話であるが、全く器械《ママ》的な翻訳に費す時間を列聖伝に振替える方が若干ましであろう位に考え、無雑作《ママ》に先生の申出に応じた。私は左程困難な仕事とも思わずに引受けたのであるが、着手して初めて至難の業であることが判った。私が古事記・日本紀《ママ》を初め、六国史を読んだのは実に此時が最初である。然るに数々の史書を読み往くうちに、意外にも日本歴史に対する関心が次第に強くなった。そして、予期したよりも幾倍かの時間を費して一応列聖伝を草し終えた頃には、日本人としての自覚が極めて強烈となり、一切の日本的なものに至深の関心を抱くようになった。そして愛読措かざる薄伽梵歌にある「設い劣機なりとも己れの本然を尽すは他の本然に倣うに優る。己れの本然に死するは善し、他の本然に倣うことは畏るべし。」という鉄則は、単に個人にだけでなく、民族にとりても不磨の真理であることを身に沁みて感じた。そして向後自分は飽迄も日本的に考え、日本的に行わねばならぬと覚悟した(21)。

こうした『列聖伝』編纂の経験が『日本二千六百年史』を生み、そして印度研究等の思想遍歴からようやく「日本精神」にたどりついたという。

私の『日本二千六百年史』は、この列聖伝執筆中の副産物であり、また「日本精神研究」は、私がかようにして日本的に目覚めてから、偉人の生涯を通じて具現された日本精神を掴もうとした努力の一端である。そのころ私は甚だ感傷的に下のように述懐して居る――「精神多年の遍歴の後、予は再びわが魂の故郷に帰り、日本精神そのものの中に、長く求めて得ざりし荘厳なるもののあるを見た。」と。私は印度研究によりて取留めもなかりし世界人から亜細亜人となり、列聖伝の執筆によりて亜細亜人から日本人に帰った。私は此事でも松村先生との不思議の因縁に驚かざるを得ない(22)。

ここで大川は「偉人の生涯を通じて具現された日本精神を掴もうとした努力の一端」として『日本精神研究』をあげている。「歴代天皇の御伝記」である『列聖伝』の影響下に昭和二年に出版された『日本精神研究』は横井小楠・佐藤信淵・石田梅巌、平野二郎・宮本武蔵・織田信長・上杉鷹山・上杉謙信・源頼朝等を論じている。そしてその「はしがき」で次のように語っている。

日本精神の天照る光は、実に偉人の魂を通じて最も朗かに輝きわたるが故に、予は宰相たると将軍たると、学者たると詩人たると、高貴の人たると草莽の士たるとを問わず、苟くも日本歴史の上に巍峨たる高山の如く聳ゆる人格に就て、其の功業、其の思案、其の悟道を学ばんと決心し、心を濃かにして現に之を努めつゝある。其等の偉人は日本精神の数ある扉を予の為に開き、予をして一層深く秘密蔵の荘厳に感激せしめた(23)。

大川にとっての関心は歴史上の「偉人」であり、しかも思想遍歴のはてにたどりついた「日本精神」を体現する人々であったのである。しかし、その「精神」はキリスト教的な普遍的な「精神」ではなくきわめてナショナリステックな「精神」であった。

大川にとってキリスト教や他国の哲学は彼をして「取留めもなかりし世界人」にしたに過ぎなかった。印度研究においても大川は思想的定住の地をえられなかった。そしてそれらの「普遍」思想を捨て去り、「列聖伝の執筆によりて亜細亜人から日本人に帰っ」て大川は初めて思想的な安住の地をえたのである。

3　三冊の日本史論――「革命思想」の衰微

本節では大川周明の著作の中で『日本文明史』と『国史読本』と『日本二千六百年史』を取り扱うが、

その中心となるのは『日本文明史』と『国史読本』の二冊である(24)。この三つの著作について簡単にふれておきたい。『日本文明史』は大正デモクラシーが終焉に向かうターニングポイントにあたる大正十年に書かれたものである(25)。『国史読本』は「三月事件」直後の昭和六年に初版本が出され、十年に改訂を見たものである(26)。そして「五・一五事件」による逮捕・服役・釈放後の昭和十四年に出版され大ベストセラーとなったのが『日本二千六百年史』である(27)。大正十年の『日本文明史』と昭和六年初版の『国史読本』、そして最後の『日本二千六百年史』とほぼ十年ごとに出版されていることがわかる。付言すれば、これらの著作はすべて書き下ろしである。

内容についていえば、この三著作は日本史論という意味では大きな変化はない。章立ては『日本文明史』は全二八章、『国史読本』は全二五章、『日本二千六百年史』は全三十章である。『国史読本』と『日本二千六百年史』について章構成を見ると、『国史読本』の「はしがき」が『日本二千六百年史』では「序」と第一章に分かれ、『日本二千六百年史』の第十三・十四章・二六章は『国史読本』にない、『国史読本』の第十七章が『日本二千六百年史』では第二十・二一章に分かれているだけでほぼ同じ構成であることがわかる。『日本文明史』の章立てについては他の二著と同じ章名が少なく、また最後の二つの章は内容的に他の二著とは異なり、大きなズレがある。このことから『日本文明史』と『国史読本』・『日本二千六百年史』の間に「構成的な断絶」があることがわかる。さらに「内容的断絶」においても『日本文明史』と『国史読本』・『日本二千六百年史』間の比較が重要であり、さらに『国史読本』の初版本と昭和十年版との比較が大事である。つまり、本章の第1節で述べた大川の「転向」とこの「内容的断絶」が関係するのである。

大川の著作全体から見るその国内政治論はともすれば道徳的な改革を主張しているような印象を与えるため、序章で紹介したように「道義国家論」ととらえる論文も見受けられる[28]。しかし、こうした見方からすると彼の現実に関わった運動――「三月事件」「十月事件」「五・一五事件」等の直接行動と彼の思想に大きな隔たりがあることになる。これらの運動は道徳的に人々の意識に訴える運動とは対極にある直接的・暴力的な政治行動であったからである。

大川周明『日本文明史』（大鐙閣、大正10年）

しかし、彼の一連の日本史論を順を追ってたどることによってその思想と行動との隔たりを埋めることができる。つまり、大川の日本史把握の原点に当たる大正十年に書かれた『日本文明史』では、歴史における武力の重視および歴史的動因として革命の契機の強調が色濃く見られるのに対して、「三月事件」直後に書かれた『国史読本』をへて、「五・一五事件」による逮捕・出獄後に書かれた『日本二千六百年史』では、革命の契機が後方に退き、「統制国家」化のイデオロギーである天皇崇拝・愛国精神による道徳的教化に関する歴史叙述が強まるからである。つまり、大川の日本歴史論においては「三月事件」「十月事件」「五・一五事件」の一連のクーデタの実行と挫折の後の逮捕・入獄・釈放を境に大きな変化があるのである。よって、武力によるクーデタへの関与と彼の思想との関連は、それら一連の事件の前に書かれた『日本文明史』を読まなければ理解できない。大川の講演等における主張は日本の改革の「道徳」的教説という点では、大正十五年の『日本及日本人之道』以来、その強弱はあっても一貫しているため、そうした著述に惑わされ、彼の思想の中にある武力に基づく革命論を見落としてしまうからである。

それでは『日本文明史』と『国史読本』の比較を行なっていこう。まず指摘しなければならない点は『日本文明史』の「序」にあった日本文明を見る二つの視点に関する説明が『国史読本』では削除されている点である。『日本文明史』では二つの視点を象徴的に「鏡」と「剣」にたとえて説明している。つまり「鏡」は日本文明が他の文明を摂取し総合化する能力を持っていることを意味し、また「剣」とは文字通り「戦闘」(29)を意味し、「理想をして現実たらしむる力、思想を実現する力」(30)である。

この「序」において大川は三人の思想家の影響を受けたこと、さらにどのような影響を受けたかを具体的に語っている。その三人とは岡倉天心、山路愛山、北一輝である。

岡倉天心からは第一章「日本文明の意義及び価値」の内容について全面的に影響を受けていると述べている。第一章の内容はまさしく日本文明が外来文明の摂取・総合能力において優れていることを主張しているのであるから、「鏡」という基本概念は岡倉の影響下にあることがわかる。ここで注意しておきたいことは、大川は「アジアは一つ」という岡倉の言葉ではなく、日本文明が摂取・統合能力においてすぐれているという見方に影響されたと語っている点である。大川が岡倉の「アジアは一つ」という言葉を取り上げるようになるのはもっと後のことである(31)。

そして、日本政治史全体の解釈においては山路愛山の史学に従えるところが多いと述べている。愛山は『独立評論』や『国民雑誌』の創刊者として知られる明治期の史論家であるが(32)、愛山にとって史学は単なる実証主義を超えて「事実を基礎として、さらに国家発達の法則を研究すべき科学」であった(33)。愛山は「国家社会主義者」「日露戦争支持者」として知られているが、歴史学を「国家発達の法則の研究」を行なうものであるという主張の中に彼の強い国家主義を見てとることができる。また「英雄論」を得意とし『豊太閤』『足利尊氏』『加藤清正』『源頼朝』『勝海舟』『佐久間象山』等の多数の伝記を物している。大川はおそらく愛山の数々の伝記をその『日本文明史』の記述に参考にしたであろう。またその国家主義や〈英雄主義〉の歴史観に、おおいに共鳴したのではないかと思われる。

北一輝には、明治維新の説明において全面的に負っていると述べている。大川と北の明治維新論の共通点は明治維新後の課題を経済的平等の実現とする点、その経済的平等化のために第二の革命を要するという〈二段階革命論〉となっている点である。つまり北は明治維新によって日本は「民主主義国家」になったが、いまだ「経済的民主化」が達成されていないとして「社会民主主義的革命」が必要であるとする(34)。大川の場合も〈二段階革命〉という意味では同様で、明治維新は「封建制度」を「倒壊」させたという意味では評価できるが、「民」が「黄金」に不当な支配をされるようになり、それゆえ「民」をそうした状態から救う「第二維新」を行ない「君民一体」の国家を形成しなければならないとしたのである。その第二の維新がめざす方向は両者で異なるが、明治維新が「課題」を残しておりその未完成の面の実現をめざすという点で両者の見方は似ており、大川は北の史観に共鳴するところ大であったろう。

このように、「序」の文中の日本文明が「鏡」の能力を持っているという見方は岡倉の影響の下にあり、一方の「剣」(「ナショナリズム」と「革命論」)の方は山路愛山・北一輝の影響下にあることがわかる。そして、日本文明における「剣」の重視は日本史における「武力」の契機の重視を意味し、大川が『日本文明史』の段階では日本の政治が「武力」によって変革・統合されてきたという史観を明確に持っていたことを示しているのである。

しかし、こうした史観は『国史読本』をへて『日本二千六百年史』にいたる著作の中で次第に薄らいでいく。その変化を次に『日本文明史』と『国史読本』の本文の比較によって見ていくことにしよう。

例えば『日本文明史』第一章の天智天皇の百済出兵の記述では、「国民の勇武」が強調され百済出兵という古代王朝による武力行使が積極的に肯定されているのに対し(35)、『国史読本』では「日本魂」を失わなかった例とされている点などは、歴史における武力の契機を後退させた例である。

微妙だがこうした相違は両著書の随所に見られる。例えば鎌倉幕府成立については、『日本文明史』では、頼朝は「九州南部を平定し」、「奥羽地方を完全征服」した。「日本全国が彼の武威によりて完全なる政治的統一を与えられた」(36)という記述からもわかるように、頼朝による統一過程における武力の要素が強調されている。『国史読本』の当該の記述は頼朝が皇室を敬った点、万民の生活を良くするための政治を行なった点、中央集権的な政治制度を作った点を中心とした記述になっている(37)。

蓑田胸喜に批判された(38)「日本の先住民族＝アイヌ説」およびその征服の記述も両書の間で微妙な変

化が見られる。『日本文明史』ではその第六章において、関東武士は「能くアイヌ種族を征服した」[39]という簡単な記述に終わっている。これに対して、『国史読本』では第二章において、南方種族の「文」に秀でた日本民族は勇敢な北方種族のアイヌを征服し「武」の文化を受け入れ「文武兼備」の民族になった、そして日本民族は古来武力一辺倒ではなく「まつろわぬものをまつろわす」という柔軟な方法で統合してきたという文脈で記述されている[40]。

『日本文明史』では歴史叙述における武力の契機の重視に「革命論」がかぶせられているわけであるが、『国史読本』以後は武力の契機の記述が減少するという点にはっきりと「革命論」の後退が確認できる。その何よりも明確な証左は「革命」という言葉そのものの抹消と言い換えである。

こうした例が最初に見られるのは足利尊氏の北条幕府打倒の動きの記述においてである。大川は『日本文明史』ではそれを「革命」と言っておきながら、『国史読本』では同じ内容を「革新」と言い換えている[41]。

そして、こうした記述の変更が最も顕著に行なわれるのは明治維新についての記述である。『日本文明史』第二五章「革命としての明治維新」ではまず「革新」と「革命」の違いを説明する。それによると「革新」とは「枝葉を矯正整理するもの」であるのに対して、「革命」とは「一切の旧秩序を破壊して、全然別個の主義に遵拠(ママ)せる新国家を組織」[42]するものとしている。そして明治維新は「徹底して一個の革命」であるとしている[43]。ところがこれだけ明確に「革新」と「革命」を区別し明治維新を「革命」として位置付けているのにもかかわらず、『国史読本』ではこの「革命」という言葉を丁寧に削除しすべて

「改造」とか「維新」に書き換え、あるいは「革命」の言葉自体を削除している。

そして続く『日本文明史』第二六章「第二維新に面せる日本」では、明治維新を「封建的制度を根本より倒壊することによりて、不当なる武力の圧迫より吾等の『君』を救い参らせたもの」で「皇帝をして真個《ママ》国家の中心とし奉るの一点に集注《ママ》せられ、而して此目的は、幾多・有名無名の元勲の粉骨砕身によりて、最も見事に成就された」ゆえに「満腔の感謝を維新革命の志士に献げねばならぬ」(44)としている。そしてこの志士の心を継いで「第二維新」「大正維新」を起こさねばならない。それは「君民一体」の実をあげることであり、その標語となるのは「興民討閥」であると述べている。

そして、『日本文明史』と『国史読本』の決定的な違いは明治天皇の位置付けにある。『日本文明史』第二五章では明治維新をフランス革命に比し、明治天皇を「徹底せる破壊的革命家」「専制統一の建設的君主」「復興せる国民的信仰の法王」「偉大なる三位一体」(45)としてとらえ、一〇〇〇年にわたって政治から排除されていた皇室を復権したという意味で、ロベスピエール・ダントン・ナポレオンを兼ね備えた「革命の中心者」(46)としている。この箇所は『国史読本』では完全に削除されている。

また、『日本文明史』は明確に「革命論」を理論的前提とする〈階級闘争史観〉〈民族闘争史観〉に基づいて記述されているが、こうした記述も『国史読本』では消えていく。『日本文明史』でこの〈階級闘争史観〉〈民族闘争史観〉が展開されているのは第二七章「世界戦と日本」及び第二八章「世界史を経緯しつつある二問題」である。

この二章では次のような内容が展開される。欧羅巴は世界戦をへて闇夜に入った。日露戦争は白人に対しては暮鐘で非白人に対しては暁鐘であった。日本の白人に対する一撃は白人圧迫に苦しむ諸国に希望と勇気を与えた。ギリシャ文明没落の契機となったペロポネソス戦争と同様に、露独に社会革命を生み欧羅巴没落の契機になったという意味で、世界戦は「新ペロポネソス戦争」であった。今検討すべきは世界戦の「階級争闘史的方面」ではなく「民族争闘史的意義」である(47)。大川によれば、欧米労働者が資本主義の転覆と同時に解放されることがあっても白人以外の隷属民族を縛る鉄鎖は決して取り払われない。社会主義革命が起こっても、アジアの労働者が解放されるわけではないということである。つまりアジア並びにアフリカは自己の力を以て自己を解放せねばならない(48)。世界戦の欧羅巴に与えた物的・人的損害は絶大なものがある。ベルサイユ条約締結後の欧羅巴及び世界政局は相変わらず混沌を極めている。欧羅巴に民族を救済する剛健高遠なる思想が現れこれが欧羅巴を救うことはありえない。「光は東方にあり」……日本は非白人解放の戦士として其の真個の光を輝かせなければならない。国家の目的を人類の道義的完成に認め、人間の道徳的本性は国家のうちに其の最高真実の実現を見なければならない。日本はアングロサクソン思想・社会主義思想を克服し日本精神に沈潜し、「日本改造」及び「世界改造」(49)に邁進しなければならない。

ここで大川は露独で起こった社会革命、第一次大戦後のベルサイユ条約の意味、道義的国内・国際改造等について論じている。この二つの章で大川は「階級争闘」を一方で認めながら、革命の本質を「民族争闘」に置いている。「日本改造」も「世界改造」もこうした〈闘争史観〉が前提とされている。「争闘」というからには「民族争闘」の前提は「武力」による政治である。日本はまず自らの「改造」を果たし、次に欧羅巴とアジアの二つを融合するという使命を認識し、「自らの力」でその融合を果たすべきだといっているのである。こうした構想に基づいて大川はこの後「日本改造」としての「三月事件」「十月事件」「五・一五事件」という武力による一連のクーデタに関わり、ヨーロッパと対抗すべき国力を増進するため満州の植民地経営に関わるのである。

ところでこの時期、世界情勢を「人種闘争」とする見方は少なくなかった。徳富蘇峰の「アジアモンロー主義」はそうした見方からする一つの処方箋であった。それは「白閥の跋扈」に対して東洋は東洋人自身で管理するという思想であった(50)。蘇峰も確かに「白人の圧迫」を問題にするが、大川ほど「白人種」に対して敵対的ではなかった。「白黄人種」が「平等の立場に於て握手せば、四海兄弟、万邦一家たるの理想」を実現できると述べているし(51)、何等かの形の東洋諸国の提携論がほのめかされているのである。この点で大川には欧米の勢力に抗する東洋諸国の連携論はない。というのもこの時期には彼は日本が東洋の代表となり欧米と戦うという構想を持っていたからである(52)。

ましてや吉野作造が中央公論誌上で展開したような、ベルサイユ条約後の「経済相互依存関係」の進展による「道義的想像力」の伸張などの発想は、大川には生まれる余地がなかった(53)。大川にとって力を背景にしない「正善」は「影薄き主観」に過ぎなかったからである(54)。

このように『日本文明史』と『国史読本』を比較すると歴史における武力の果たす役割、明治天皇の位置付け、明治維新のとらえかた、〈階級闘争史観〉の存在等において著しい変化を遂げていることがわかる。それは一言でいうと「革命論」の衰退といえよう。

ところで三者を比較してみると、『国史読本』の初版本は『日本文明史』と『国史読本』十年版のちょうど中間に位置しているといえる。つまり初版本において「革命的」な記述は『日本文明史』より減少しているが、十年版よりは残っている。しかし、両者の結論部にあたる第二五章「第二維新に直面せる日本」の記述において決定的な違いがある。十年版においては、明治維新から日清・日露戦争をへて政治家と富豪とが癒着し、国民を苦しめてきた。現在は藩閥政治や官僚政治は滅び政党政治が起こったが、これに国民が失望している状況である。こうした状況に対して、「一君万民」の「天皇親政」に基づく「皇国的政治」「皇国的経済」「皇国的教育」の「昭和維新」が必要であるとする。その論調は概して下からの革命的な方向をめざしているというよりも、「天皇親政」による上からの秩序化・統制化の色彩が強い。ところが初版本では次のような激しい記述が目をひく。

日本を支配する邪まなる黄金の勢力を倒さねばならぬ(55)。君民一体の実を妨げる者は、如何なる例外もなしに、皇室と国民との間に介在して特権を壟断する少数豪族である(56)。天皇と国民との間にありて、その正しき関係を阻隔する者の存在を断じて許さゞることが、実に皇室ありて以来、一貫して変ることなき大御心であり、不幸にして斯くの如き者の出現したる時に、ついに之を倒さずば止まぬことは、大化革新このかた、万古不動の国策である。……然るに今日の「民」は、黄金の圧迫によって悲惨に呻吟しつゝある。土地大名に代って起れる黄金大名が、天日を蔽う暗黒なる雲として、国民の頭上に最も不快に揺曳して居る。それ故に、黄金の不当なる圧迫より国民を解放することが、いまや君民一体の実を挙ぐべき無二無三の途となった。やがて来るべき第二維新に於て倒さるべきものは黄金を中心勢力とする閥、然り斯くの如き閥を生むに至れる制度そのものであり、興さるべき者は貧苦に悩む多数の国民である(57)。

『国史読本』の改訂は昭和十年に行なわれている。そこで明らかに「革命論」が放棄されているのは、「十月事件」と「五・一五事件」をへて、実践面における「革命」路線の挫折があるからではないだろうか。そしてこの書は、そうした路線を棄てたという大川の公人としての(次節で扱う「経済改革大綱」が極秘文書であるのに対して)転向声明という意味を持っているのではないだろうか。『日本文明史』よりも衰退しているとはいえ、『国史読本』初版の結論部等にまだ「革命論」が認められる理由は、出版された昭和六年九月二七日が「三月事件」と「十月事件」の間に、位置するからではないだろうか。つまり、「三月事件」から「十月事件」の間に運動の路線変更があったとはいえ(58)、この段階では大川はまだ「革命思想家」であったからである。

昭和十四年に出された『日本二千六百年史』においては「革命論」は完全に姿を消し、『国史読本』以上に「日本精神」による「万世一系」「天皇は国民の父」等天皇を中心とする「君民一体」の国家目標が強調され、さらに「亜細亜文明の統一」、「東亜新秩序」等の美名の下に対中国戦線に向けての戦意の高揚が図られることになる。天皇を中心とする国家の強調で興味深いのは、第五章に聖徳太子の「十七条憲法」全文が載せられている事である。そしてとりわけその第十二条が強調されている。

わけても其の第十二条は、当時の社会並に政治組織を、根柢より否認せる画期的宣言である。これまでの日本の天皇は、最高族長として諸族の長を統治したけれど、直接日本全体の国民を統治したのではない。天下の民は、それぞれの族長を仰いで君主と奉じ、天皇より先ず其の族長に仕えて居た。中央に於ける貴族が、互に威権を張るに寧日なく、太子の所謂人皆党ありて相争える如く、地方の族長も亦こもぐ〳〵利を征して、弱肉強食の有様であった。……かくの如き時に当りて国に二君なく、民に両主なしと断じ、臣民は人民より租税を徴収するの権利をなしと明言せるは、正に氏族政治の根に巨斧を下ろせるものと言わねばならぬ(59)。

ここでは聖徳太子の憲法第十二条の文言が日本国民全体に対する天皇による直接統治の宣言と解釈されており、「万世一系」の伝統が強調されている。この憲法十七条の全文引用は『日本二千六百年史』の最も大きな特徴の一つであるが、これに続く第八章では桓武天皇の平安遷都を「日本本土全体が、此時より初めて天皇の治下に立つこととなった」(60)との記述がなされるなど、全編にわたり天皇中心の「君民一体」の国家が強調される。それは「革命」論を唱えた『日本文明史』とは違い、時の政府――「天皇制国家」の統治を正当化し強化するものであった。

以上本節では大川周明の日本史論を検討したが、昭和六年の『国史読本』初版までは「革命論」が厳然と存在し、大川は明らかに「革命論者」であった。これは道徳的教説をまとめた『日本及日本人之道』等の一連の日本論を見る限りにおいては表面に出てこない。「革命」は「武力」を手段にして現体制を打ち倒し、新しい政権を作る。大川にとってその新しい政権の担い手は軍人であったから、その政権の維持も「武力」を前提にすることになるだろう。『日本文明史』の中に登場してくる用語――「倒壊」「征服」「武威」「平定」「破壊」「戦士」「争闘」等――は大川の〈国内政治秩序観〉が「武力」を前提にしていることを証明してあまりある。それは神島の「政治元理表」（一六～一七頁）を印照基準として見るならば、「支配元理」に基づく政治秩序観といえる。

神島は「支配元理」の構成要素を「武力」（権力）、「支配従属」（体制）、「組織の強制」（制度）、「抵抗」（運動）、「統率」（指導）、「暴力革命」（変動）、「正義」（価値）、「戦争裁判」（責任）と説明しており、基底としては「異化強制」のあることを指摘している。大川周明が主張している権力はまさに「武力」であり、その体制イメージは「武力」による「支配従属」である。また軍人や軍事力による統治のイメージからは制度としての「組織の強制」、運動としての「抵抗」、指導力としての「統率」が導き出されよう。そして、本節で論じた大川の「革命論」はまさしく変動の「暴力革命」にほかならない。そこで主張される価値＝「正義」は「アジアの解放」等の言葉で表現され、「武力」による革命を押し進めるものであったのである。この「支配元理」は明治維新とともに輸入された西洋政治学の基調であり、日本はこうした政治イメージに基づき近代国家を形成し、度重なる戦争を行なっていったのである。大川周明の政治観は、こうした明治以降日本で主流となった〈武力の政治秩序観〉（＝「支配元理」）のアジア・太平洋戦争期における一形態であったといえよう。

さて、以上の日本史論の変容を踏まえ、次に大川が「革命論者」から明らかに「統制論者」へと転換する過程で重要な契機となった文書、「経済改革大綱」の分析を試みることにしよう。

4 〈革命思想家〉から〈統制思想家〉へ――「経済改革大綱」の分析

前節において、『日本文明史』にあった大川周の「革命」思想が『国史読本』昭和六年版、及び十年版をへて『日本二千六百年史』にいたり、消滅していったことを見てきた。その原因として「三月事件」、「十月事件」、「五・一五事件」等の大川が実際に関わった直接行動の挫折、とりわけ「五・一五事件」による逮捕が大きな影響を与えているのではないかと述べた。そうした大川の思想上の変化は「日本史論」の著作の修正という形だけではなく、一個の文書という形で明瞭に残されている。それが「昭和七年稿」と記された調査部第二課極秘文書「経済改革大綱」である(61)。

『日本文明史』が書かれた大正十年は第一次大戦後の不況が始まった頃であった。この前年に株価・綿糸・生糸等の価格が暴落し、これより日本は昭和初期まで続く慢性的不況に悩まされるようになる。この頃労働争議が頻繁に起こるようになり、大正十一年には日本共産党が結成される。大正十四年には大正デモクラシーの一定の成果である男子普通選挙法が成立するが、この法律は治安維持法とセットになっていた。

国際政治の舞台では大正十年にワシントン会議が開かれ、この会議で「四ヵ国条約」「九ヶ国条約」「海軍軍縮条約」等が結ばれ、日本が第一次大戦中に抜け駆け的に行なった中国大陸での利権の拡張がはばまれると同時に、日本の軍拡が制限されることになる。大正十二年にはソビエト社会主義共和国連邦が成立する。

こうした大正後期の政治・経済・社会の低迷状況は、軍部台頭の直接的契機となる昭和六年の満州事変まで続くことになる。そして、大川はこの昭和六年以降に起こった国内外の重要な「改革」運動に関わることとなる。

ところで、この危機に対応する国内政治経済体制はどのようなものであっただろうか。大正後期から継続し、昭和二年の金融恐慌、翌年の世界恐慌で泥沼化した経済不況に対処すべく導入されたものは、満州国で実験済の「統制」的国家体制であった。それはソビエトの社会主義ともドイツのファシズム体制とも異質の、「民有国営論」ともいうべき「〈半〉社会主義国家体制」であった。その立案の担い手は満鉄調査部の宮崎正義等をはじめとする満州国の「新官僚」そして「革新官僚」(62)であった。

「統制」という視点から行なわれた一九三〇～四〇年代の日本の政治経済政策に関する研究に、小林英夫・岡崎哲二・米倉誠一郎の『「日本株式会社」の昭和史』(63)と、野口悠紀雄の『一九四〇年体制』(64)がある。彼らの議論に沿って、一九二〇年代から始まった後に「革新官僚」と呼ばれる人々による改革――統制国家化――についてその特徴を列挙してみよう。

第一に金融制度改革であるが、一九二七年頃から統制的間接的金融制度が徐々に形成され、一九二七年には「銀行法」、一九三七年には「臨時調整法」、四一年には「時局共同融資団」が設立され、四三年には「日本銀行法」が制定され、徐々に金融の国家的統制が強化されていった。また「軍需会社に対する資金融通に関する件」という大蔵省通達によって戦後のメインバンク制に連なる金融体制が整備された。

第二に各種事業法であるが、一九三一年には「重要産業統制法」、「工業組合法」、一九三四年には「石油業法」、以後「自動車製造事業法」、「人造石油事業法」「製鉄事業法」等があいついで制定され、経営が「許可制」となる。

第三に各種業界の統制であるが、それは三〇年代中頃から強化されていった。第二次近衛内閣時（一九四〇年七月〜一九四一年七月）の「統制会」はこうした流れに沿ったものであった。産業・市民生活の統制が最高度に達したのは、戦時期の統制会方式であろう。一九四一年設立の「鉄鋼統制会」が統制会方式のひな形になったが、以後こうした統制会が数多く組織された「営団」はこれを補完するものであった。各種の「営団」「金庫」「公社」「公庫」はこの時代に組織されたものである。

第四に政府組織の改編についてだが、一九三七年には「統制三法」（資金調整・輸出入品・軍需工業）が成立し、企画院が設立される。一九三八年には「国家総動員法」が制定され、国の資源と労働力すべてが国家の統制下に入る。一九四三年には、「軍需会社法」が制定され、軍需省が統制会をへずして直接企業を管理することになった。また賃金統制が行なわれ、終身雇用制や年功序列賃金体系も普及し、労働組合も「産業報告会」に組み込まれ、企業別組合の形を取るようになった。

第五に税制改革だが、一九四〇年の税制改革によって世界で初めて給与所得の源泉徴収制度が導入された。これによって税財源が中央集権化され、いったん中央に集中された税が特定補助金として地方に還付されるという仕組みが形成され、税制面からも全国的な統制体制が補完されていったのである。

以上が前掲二著であげられている一九三〇年代から四〇年代にかけて行なわれた諸施策であり、これによって日本は統制的国家体制に急速に移行していった。ところで、こうした「統制化」の理論的バックボーンはどのようなものだったのだろうか。それはイデオロギーとしては「所有と経営の分離」による「国家統制」の正当化であり、その担い手としては満州国経営を通じて成長した「革新官僚」と呼ばれる人々にほかならなかった。

「所有と経営の分離」論は笠信太郎(65)らによって唱えられた。笠の著作『日本経済の再編成』(66)はこうした理論を知る上で材料となるが、その要点は国家全体の生産の拡充と税収の増大をはかるためには企業の利潤追及に制限を加える必要があるというものである。こうした理論に注目したのが「革新官僚」であった。彼らは企業は個別利益ではなく国家目的のために生産性を高めるべきだとした。この原理は近衛内閣の「基本国策要綱」にも取り入れられたが、「要綱」は国家統制を強化しようとしただけではなく営業の自由や利潤原理をも変えようとするものであった。

一九三〇年代から四〇年代にかけて政策立案を担った「革新官僚」は満州でキャリアを積んだ人々であった。その中で、前掲書の著者である小林英夫も重視し取り上げている人物が昭和七年「満州経済統制策」(67)を作成した宮崎正義(68)である。彼の「統制策」は重要度によって産業を国営・国策・私企業に分類し異なったレベルの統制を行なっていくというものである。この「満州経済統制策」は翌年「満州経済建設要綱」(69)となり後の満州国の基本政策とされた。そしてこの延長線上に昭和十年の「日満財政経済研究会」(70)による「満州ニ於ケル軍需産業建設拡充計画」(71)が策定された。この計画書はその後の「満州産業開発五ヵ年計画」(72)につながる重要な計画書であった。こうした政治・経済的実験が日本に持ち込まれることになるのである。

ところで、この宮崎正義等の統制経済論に私が注目するのは、大川周明が昭和七年稿・極秘文書として頒布した「経済改革大綱」(73)が宮崎の主張にきわめて似ているものだからである。この文書を見ると「五・一五事件」での逮捕後の大川周明ははっきりと革命路線を捨て、こうした「上からの」統制路線に転向したことが見てとれる。「経済改革大綱」は「五・一五事件」の政治犯であった大川が再び社会復帰し、言論活動を再開すべく権力へ向けて発した「転向声明」であったのかもしれない。

大川が宮崎らの「統制策」を酷似の構想を展開するようになった理由は述べるまでもないだろう。つまり彼は既に大正八年に南満州鉄道株式会社に入社し、満州国で行なわれていた壮大な統制経済の実験とそれを担う「新官僚」達と接する機会を十分有していたからである。そこでまず宮崎の「満州経済統制策」の内容を検討し、それがいかに大川の「経済改革大綱」と似ているかを見ていくことにしよう。

「満州経済統制策」は昭和七年六月経済調査会第一部の刊であり、「前編」と「後編」に分かれている。「前編」は主に当時の国内・国外および満州国の経済分析になっており、「後編」が「統制経済」の政策論になっている。大川との比較において重要なのは「後編」の「政策篇」である。

「後編」の「政策篇」は全四章立てである。第一章が「満州国経済建設ノ根本方針」、第二章が「満州経済統制ノ必要性」、第三章が「経済統制ノ意義形態及分野」、第四章が「統制経済（結論）」である。

第一章「満州国経済建設ノ根本方針」では、世界の争闘は人種争闘と資源の獲得争いであるという見方をまず提出し、日本は「人種平等・資源開放」(74)の二大原則を実現しなければならないとする。輸出貿易立国政策が破綻した今、日本は今後自給自足経済へと向かわなければならないが、日満は軍事的にも経済的にも密接不可分で、満州は日本の生命線である。日満経済を一体化しブロックを形成し、それによって自給自足経済・国防経済を樹立しなければならない。統制経済ということでは次の主張が注目される。

強度ノ統制ヲ加エテ、自由奔放ナル資本主義ヲ抑制シ、国民全体ノ利益ヲ基調トスルノ原則ヲ実現スルヲ要スル(75)

第二章「満州経済統制ノ必要性」では、第一節でブロック経済においては極度の統制体制が必要であり、さらに日本のような資源が乏しい国はなおさらであると主張する。国家統制体制は国防上・植民上でも必須である。第二節では満州においては鉄道建設をはじめとする各種産業は「私的営利事業」・「資本家的営利事業」では成り立たないということが主張される。第三節では「私的営利事業」・「資本家的営利事業」が満州経済の運営に与える各種の弊害を列挙している。それは「利権」の追求に走り「全般的綜合的開発」という視点を持たないという難があると述べている。そして最後に統制の手始めとして「①重要経済建設計画ノ統制②重要産業部門ノ経営的又ハ■■《判読不能》的統制」(76)を行なうべきだとしている。

第三章「経済統制ノ意義形態及分野」でいよいよ「統制」の具体的在り方について論じられる。まず「統制」が次のように定義される。

統制トハ、部分的行為又ハ事項ヲシテ、綜合的意図ニ合致セシメ其の意図ノ完全遂行ヲ期スルコトヲ云ウ(77)。

そして、宮崎は国家統制を「権力的統制」と「経済的統制」と大別し、「権力的統制」として「①法制的統制②監理的統制③経営的統制」、「経済的統制」として「①契約的統制②助成的統制③資本的統制」があり、両者をバランスよく用いなければならないという(78)。

第四章「統制経済(結論)」では、ヨリ具体的に統制の目標、実行の範囲、日・満の経済的分業、統制の基軸機関等について論じられる。ここでは第一段階として満州経済の統制化が主張される。その実施機関として「総督府」が置かれるが、その範囲は⑴経済建設計画の統制と⑵重要産業部門の経営的又は監理的統制に絞られる。そして、⑴の計画立案のために顧問会議・計画局を設ける。⑵は①日本国営事業(経営的統制)②満州国国営事業(准経営的統制)③半官的経営事業(監理的統制―満鉄)の三つに分類する(79)。

ここでは、統制の及ぶ範囲に軽重がつけられており、最も重要な移民政策は日本の国営事業とし、強力な統制を加える。満州国の特定国営事業はヨリゆるやかな統制下に置く。そして「半官」的な満鉄を足掛かりにその他の事業を統制する、というビジョンが示されている。そして、これらの事業の統制は徐々に拡充するが、当面は民間の経営に任せるとしている。

続く第二節では、日満産業の融合（同一経済圏の形成）を前提にした合理化について論じられる。その合理化の方向として、ここでも「国民全体ノ利益ヲ基調トスル」こと及び「国防経済ノ確立」[80]が強調されている。ここで宮崎は一律の改革ではなくその産業を取りまく諸条件を勘案して合理化を進めるべきであるという漸進論を主張している。そして、日本の産業に危機が生じた場合は満州の産業によって救うべきであるとしている点が注目される。満州は日本の発展の足掛かりであるという認識が見えるのである。

最後に第三節「経済統制ノ枢軸機関」では、①満州総督、②顧問会議、③計画局、④満鉄等の統制機関の役割について論じている。ここでは「重要産業統制機関」としての満鉄の位置付けが注目される。すなわち、宮崎は国家統制の形態を(イ)直接経営的統制（官営）(ロ)監理的統制の①として半官的企業形態、②として産業統制法■(判読不能)ニヨリ強制統制ヲ加ヘラレルカルテル及トラスト（国家カルテル、国家トラスト）に分類しているが、現状に最も適合するのは(ロ)の①の半官的企業すなわち満鉄による統制であると述べている。(イ)の直接的経営はそれを実施する機関がない、非能率である等の理由をあげ、また満鉄による独占体制への批判に対して一つひとつ反論し、満鉄が満州国の統制機関に相応しいとしている[81]。

そして最後に日満産業の合理化についてふれ、それは段階的に達成されるべき事とする。さらにそれが満鉄の存在を否定するようなものであってはならないとし、あくまでも満鉄を実施機関とした産業合理化をはかるべきであるとしている。

さて次に大川の「経済改革大綱」を見ていくことにしよう。大川の「経済改革大綱」の基調は宮崎の

「満州経済統制策」と同じく「統制経済」である。――「我国民経済ノ改革ノ目標ハ、……計画的統制ノ下ニ国民経済ノ生活目的ヲ実現シ行クニアリ」(82)。

そしてその「統制」は具体的には次のように現実化されるべきだという。

① 重要な国民経済事業をまず公共の経営とする。そして次に一切の国民経済を公営とする(83)。

② 公共経営主体は「政府」「地方自治体」「事業自治体」の三種とする。このうち「事業自治体」とは国家の援助で公共機関の地位に置くものであるという(84)。

③ 私企業に対してはまず認可制を導入する。――「公衆ニ対シ財貨又ハ勤労ヲ供給スル私企業ノ経営ハ企業認可法ヲ設ケテ凡テ国家ノ認可ヲ受ケシム。コノ認可ニハ条件ヲ附シ、計画的統制ノ下ニ綿密ニ企画サレタル国民経済事業ノ総工程ニ従ッテ事業配置ヲ行ウ。」(85)

「計画的統制ノ下ニ綿密ニ企画サレタル国民経済事業ノ総工程ニ従ッテ事業配置ヲ行ウ」という記述の中に大川の強烈な「統制指向」が感じられる。次に「企業徴収法」を制定し、こうした私企業を公共経営に次第に移行させていく。

④ 金融は国家の経営に移す。日本銀行をはじめ特権を付与される特殊銀行ならびに貯蓄銀行は政府経営に移行する(86)。

⑤ 貨幣流通を安定させるため「貨幣局」を設立する。――「内閣ニ直属シ、且ツ独自ノ権能ヲ有スル貨幣局ヲ設置シ、専門的技術的ニ之ニ当る」(87)

⑥ 利子収得は当面認め、「国民消費ノ統制ガ確立シ個人ノ貯蓄ヲ必要ナカラシムル如キ生活保障制度

ガ成立セル時」(88)その廃止を検討する。

⑦ 保険・年金は国営にすべきである(89)。

⑧ 生産統制ともに消費統制（有害なる消費の抑制・医療等の公共経営による家庭の負担減）も重要である(90)。

⑨ 小作制度を廃止し自作経営に転換させるべきである。農村の過剰労働力は満州国に移住させるべきだ。米穀は事業自治体との協力によって政府の公益専売とするなど、統制的農業論が展開されている(91)。

⑩ 財貨の配給は、配給組織と配給価格によって行なわれるとしている(92)。

以上大川の議論から、宮崎が「満州国」で実行しようとしたプランを基本に据えながら、それを日本で実現するために独自の金融政策や通貨政策、農業政策を上乗せし、論じている事がわかる。

そうした前提で両者の共通点と相違点をあげると、(1)日本の置かれた国際情勢を踏まえ、自給自足体制を志向して、日満の一体化を志向している事。しかし宮崎が非資源国であることを強調し人種問題をからめているのに対して、大川はその二点には言及せずに純粋に統制国家形成の議論をしている事。

(2)統制の根本理念を「企業の利益」の追求を抑制し「国民全体」の利益を増進する事に求めている。この点は笠信太郎らと同様に当時の政策に沿う議論になっている。宮崎はこうした路線の立案者であるから当然であるが、大川の場合はそれまでの「革命論」を転換し、統制の推進者になっているのである。

(3)統制化における国家統制・半官的経営・私企業等による経営という段階論がきわめて類似している事。

満鉄が当面満州経済発展の推進力になるという宮崎のプランは、大川が昭和二年の博士論文『特許植民会社制度研究』で展開した、国家に先駆けて私企業が植民政策の先兵となるという認識と共通するものがある。この点、宮崎から影響を受けたというよりも、大川独自の構想の経済政策への応用であったかもしれない。

(4)統制化推進の方法論において漸進論をとっている事。大川はここではっきりと「革命論」を棄てているといってよいだろう。

(5)大川の統制論の特徴として私的所有権の制限が相当強いという事である。例えば北一輝の「国家社会主義」と比べてもその傾向は顕著である。北においては①財産私有、②私的生産、③土地処分といずれにおいても、一定の個人の所有権を認め、その上で国家が財産を没収するという議論である[93]。大川においては「公益ノ為ニスル所有権ノ制限ハ憲法ガ予想スル所、又巨額ノ財産タル財物ヲ国家ニ徴収スルモ、所有ノ没収ナラザル限リ、私有財産制度ヲ破ルモノニアラズ」[94]とあり「憲法ニ於テ保障スル所有権即チ私有財産制度ハ現行ノ通トシ」[95]といっているが、北のような明確な所有権制限の規準がなく、「公益」のための所有権制限はある意味では無条件に認められている。そして「天賦権ノ如キ所有権ヲ主張スルことは「国民共同生活ヲ否定スル不穏ノ態度」[96]であると述べ、私有財産の統制を強固に主張している。

つまり、北一輝においては所有財産の限度を設定し、その上で財産を国有化しようとしたのに対して、大川の「民有国営論」は、「民有」という言葉から一見「民」の自由を認めるようなニュアンスを持つが、その実態は私的所有権を細部まで統制しようというものであった。

こうした大川の統制経済体制を支えるものは中央集権的政治体制である。「政治改革⑥地方自治」では次のようにいっている。

地方行政区トシテハ、古ノ道ヲ復活シ、道長官ヲ置ク。ソノ下ニ府県ヲ置キ、府ハ大都市トシ、県ハ古ノ国トス。府県ハ地方自治体ノ首位ニ置ク(97)。

ここでは「道長官」が地方行政のトップに位置し、その下に自治体としての府県が置かれると述べている。極度に中央集権的な「地方自治」体制が想定されている。大川と思想的に対極に位置する権藤成卿が「社稷」の自治の積み重ねの上に国家を位置付け、国家よりも「社稷」を優位に置いたのとは対照的である。以上のように見てみると、大川の「経済改革大綱」は内容的に、大川独自の構想を含まないとはいえないが、概して宮崎正義ら「革新官僚」が満州で計画した「統制経済」構想の日本内地への応用版といえる。そしてそれは当時の政府の路線と一致していた。この「経済改革大綱」のような構想は昭和七年までの大川には想像できなかった。それまでの大川の代表作――例えば『復興亜細亜の諸問題』・『日本文明史』・『日本及日本人之道』等――を見てきたものなら誰でも、この文書を見て「同じ著者の書いたものであろうか」という疑問と違和感を持つだろう。それほどこの文書の持つ雰囲気はそれまで大川の著作とは違っている。その原因については詳らかにできないが、大川はこの文書でそれまでの下からの「革命論」を棄て上からの「統制論」を主張したことは確かであろう。

「五・一五事件」そして「経済改革大綱」を契機とした大川の思想転換は著作にも表れている。それまでの「日本論」「日本文化論」に関する著書は『日本二千六百年史』以後姿を消し、もっぱら『亜細亜建設者』『米英東亜侵略史』等の政府の対外戦争路線を推進・鼓舞する著作に限定されてくるのである（本書第5章で詳述）。

ところで、こうした「統制」路線もまたそれ以前の「革命」路線と同じく、基礎となる「政治秩序」は「武力」によるものであることに注意が必要である。「政治元理表」でいえば「支配元理」に分類される。この時「武力」は、現体制を転覆させるために使われるのではなく、国民を管理統制の下に置く手段となる。「経済改革大綱」では国民の自由の制限が随所に主張されているが、なによりもその文書の冒頭を見る必要があるだろう。

一、日本国民経済ノ改革ヲ企図スル提案ハ、専ラ日本国民意志ノ立場ニ拠ル。此ノ立場以外ニ居ル所ノ自由主義、有産階級主義、無産階級主義及世界主義ハ、日本国民生活ノ問題ヲ闡明シ得ル学問上ノ資格ナシ。此ノ立場ノ限定ハ、国民科学研究法ノ命ズル所ニシテ、コレニ反スル観察及思索ハ必ズ誤謬ヲ免レズ。
一、日本国民意志ノ立場ニ居ルトキ、コノ意志ノ指令ニ応ズル外ハ現実ノ如何ナル世間的勢力ニモ囚ワレズ、ヨク現実ニ即シテ広ク観察スルコトヲ得ベク、コノ観察ニヨリテ日本国民経済ノ動向法則ヲ看取シ得ベク、更ニ其上ニ国民生活目的ニ基ク指導法則ヲ立ツルコトヲ得ベシ。動向法則ヲ知ルトキ、国民経済改革ノ必要ガ明ラカニ認メラレ、指導法則ヲ知ルトキ、如何ナル改革ヲ行ウベキカニ就テ、可能ニシテ且ツ必要ナル方針ヲ立ツルコトヲ得(98)

ここではまず「日本国民経済ノ改革ヲ企図スル提案ハ、専ラ日本国民意志ノ立場ニ拠ル」とされる。この「日本国民意志ノ立場」とは次の記述で明らかになる。「此ノ立場以外ニ居ル所ノ自由主義、有産階級主義、無産階級主義及世界主義ハ、日本国民生活ノ問題ヲ闡明シ得ル学問上ノ資格ナシ」。つまり、「自由主義」や「有産階級主義」「無産階級主義」「世界主義」以外の主義、すなわちここでいう「統制経済」にほかならないのである。そして「日本国民意志ノ立場」――「統制経済」――により「コノ意志ノ指令ニ応ズル外ハ現実ノ如何ナル世間的勢力ニモ囚ワレ」ないで施策を進めることが肝要であるとされる。「経済改革大綱」の一九項には「経済改革ニ伴ウ政治改革」という標題が付され、ここでは統制経済推進のためにまず「階級経済及党派政治」を「打破」することが唱えられる。そのためには「政府ヲシテ独立ノ地位ニ於テ政務ノ中枢機関タラシメ、読会ヲシテ協賛機関タラシムル」(99)ことが必要であるという。つまり、政党政治・議会政治を否定し、強力な政府を作る、そして前述したように私的経営体は「公営企業」化し、「古ノ道ヲ復活シ」た地方行政区を下部に置く中央集権国家を作る。それが彼の「国家改造」であったのである。「武力」というストレートな表現はなくとも、そこにあるのは行政権力や警察力による〈武力の政治秩序観（「支配元理」）〉にほかならないのであった。

第5章

大川周明の〈国際政治秩序観〉

1　はじめに

本章では大川の〈国際政治秩序観〉を三期に分けて検討したい。第一期は『印度に於ける国民的運動の現状及び其の由来』が出版された大正五年から、『復興印度の精神的根拠』が出版された大正十三年の九年間である。この時期は主にインド等のアジア地域研究を通じ〈国際政治秩序観〉の土台が形成された時期である。前記の二著と『復興亜細亜の諸問題』（大正十一年）が代表的な著作である。

第二期は行地社が結成され、その機関紙『月刊日本』で活発な評論活動が開始される大正十四（一九二五）年から、昭和七（一九三二）年「五・一五事件」で逮捕されるまでの八年間である。この時期、大川は前述のように主に「日本論」「日本文化論」「日本歴史論」関連の著作を刊行した。大正十五年の『日本及日本人之道』を皮切りに『日本精神研究』(昭和二年)、『国史概論』(昭和四年)、『日本的言行』(昭和五年)、『国史読本』(昭和六年)等を矢継ぎ早に出す。

この時期の〈国際政治秩序観〉の特徴は〈東西対決史観〉が主張される一方、学術的な「植民地支配研究」が行なわれ、やがてこれに基づき満州の植民地支配の確立がめざされたことである。この時期は大川にとって「本意で」最も思想家として躍動した時期かもしれない。『日本文明史』の「革命論」を背景に日本のあるべき姿を前記の「日本論」を通じ表明し、実践的にも「三月事件」「十月事件」「満州事変」「五・一五事件」等の政治運動に関わっていったからである。

第三期は、「五・一五事件」に関わる逮捕・保釈・服役の著書刊行上の空白期間の後、昭和十四年の『日本二千六百年史』から、終戦時昭和二十年の『新東洋精神』までの七年間である。この時期は再び〈国際政治秩序観〉が著作の中心になる。昭和十五年の『亜細亜建設者』、昭和十七年の『米英東亜侵略史』、昭和十八年『大東亜秩序建設』、昭和十九年『新亜細亜小論』、昭和二十年『新東洋精神』がこの時期の代表的著作である。大川はこの時期、第二期の〈東西対決史観〉を後退させた上で、対中国との戦争目的を政府公式の外交方針——「東亜新秩序」「支那事変完遂」等——に合致させる形で提示し、最終的には「日・支」提携論乃至は「日・印・支」の提携論(「大東亜共栄圏」の形成)を説くようになるのである。

大川の〈国際政治秩序観〉をこのように三期に分けて分析することにより、前章「はじめに」でも述べたように、〈国際政治秩序観〉においても(むしろ〈国内政治秩序観〉以上に)「五・一五事件」前後の「転向」が明瞭となり、さらに「五・一五事件」以後の第三期においては政府の外交方針を自らの主張に接ぎ木した故の「木に竹を継ぐ」ような論理的不整合が明らかになるだろう。それは同時に昭和ファシズムの「強権的統合」（〈武力の政治秩序〉）のパワーを描くことにもなる。昭和ファシズムは大正デモクラシー期には受け入れられていた権藤らの〈非武力の政治思想〉、そしてそれに基づく「政治秩序」の可能性を壊滅させるとともに、〈武力の政治秩序〉を極限にまで押し進めた。それはまさに「超国家主義」といわれるにふさわしい政治体制であった。

2 初期〈国際政治秩序観〉

『印度に於ける国民的運動の現状及び其の由来』が出版されたのは大正五（一九一六）年のことである。これ以降、大正十一年の『復興亜細亜の諸問題』、大正十三年『復興印度の精神的根拠』と三冊のアジア関係の著作を発表する。大川周明の初期〈国際政治秩序観〉を示すこの三部作をまず検討したい。

大川の〈国際政治秩序観〉の形成に重要な影響を与えたのは、何といっても日露戦争である。『印度に於ける国民的運動の現状及び其の由来』をはじめ大川の著作には、日露戦争の日本の「勝利」が白人支配を挫き有色人種に勇気を与えたことが繰り返し強調される。大川の〈国際政治秩序観〉形成の原点には日露戦争があるといえよう。

今世紀の初頭に於て、従来彼等が念頭に置かざりし日本帝国は新興の勢を以て見事に露国を撃破し、四百年来勝利の歩みを続けて未だ曾て敗衄の恥辱を異人種より受けざりし白人種の侵略主義に対し、最初の而して手酷き大打撃を加えた。而して此の勝利は、白人の圧迫の下に在る亜細亜諸国に希望と勇気とを鼓吹し、大国の横暴に苦しめる小国に理想と活力とを与え、日本てう《ママ》名は、冬枯れの木々に春立帰りて動き来る生命の液の如く、総べて虐げられたるもの、辱しめられたるもの丶魂に、絶えて久しき希望の血を漲らしめた(1)。

こうした日露戦争の把握が、白人種の侵略主義に対してアジア諸国が立ち上がるべく、日本がアジアにおける指導的立場に着かねばならないという自負を植え付けたものと思われる。

ところで、大川が日露戦争を経験したのは十八歳、熊本五高時代の多感な青年時代であるが、大川より三歳年上の北一輝、三歳下の石原莞爾、そして十九歳上の権藤成卿にとって日露戦争とはどういう意味を持っていたのだろうか。

北一輝は、佐渡新聞の明治三六年の七月と九月に「日本国の将来と日露開戦」「日本国の将来と日露開戦（再び）」を寄稿している(2)。ここでは「スラブ蛮族」等の帝国主義諸国の侵略に対して日本も帝国主義的に戦うのは当然のことであるとする開戦論が主張されている。また、日露戦争後の明治三九年に出版された彼の代表作である『国体論及び純正社会主義』においては、日露戦争は帝国主義的な国際場裡において終極的な世界連邦形成のための国家間の衝突であるととらえられている(3)。北においても大川と同様その思想形成上日露戦争は大きな意味を持つが、北には大川のように日露戦争の勝利がアジア諸国にどういう影響を与えたかというような関心は薄く、日本の国際上の進路を決めるにあたってアジア諸国の対日観はそれほど重要視されていない。

一方、石原莞爾にとって日露戦争は戦略史の考究の中でとらえられている。昭和十五年の「戦争史大観の序説」には次のようにある。

陸大入校後、最も頭を悩ました一問題は、日露戦争に対する疑惑であった。日露戦争は、たしかに日本の大勝利であった。しかし、いかに考究しても、その勝利が僥倖の上に立っていたように感ぜられる。もしロシヤが、もう少し頑張って抗戦を持続したなら、日本の勝利は危なかったのではなかろうか(4)。

石原にすれば、日露戦争は「モルトケ戦略」の鵜呑みが幸いした偶然の勝利であった(5)。それ故「世界列強が日本を嫉視している時代」(6)を迎え、日本は日露戦争の真相を正しくとらえ、今後に対処していかなければならない。参謀本部作戦部長時代、日中戦争不拡大を唱えたリアリスト石原にとって日露戦争は自戒の戦いであった。大川のように無邪気にその戦争の勝利を喜ぶ姿はそこにはない。

そして、「五・一五事件」で大川と相対峙した権藤成卿にとって、日露戦争とはまさしく否定さるべき何ものでもなかった。明治維新を「普魯士的軍人国家」への転換点として批判する権藤にとって、日清・日露の両戦役は日本がより一層軍人国家になった契機としてとらえられている。

尋で三十三年に北京戦役があって、それより露国の東方経営は着々武歩を進め、朝鮮の向背孰れとも定らぬ形勢となり、日本国民は実に臥薪嘗胆の苦みをなし、軍事費の苛重なる負担に応じ、竟に三十七年露国と戦端を啓き、莫大なる犠牲を拂い、続て我満洲経営、朝鮮併合の端を啓きしが、軍人の権威実に絶頂に達し、国務の枢機は、大部分軍人に掌握され、是より日本は一直線に軍人国となり、列国の視線を集中することとなった(7)。

ところで、なぜ大川は日露戦争がアジアの人々を鼓舞した働きに過大に注目したのか。それは、日露戦争を受け止める土台が北や石原や権藤とは違っていたからであろう。北は日露戦争を世界史的帝国主義の争いの文脈でとらえ、石原は戦史の文脈でとらえ、権藤は「普魯士式国家主義」批判の文脈でとらえたのである。

大川の専門はそもそもインドの古典哲学であった。東京帝国大学を卒業したのは日露戦争から五年後の明治四四年であるが、その後も彼はインド哲学の研究を続けていた。そうした大川に転機をもたらしたのは大正二年のサー・ヘンリー・コットンの『新インド』との出会いであった。彼はこの本に大きなショックを受ける(8)。古代インド哲学の豊かな世界に沈潜していた大川が、コットンの『新インド』で見たものは、そうした豊かな文明すらも否定してしまう植民地支配の現実であった(9)。インドはイギリスの力の前になすすべもなく蹂躙されている。力のないことはどんなに危険なことか。それに対して、同じアジアの一員であり、インドよりもはるかに小国の日本が巨大なロシアを力で破ったのである。大川は日露戦争を通じ力に対する絶対的信仰を持ったのではないか。それは徳富蘇峰が日清戦争後の「三国干渉」に直面し「予は力の福音に帰依したり」と叫んだことに似た心境であったろう(10)。そして彼は日本がその力を持つことをアジアの人々の礼賛と同調の言辞によって肯定していったのである。

さて『印度に於ける国民的運動の現状及び其の由来』は反英的インド国民運動の現状の紹介から書き始められる。すなわち第一次大戦後のインド反英運動の実態、及びシンガポール・ビルマの反英運動、また反英的な知識人の運動及びそれに対する当局の弾圧、新聞による反英・親英派双方の情報戦についてもふれている。そして、そうした国民運動の盛り上がりの背景に、イギリスのインド統治の不条理・苛酷さがあるとする。そうした苛酷さに対する告発の最たるものは第三章の次のような箇所である。大川は公平を期するためあえて英国人の書いた書物から引用する。

反乱に加担せる者のみならず、老人・婦女子・小児等までも血祭に上げられた事は、印度総督が本国に送れる書類の中に英国議会の記録に収められて居る。彼等は絞刑に処せられずして、村々に於て焼殺され、時々は銃殺せられた。英人は臆面もなく此等の残忍を誇揚して、或は「一人の生者を余さず」と云い、或は「黒ン坊共を片端から殴り飛ばすは実に面白い遊戯だ」と云い、或は「真に面白かった」と云い又は書いて居る。権威ある学者が承認せる一著書には「三個月の間、八輌の車が、十字街又は市場で絞殺せられた屍骸を運び去る為に、朝から晩まで往来した」とあり、また「かくして六千の生霊が屠られた」とある（Kaye and Malleson, *History of Indian Mutiny.*）(11)。

予は面白い旅をした。吾等は一門の大砲を乗せたる汽船に乗込み、左右両岸に発砲しつゝ、航行した。叛乱のあった処に着くと船から上陸して、盛んに吾等は小銃を発射した。予の二連銃は数人の黒ン坊を殺した。予は実に復仇に渇して居た。吾等は右に左に小銃を発射した。天に向かって発射せる銃火は、微風に煽られて叛逆者の上に復仇の日が来たことを示した。毎日吾等は騒ぎのあった村々を破壊し焼打ちする為に出て行って復仇した。予は政府並に人民に抵抗せる一切の土民を裁判する委員の主務に推された。日々吾等は八乃至十人を屠った。生殺の権は吾等の掌中に在った、而して予は此権を行うに些の容赦もなかりし事を断言する。死刑を宣告せられたる犯人は頸に縄を巻きて樹下に置かれたる馬車の屋根に立たせられた、馬車が動くと犯人は吊下って息絶えるのである（Charles Bell, *Indian Mutiny.*）(12)。

また、この記述に続いて、英国本位に構成されるインド立法議会やインド軍隊、インド人の教育を疎外する英国の政策、英国統治そのものが起因となったインド人民の貧困・不健康、悲惨なる農民の生活、インド警察の腐敗、人種的偏見等々、苛酷・悲惨・不条理な植民地支配の実態が紹介され、最後にイギリス人の不道徳性が告発される。

英人は啻に政治的又は経済的のみならず、実に道徳的に印度人を虐げて居る。その誇負する基督教と文化とを以てして、英人が印度に於て敢てする暴慢は、其の根柢を欧米諸国民に共通なる人種的偏見に存するのである。独り英人に限らず、一般欧米人に在りては、道徳とは白人種間に於てのみ之を実行すべきものにして、異人種に対しての行動は、殆ど倫理的批判の圏外に在るが如く考えられて居る(13)。

さらに次のように述べる。

英人は不断に印度人を動物と間違えて居る。例えば汽車の中で英人は決して印度人と同一車室に乗ることを肯ぜぬ。……英国人が如何に見るにもせよ、印度人と雖も等しく人類である、光栄ある過去を有せる世界の旧国である(14)。

ここでは、植民地とされたインドの経済・社会・政治の苛酷な情況、民衆の悲惨な生活、英国はじめ欧米植民地国の統治の不道徳性が数々の数量的データなども用いて正確に記述されていく。こうした視点が深まれば、大川のアジア論はアジア民衆の苦しみを基底に構築されたであろう。

しかし、こうした視点はこの後散見されることはあっても、発展することはなかった。それどころか大川の論理はこうしたインドの民衆を救う方向ではなく、逆にこのような悲惨な情況に陥らないように日本自身が強国とならねばならないという方向に展開して行く。つまり、欧米の植民地支配の「不義」は、第二期において国内・国外の「道義国家論」という立場から糾弾されるのだが、だからといって大川は植民地の存在そのものは否定することはなかったのである。むしろ植民地支配も「不義」でなければよいという認識を持つようになる。昭和六年に書かれた『印度国民運動の由来』(15)では、次のような論理で日本の朝鮮支配が肯定されている。

① 英国は営利目的でインドに入ったのに対して、日本は国防上の止みがたき必要から朝鮮を合併した。

② 朝鮮と日本は地理的にも隣接しているのに対して、インドと英国は遠隔の地にある。朝鮮と日本が一つになるのは自然。英国のインド支配は不自然である。文化的にも日本と朝鮮は儒教・仏教と近く、人種的にも同種である。建国以前より交流があった「同文同種」の国である。これに対して英国のインド統治は「異文異種」の民を治めようというものである。

③ 日本は朝鮮を理解して、評価すべきところは評価し、過当にも過少にも扱わなかったが英国はインドを劣等視した(16)。

この書は、インドにおける国民運動の勝利が日本の朝鮮政策に影響を与えるのではないかという懸念に対して大川が答えたものであるが、イギリスの植民地支配の「不義」については詳細に記述されるのに対し、日本の植民地支配の実態についての記述が少なく、比較論としてはきわめてずさんである。日本の朝鮮植民地支配の実態を詳しく調べれば日本の「不義」も明らかとなり、植民地それ自体を疑問視する問題も生じる余地はあった。

『印度に於ける国民的運動の現状及び其の由来』は大川のアジアに対する最初の関心を記したものであるが、その主な特徴は①日露戦争がアジアの諸国に勇気を与えたという見方（〈日露戦争礼賛史観〉）がすでに強く現れている事、②被植民地国民衆の惨状への憤りがある事、③植民地国の不道徳性（「不義」）が指摘されている事等である。

さて、このように植民地支配の実態研究で〈国際政治秩序観〉形成のいわば土台を定礎した大川にとって、次なる課題は個別インドだけではなく、広く東洋に対する西洋の侵略や優位がいつからどのように始まったのか、そしてアジア諸国がそれにどのように抵抗しているかという実態的・歴史的研究となるのである。そうした問題意識でまとめられたのが、次の『復興亜細亜の諸問題』にほかならない。前著の出版後、大川は大正八（一九一九）年に南満洲鉄道株式会社に入社し、東亜経済調査局に勤務するようになる[17]。前著で展開したアジアに対する欧米の植民地化の研究は、ここでさらに深められることになる。

一方、同じ大正八年には北一輝、満川亀太郎等と猶存社を結成し[18]、国内改革運動にも着手する。大正十二（一九二三）年には猶存社を解散、「社会教育研究所」を「大学寮」に改組し[19]、翌年の大正十三年に行地会（翌年、行地社と改称）を設立する[20]。そして、この間大正九年に拓殖大学教授（昭和三年まで）となり、植民地・殖民政策を講義するようになる[21]。『復興亜細亜の諸問題』（大正十一年）は拓殖大学における「東洋事情」講座の講義草稿を整理したものであるが、時代は前著が出版された大正五年から大きく変化していた。

大正五年は、吉野作造の論文「憲政の本義を説いてその有終の美を済すの途を論ず」[22]と徳富蘇峰の

『大正の青年と帝国の前途』[23]が発表された年である。この時期は、一方で吉野の論文に代表されるように「大正デモクラシー運動」[24]が黎明期を迎える時期であり、他方では蘇峰の著書や大正四年の「対華二一カ条要求」等に象徴されるような本格的な帝国主義への出発点に位置していたのである。大川は、国内のデモクラシー運動の高まりに背を向け、植民地獲得の道を踏み出そうとする外交路線に沿って、アジア及び植民地研究の先鞭をつける仕事に取りかかる。彼を取り巻く時代状況は必ずしも彼にとって追い風ではなかったであろう。

しかるに、この書が出版された大正十一年は、前年の原敬の暗殺に象徴されるように「大正デモクラシー運動」に陰りが見え始め、一方朝鮮・中国の反日運動の高まりの中で、日本国内は国家主義的に急速に変貌する時である。この書は、前書よりもはるかに受容されやすい社会状況の中で出版されることになる。

『復興亜細亜の諸問題』の「序」は、「なぜアジアは欧米に遅れをとったか」という問題提起から説き起こされる。それによると、アジアは内面的なものを発達させてきたが、社会制度の発達を疎かにし白人に遅れをとった。遅れているアジア研究を活発化し、アジア諸国及び日本が白人に賤民視されていることに気付き、アジアを復興させなければならない。その中心になるのが日本である。

第一章で論じられるのはやはり日露戦争の意義である。そして、第一次大戦前のイギリスの世界制覇の過程を追い、第一次大戦を英独の世界的覇権獲得の争いであると位置付け、白人は正義自由の名の下に有色人種を支配し苦しめてきた。国際連盟はそのための組織であると続ける。

この第一章で注目すべきはロシア革命に対する見方であろう。大川によれば、ロシア革命は資本主義及び近世ヨーロッパ民主政治の批判として勃発、ヨーロッパはこの革命の挑戦に直面している。復興アジアは革命ロシアと手を結び、ヨーロッパに対抗していかなければいけない。こうした視点は初期の〈国際政治秩序観〉に限られ、後には見られなくなるが、このような基本的〈国際政治秩序観〉に基づき、二章以下を各論としてアジア諸国の実情の記述に入る。

第二章以下の各論は大きく二つに分けられる。一つは国ごとに分析した第二章から第九章であり、もう一つは第十章から第十三章で、これらはテーマに沿って分析されたものである。

各論最初の第二章ではチベットにおける英・露の勢力争いとそれに対する国民運動が紹介される。これに続く三章以下ではシャム（現在のタイ）に対する英・仏の勢力争い、イギリスに抗するインドの国民運動、アフガニスタンをめぐる英・露の勢力争いとそれに対する国民運動、そして第一次大戦前後を中心にロシア・トルコ・イギリスの狭間に立って、独立を求めるペルシャ等について論じられていく。

第七章は第一章と重なる部分も多いが、革命ロシアの進歩主義的な方向性を評価し、復興アジアとの連携を説く。民族の自立・自由尊重の革命ロシアの結んだイランとの友好条約、アフガニスタンとの友好条約は、イスラム諸国の連帯の可能性を切り開くものとしても意義があるという。そしてそれに続く章では、シナッスィ・エフェンディ[25]、ミドハト・パシャ[26]らによって指導されたトルコの独立運動や、ムスタファ・カミール[27]等に率いられるエジプトの独立運動について記述される。

第十章以下はテーマ別に論じられる。第十章及び第十一章はイスラム国全般についての分析である。第十章では日本が経済進出している南洋諸国にもイスラム国が多いという点がこの研究の動機であると述べ、当該のイスラム圏の政治・文化等が分析される。これに続く第十一章ではヨーロッパに対抗する第一次大戦後のイスラム勢力の団結の動きを追う。アブドゥル・ラーマン汗(28)のアフガニスタン・ペルシャ・ブハラの三国同盟や、トルコの全ツラン主義、革命ロシアによるイスラム勢力の結集のための「回教解放同盟」等が記述される。第十二章では、国別ではなくメソポタミア地方という植民地政策の拠点に焦点を当ててイギリスのこの地への進出の様相がたどられ、終章では、大川が翻訳したシェーファー著『バグダード鉄道政策』が紹介され、バグダード鉄道計画をめぐる英・独・露の争いがたどられる。その確執こそが第一次大戦を呼び起こすのである。

前書と比較して、この書における〈国際政治秩序観〉での際立った特徴と思われる点は次の三点である。第一は〈英雄史観〉である。第四章で彼の基本的な視座である〈英雄主義〉についてふれたが、それの発展的な形である「英雄が歴史を作る」という歴史観がここでは明確になった。第二は前者と関連するが国際政治における「武力」の契機がヨリ重要視されている事、第三は革命ロシアに対する高い評価がある事である。

まず〈英雄史観〉であるが、本書の第四章はインドの国民運動の分析であり、前書で展開された内容が繰り返されるが、ラーラ・ラージパット・ライ(29)らのインド独立運動のリーダーに焦点を当てて論じられるのが前書とは異なっている。こうした見方の延長線上に前書では論じられなかった人物が登場する。それが、「ガンディ」である。大川は、彼の運動がインドの精神風土に根ざした非暴力主義に基調を置いているを的確に論じている。

その他、アフガニスタン・イラン・トルコ・チベット・エジプト等の民族運動を論じる中では、アブドゥル・ラーマン汗や青年トルコ党を率いるシナッスイ・エフェンディ等を中心に扱い、アジアの民族運動においていかに英雄的指導者が活躍したかが論じられるのである。

先に、大川はなぜ被植民地民衆の惨状への視点を深化させることなく、植民地支配方法の研究に進んだのかと問題提起しておいたが、これは彼の歴史観が〈英雄主義〉的であることと関係があるのではないか。歴史を動かす主体はあくまでもエリートであり、英雄であると考えたからであろう。つまり、歴史の見方が「鳥瞰」的なのである。それゆえ、民衆へのまなざしが多少はあってもそれが体系的な歴史論・政治論として発展しなかったのではないだろうか。

大川のこの〈英雄史観〉は、大正デモクラシーの思潮をリードした吉野作造や大山郁夫、長谷川如是閑、そしてその思潮を継いだ権藤成卿らの〈民衆主義〉と対照的である(30)。そして、大川のこうした歴史観は国内の実践行動にも反映する。大川は「三月事件」「十月事件」「五・一五事件」に関わったが、それらの主力は「エリート軍人」であった(31)。大川の革命主体は「民衆」や「中等民族」(32)ではなく、まさしくエリート、しかも高級軍人であった。大川は彼らを、アジアの復興を担う前述のエリート達と重ねて理解していたのであろう。

またこのように「軍人」に期待したということは、いうまでもなく大川の「力の政治」に対する信仰を示すものであろう。それはこの書の、諸国の独立運動が主にエリート軍人によって指導されているという記述に明確に表れている。「シャム」の独立運動を論ずるあたりで「シャム」の一王子の論文を引用し、英仏の力を背景にした様々な強制を不義であるとして批判している。

「……現実世界の状態は、若干の強国が弱小諸国に対して支配権を確立し、自国の必要に応じて、肆まゝに制定する法律を、弱小諸国に強いんとしつゝある」

「その口実は、文化の相違と云うことに在る。而も諸々の文化の優劣を、科学的に決定するは不可能のことに属する。故に、実際採用せられ実行せらるゝ決定の標準は、常に力――一切の智的並に道徳的要素を度外視せる強力である。この過誤は、大国の常に敢てする所。長大なる者が矮小者と会する時、体躯優れるが故に心性も亦優れりと合点する如く、量に於ても優れりと自負するを常とする」(33)

国際政治においては「武力」がものをいうという大川の認識を逆照射する最もふさわしい引用であるが、次の記述は「シャム」が英仏によって翻弄され、国際条約も列強によって平然と破られるという事実をあげている箇所である。

是より先仏蘭西は、一八九三年の仏暹条約を履行せざることに対し、屢々暹羅より抗議を受けて居た。暹羅は最も条約に忠実なりしに拘らず、仏蘭西は自己に不利なる一切の条項を無視したのである(34)。

こうした主張を展開する中で、大川は国際政治における「武力」の重要性の認識を深めていったことであろう。

さて、次に革命ロシアに対する高い評価についてふれておこう。第六章では、イラン独立にとって、革命以後のロシアの存在が大きなバックアップになったという実情が指摘されている。一九二一年のソビエト－イラン友好条約は侵略政策を否定し、イランの独立を認めるものであったという。また、第十一章ではイスラム勢力の結束の中心として、またトルコ・イラン・アフガニスタンの独立を促進する援助者として革命ロシアが描かれる。ロシアに対する関心はしかし、この後の大川の著作からは消えていく。日本は大正十四年に「日ソ基本条約」に調印しロシア革命で中絶していた国交を回復する。そして、昭和十年代に「満蒙」国境で武力衝突が勃発するまで比較的友好関係にあった。そうしたことが大川の関心をソビエト・ロシアから離れさせた原因なのかもしれない。

ところで、大川はこの書で「復興亜細亜」と「革命露西亜」が手を結ぶべきであると書いているが、「復興亜細亜」の中の日本・インド・トルコ・イラン等がお互いに手を結ぶべきであるとは書いていない。つまりアジアを一つにするとは書いていない。この点、大川のこの時期の思想は「文化的」にではあるが「アジアは一つ」というスローガンを掲げた岡倉天心の思想とは異なっている(35)。大川の西洋に対する立場からすれば、アジアが一つに団結し、西洋と戦うことが主張され、その支柱となるものとして〈アジア精神〉が説かれてもよかったはずであるが、そうしたことはなかった。この書では、アジアの国々の復興運動が個別に紹介されているだけで、それらをまとめる〈アジア精神〉などの政治的スローガンは登場しない。その代わりに主張されたのが、「自国の精神」の重要性である。

大正十三年の『復興印度の精神的根拠』(36)では、インド国民運動はインド精神により担われており、「復興亜細亜」のためにはその梃子として「自国の精神」が重要であることが主張された。この認識こそが、第二期において大川の一連の「日本精神研究」に繋がっていくものであるが、そのターニングポイントに位置するのがこの『復興印度の精神的根拠』にほかならない。「自国の精神」とは〈アジア精神〉とは逆の、ナショナリステックな個別の国ごとの精神である。もしこの時期「自国の精神」ではなく、「インターナショナル」な〈アジア精神〉が大川の思想の中で根付いていれば、その後の思想の展開もまた違ったものになっていたであろう。

さて、その『復興印度の精神的根拠』であるが、まず「はしがき」で「孰れの国の国民運動にせよ、若し夫れが模倣的であり、輸入的であり、直訳的であるならば、仮令一時の成功を贏得るとしても、其の成功は竟に成功せる自殺たるに終わるであろう。」(37)と述べ、インド国民運動が確実にインド精神に基づいていることを明らかにすることがこの書の目的であるとする。

「印度精神の種々相」で、まず文化全般について論じられる。インドは、ヘーゲルの『歴史哲学』以来その宗教面・精神面だけが注目されてきた。しかし、社会科学・実践的科学、政治・経済、芸術・技術等のあらゆる面で文明が発達してきた。そのことを大川は、『アルタ・シャーストラ』等の古文献(38)や「パータリプトラの都市計画」(39)やその高度の船舶技術を通じて明らかにし、インドは「精神の時代」「理知の時代」「実践の時代」と進歩してきたのだという。

次の「国民運動の根拠をなせる宗教的覚醒」以下では、近来の様々な分野でのインド精神に基づく諸改革を順を追って記す。一九世紀のインドにおける欧化運動――イギリスの文化の模倣に過ぎなかった――を批判し、こうした風潮に対してインド精神復興運動が宗教的に始まったこと、そして、そのように宗教的に覚醒したインド人が次に文芸哲学において改革運動を始めた事実が語られる。

そして「印度に於ける政治的覚醒の行程」では、インド国民運動は最終的には政治的側面へと展開されたが、インド国民運動にインド精神を吹き込んだものこそ「ガンディ」であったという。「ガンディ出現の政治的意義」では、「ガンディ」の非暴力・非協力運動よりも、彼がイギリスを「不義の本源」である「敵」として措定した点が偉大だとしている。

そして終章の「印度復興の確実性」では、インド復興の将来を展望し、それは「印度精神」によってのみ可能であることが宣せられるのである。

さて、こうしてコットンの『新インド』との邂逅以来、インドをはじめとするアジア諸国の研究と欧米の植民地化に対するアジアの抵抗のあり方を模索する中で、以上のような〈国際政治秩序観〉を形成した大川にとって次なる課題は、いかにして西洋の東洋に対する優位をくつがえし、アジアを復興させるかということになる。そして、大川はそれは〈力〉によって達成されなければならないと考えたわけだが、そうした構想を歴史論的に展開したのが第二期最初の著作として取り上げる大正十三年の「種族闘争の過去現在及未来」にほかならない。

3 〈東西対決史観〉と「植民地支配研究」

大正十四年、大川は行地社を設立する。内務省警保局編『国家主義運動の概要』(40)によると、大正から昭和にかけての「国粋運動」は世界大戦後の「大正デモクラシー運動」・社会主義運動に対する反動から生まれ、大正六、七年頃の社会主義運動の黎明期と同時にそれらに対抗するように勃興期を迎える。これらの団体は大正十四～五年頃の「組織統合の時代」をへて、昭和期に政府の取締りの強化に伴って政治主義化した社会主義運動に対抗し先鋭化した。そして、世界恐慌にともなう経済的混乱に乗じ勢力を伸ばし、昭和六年の「満州事変」を契機にさらに勢力を拡大したという。大川の行地社はここでは「組織統合の時代」にできた有力な団体の一つとして数えられている。

この第二期において、大川は行地社の綱領に謳われている「維新日本の建設」をめざし、機関紙『月刊日本』等を中心に活発に「国内改革論」「日本論」を発表していく。一方、国際関係に関するものでは大正十三年に「種族闘争の過去現在及未来」(41)を、翌大正十四年には『亜細亜・欧羅巴・日本』(42)を発表、大正十五年には東京帝大に博士論文『特許植民会社制度研究』を提出し、昭和二年にこれを出版する。また昭和十一年六月～昭和十二年十月にわたる「五・一五事件」の獄中では『近世欧羅巴植民史』をまとめるのである(43)。

前章において、大川の〈国際政治秩序観〉の土台となるいくつかの要素を指摘しておいた。「種族闘争の過去現在及未来」において、その一つである〈東西対決史観〉が展開されることになる。

この論文では、まず白人種の他人種に対する優越感・蔑視の事実が指摘される。そして、白人種が他人種に優位を示すようになったのは、一六世紀以来の世界制覇の自信からだとする。しかし、世界史の中でヨーロッパが力を持つようになったのは、たかだかこの三〇〇年くらいのことに過ぎない。そうしたことを跡付けるために大川は世界史を東洋対西洋・アジア対ヨーロッパの「戦い」の歴史として振り返る。

まずギリシャ－フェニキア戦争を取り上げ、この戦争でギリシャ文明が発展したことが記述される。次に、初めての純粋な東西の対決であるB・C・五〇〇～四四九年のペルシャ戦争が取り上げられる。そしてこの戦争の結果ギリシャが衰微した後、勢力を伸ばしたのがマケドニアの「アレキサンドル」である。彼が行なった大規模な東征は東方の知恵をヨーロッパに伝え、逆に偉大なるギリシャ文明をアジア諸国に伝えた。

「アレキサンドル」の東征に次いで取り上げるのはカルタゴとローマの間のポエニ戦争である。この戦争の結果、ローマは荘厳な帝国を建設し、ギリシャ・ローマ文明を融合し大きく発展した。

そして、初めての白人と有色人種との戦いが、四世紀の「匈奴」のヨーロッパ侵攻である。この戦いはローマ帝国の没落を早め、カトリック教会を台頭させ、ゲルマン民族を興起させた。そして西洋をして古代史の幕を下ろさせ、中世へと進む歴史的進歩を促したのである。匈奴の西征に次ぐものは、七世紀から八世紀にかけてのアラビア人のヨーロッパ侵略である。アラブ勢力は七三二年のトゥール・ポワティエの戦いに破れるまで南西ヨーロッパを席捲した。そのイスラム文化は哲学をはじめ数学・化学等の自然科学、医学等学問全般にわたってヨーロッパに大きな影響を与えた。イスラム勢力のヨーロッパ侵攻はこうした文化的かけ橋になっただけではなく、十字軍による聖地奪回の運動等を契機にキリスト教的な一体感・戦闘的精神・人種的観念をヨーロッパ人に植え付けた。

アラビア人に次いでヨーロッパと戦ったのは、純乎としたアジア民族のモンゴル人である。このモンゴルの侵攻の項で大川は「匈奴」のアッチラ、アラビアのマホメット、モンゴルのジンギスカンらの例をあげ、歴史における「英雄」の果たした役割を強調し、また、ギボンの『ローマ史』、貴由汗（定宗）のローマ法王宛ての書簡、安岡正篤の『東洋思想及人物講話』を紹介し、いかにヨーロッパがアジアの力を畏れたかを強調している。次にヨーロッパに侵攻したのはオスマントルコであったが、モンゴル・トルコの侵攻はヨーロッパの歴史を中世から近世へと進ましめた。そして、その近世こそがヨーロッパが栄え、アジアが衰退する時代であった。

こうして大川は世界史における東西の戦争をたどり、この論考の最後では何故ヨーロッパが近世において力を伸ばしてきたかについて述べる。二つの世界の最も大きな違いは、ヨーロッパが「其の外面的制度を重んずる精神に相応して、截然たる歴史的発展の段階を踏んで今日に至った」(44)のに対して「東洋が、主力を精神的生活の充実登高に注ぎ、人々個々真理を体得すれば、求めずして理想国家を現出」(45)できると考えてきたことだという。つまりヨーロッパでは「外面的制度」——国家の組織・制度——の「鮮明なる変革」が意識的に行なわれたきた。また近代国家の成立・宗教改革・科学的精神・文芸復興、それにともなう個人の冒険的精神及びこれを庇護する専制君主の役割も大きかった。そして、政治的には民主主義、経済的には資本主義、思想的には主知主義をもって乗り出し、世界政策を展開していったという。大川は西洋の科学的精神の優位性を次のように率直に認めている。

かくして其の科学的精神を以て国力を充実し、其の政治的・商業的勢力を、資本的帝国主義に組織し、之に則りて全地球の上に、各自の世界政策を展開するに至った(46)。

ところで、第一次大戦の結果国際連盟が成立したが、これはアングロサクソンの世界制覇のための組織であると大川はいう。そうした支配に対して日露戦争以後アジア諸国が立ち上がり、同時にヨーロッパ内部で社会主義運動による変革の兆しも出てきた。しかし、ヨーロッパ内部に社会主義の動きがあるからといって、それに連動してアジアも解放されると考えてはならない。アジアとヨーロッパはまったく別物である。

ヨーロッパがその奪えるアジアを正当なる所有者に返却しない限り、東西の戦いは運命的である。そして、その決戦は東西を代表する強国間で行なわれるはずである。今、ヨーッパとアジアはそれぞれの道——ヨーロッパは「厳粛欺らざる知的探求」、外面的活動・組織制度の変革、アジアは「精神的に忠なら ん」という「深遠なる心霊の世界」——を行き尽くした。世界史は両者が相結ばねばならぬことを明示している。それは東西最強国の決戦によって果たされるだろう。その戦いはしかし、「新世界出現のため」(47)のものである。

以上が「種族闘争の過去現在及未来」で展開されている大川の世界史観である。ここでは第一期の基礎的〈国際政治秩序観〉に加えて〈東西対決史観〉が明確に打ち出されている。この東洋対西洋の強国の決戦は、世界史上の大戦争であるペルシャ戦争、ポエニ戦争、匈奴のヨーロッパ侵攻、トゥール・ポワティエの戦い、十字軍の遠征、モンゴルのヨーロッパ侵攻等の延長線上にとらえられている。

ところで「東西対決」という発想は、第一次大戦後の大正八年のパリ平和会議で国際連盟規約に人種差別撤廃の文言をいれるという日本の提案が否決されて以来、国内の世論として大きく盛り上がっていたものである。大川はこうした風潮の中で、この論文を世に問うた。ここでは以下の点から〈東西対決史観〉を分析しておきたい。まずこの論文に影響を与えていると思われる満川亀太郎及びウラジミール・ソロヴィヨフの歴史観との比較であり、次に孫文の「大アジア主義」との比較であり、もう一つは石原莞爾との比較である。

大川のこの論文が掲載された『日本及日本人』大正十三年元旦号に満川亀太郎(48)も「黄白人種闘争の史的観察」という論文を掲載している。満川は同年『東西人種闘争史観』(49)という本を出版しており、大川はその「史的観察」については満川から学んだのではないかと思われる。満川の〈人種闘争史観〉はきわめてわかりやすい。それによるとアジア人の欧州征服は史上四回（同論文の見出しからいうとアッチラ・サラセン・蒙古・土耳其）、欧州人のアジア征服も四回（歴山大王・羅馬帝国・十字軍・近世欧州列強の侵略）であるという(50)。大川が「種族闘争の過去現在及未来」で取り上げているアジアとヨーロッパの戦いもフェニキアとギリシャの戦いとペルシャ戦争が加わるだけであとは満川とまったく同じである。しかし、そうした「史的観察」において同じであった満川と大川の論文もその結論部では大きな相違が出てくる。大川は「東西の最強国の抗争」が必然であると次のようにいう。

来るべき東西戦は、東西に於ける最強国の抗争である。亜細亜に告ぐ、抽象的概念を実在と間違えて、東西戦とは全欧と全亜との連盟が出来た後に戦われるものなるかに空想するな他国の向背如何に拘らず、汝等のうちの一国が、先ず選ばれて亜細亜の戦士、而して世界の戦士とならねばならぬのだ(51)。

そして、彼は最終的に東洋の代表として戦うのは日本であり、西洋の代表は米国であることを同時期の論文で示唆している(52)。

これに対する満川の論考は、アジアの「連盟」を主張して対照的である。

実に亜細亜民族の運命は此の太平洋の中に決せられんとしつ、ある。西より来る英国的勢力と、東より来る米国的勢力とに介在して、日本は単独能く其のキャスチングボート(ママ)を掌握するに足る実力あるか。否々亜細亜は連盟せねばならぬ。連盟に先ち(ママ)て各々国を改造若しくは独立せねばならぬ(53)

満川は英米の進出に対して日本が単独で「キャスティングボート」を握れない以上、アジアと「連盟せねばならぬ」と述べている。満川の議論を比べると大川の「最強国」間の抗争という〈武力の国際政治秩序観〉が際立ってくる。

次に大川の〈東西対決史観〉に影響を与えたと思われるウラジミール・ソロビィヨフ(54)について見ていこう。大川は昭和三年に「ソロビィエフの戦争論」という題でソロビィヨフの戦争論を紹介している(55)。これはソロビィヨフの『善の弁証』第三部第九章「戦争の意義」を「捃摭《くんせき》」(「ひろい取る」という意味)したものであるという。大川の解説によると、ソロビィヨフの主張は、戦争を生存競争とする見方と、トルストイのように殺人とする見方相方を批判し、「戦争は人類の政治的統一を促進する至要の手段なりしこと、従って平和の行わるゝ範囲を拡大する至要の手段」であるという。一九三四年に陸軍省から出されたパンフレット「たたかいは創造の父、文化の母」を彷彿させるような大川のソロビィヨフ解釈であるが(56)、こうした「解釈」が大川の〈東西対決史観〉の後押しをしていることは間違いないだろう。

ところで、「種族闘争の過去現在及未来」が発表された大正十三年、孫文の有名な講演が神戸で行なわれている(57)。そこで孫文は、ヨーロッパ文化は「覇道の文化」、アジアの文化は「王道の文化」であるとして、「王道の文化」に基づく「大アジア主義」による連帯を唱えた。と同時に日本は「西洋覇道の犬」となるなと、つまり非武力による西洋との対決を主張したのである。孫文の講演と大川の〈東西対決史観〉の最も大きな違いは、孫文が「武力」以外の手段による西洋との対決を主張したのに対して、大川は「武力」を東西融合の手段としている点である。

さて、次に東西対決の終極に日米戦が置かれている見方について検討しよう。この点においてはいうまでもなく石原莞爾との比較が重要である。石原莞爾の『最終戦争論』が発表されたのは昭和十五年であり(58)、これより前の昭和四年、長春における講演として「戦争史大観」が発表されている。大川の〈東西対決史観〉が表明されたのは大正十三年の頃であるから、石原よりも先になる。石原が大川と初めて会ったのは、昭和十二年で、肝胆相照らす仲になったのは、昭和十八年石原が現役を退き故郷の鶴岡に帰ってからだという(59)から、直接の影響関係はないと思われる。

ところで、大川と石原の〈東西対決史観〉の相違点は、大川が無条件で日本を東洋の代表としているのに対して、石原は東亜・欧州・ソ連・米州における「準決勝」をへて東亜対米州の決勝戦にいたるとしている点である(60)。そのために日本は東亜連盟の中心にならねばならないとして、アジアの統一を提唱する。そして、その統一の手段は「力」でなく「道義」であるとする。

こうした石原の構想が単純に過ぎるのはいうまでもないが、大川には石原の踏んだあたかもスポーツのトーナメント戦のような単純な段階論的発想すらもなかった。一足飛びに日本を東洋の最強国としてアメリカと戦うべき国と断定しているのである。この断定は、しかし理論的帰結というより一種の「信仰」といったほうがよい。そしてその「信仰」はフランスの親日派知識人等の言辞によって裏付けられていた。大川は、日本の文化の優秀性や国際政治上の優位を弁証するために、しばしば彼らの言辞を利用した。典型的なのはポール・リシャール(61)である。このフランス人哲学者の日本礼賛論(62)は、日本が世界の盟主にふさわしい国であるというものであった。この節の後半部でふれるG・アングルヴァンもそうした一人である。

さて、大正八年に満鉄に就職してからは、大川は「極めて忠実な会社員」(63)として主に特許植民会社に関する研究に没頭する。その成果が大正十五年に東京帝大に提出し博士号を取得した論文で、昭和二年に出版された『特許植民会社制度研究』(64)である。この論文は学術論文とはいえ、あくまでも満鉄による植民地経営研究の一環、つまり植民地を支配をする側の立場で研究したものとして書かれたものである。伊藤武雄はこのところの事情を次のように語っている。

私たちは満鉄にはいると、すぐに満鉄の性格というものをきかされました。イギリスの東インド会社とは異なる性格の植民会社である、さらにロシヤが経営している東清鉄道とも違う、ということでした。満鉄社員で、のちの右翼の頭目の一人、大川周明の学位論文は「東印度会社の研究」というのですが、満鉄と東インド会社の性格の相違、その点をはっきりさせたい。そういう会社側の要請に応えて、これはできあがったものです(65)。

満鉄で調査業務に携わる中で大川はこの頃、国際政治を次のようにとらえていた。すなわち、やがて「超大国時代」がやって来る。それに備え日本が独立国として存立していくために自給自足のできる領土が必要である。その領土は「可能ノ範囲ハ朝鮮及満州テスカ満州タケテハ」(66)足りない。ところが、日本と「一丸」となるべきその満州では排日運動が盛んである。これは、政友会・民政党の対立等により国論が定まらぬことが原因であるが、このようなことでは「日本ノ対外発展」は望めない。そのためには現今の議会政治を打破し「軍部中心ノ内閣」を確立せねばならない(67)。つまり、大川は一方で軍部主導の国内改革をめざすと同時に、日本の「対外発展」のための植民地獲得及び経営の方法を探るべく研究を進めていたのである。

こうした研究と先の〈東西対決史観〉を結び付ければ、西洋と戦うべく日本が強国となるために、アジアの地において植民地を保有しなければならないという結論になる。それは他のアジア諸国を友邦国として見て、その連帯を図るという地点からはるか遠いところにあり、アジアの国々を踏み台にして強国にのし上がることを意味する。

そうしたことを念頭に、その博士論文『特許植民会社制度研究』を考察していこう。この論文の第一部は一八世紀までの「前期特許植民会社」分析が中心となる。

第一に植民地経営で「特許植民会社制度」が主体となることの利点について述べる。まず「特許植民会社」の歴史及びこれを論じた諸説を紹介する。「特許植民会社」は一七世紀に第一次の隆盛があり、一八世紀にはいったん衰退し、一九世紀には再び興隆期を迎えるという歴史を歩んでいる。大川はなぜ一七世紀においてこの制度が欧米の植民制度の主流になったのかを論じ、それは植民地開拓で国家が負うリスクを軽減し、逆に個人の開拓に伴う困難性を回避したからだと述べ(68)、さらに近世において勢力を伸ばした理由は何よりも会社という近代的組織へと成長したからだという。こうした分析は何よりも満鉄の存在証明に資するところ大であったろう。

第二に特許植民会社は非政治的活動の時期に成功しているという分析をしている。オランダ東インド会社の隆盛と衰退を論じる中で、大川はそれが商業活動していた時は問題なかったが、次第に政治活動を行なうようになって現地人の反発を買うようになり衰退していった事実をあげる。また、オランダ西インド会社は純然たる植民地獲得の戦闘集団として組織されたが、その戦費濫出、健全な植民地経営の努力の欠如等によって一七世紀の初期の一時期に成功したに過ぎなかったという。

また第三に会社内部の腐敗に気を付けなければならない。オランダが衰退していった原因としてイギリスの勢力伸長が外的要因であるならば、会社内部の腐敗が内的な要因である事実をあげている。

第四に企業家精神が大事である。オランダに代わって東インドに勢力を伸ばしたのはいうまでもなくイギリスであるが、その軍事力もさることながら、イギリス人は冒険的・企業家精神にあふれ、各地に開拓の地を求めていった。

第五に軍事力である。イギリス東インド会社は独自に大艦六隻・小艦六隻以上を常備することをその規則に定めており、次第にインドにおいてその勢力を伸ばしていった。チャールズ二世の在位中に会社は「領土を獲得し、貨幣を鋳造し、軍隊を指揮し、知事及び判事を任命する権能」のほかに「基督教徒に非ざる一切の君主又は国民と戦争又は平和をなす」(69)権能を与えられ、外交能力を持つようになり、一六六〇年から一九八五年の二五年間は黄金時代を迎える(70)。また、ジェームズ一世の在位時、会社は対ムガール帝国への交戦権をも得る。しかし、イギリス国内においては、非難も高まり、トーリーとウィッグとの間で、会社のあり方について対立が深まったという事実も大川は指摘している。

第六は本国と植民地との協力体制の重要性である。一七八四年の改革では監督局が設置され、東インド会社は軍事・行政・財務の一切を帝国政府による指揮監督下に置かれることとなった。大英帝国が本格的に領土拡張を行ない始めたのは東インド会社による「二重統治」の頃であったが、一八五八年には印度統治法によってインド統治の大権は国王の手に帰する。そして、東インド会社はその歴史的使命を終えるのである。

最後に七として、近代ヨーロッパが世界において覇権を確立するようになったもう一つの大きな原因として科学と発明――産業革命の力――があったことである。植民地経営のバックボーンとして、大川は近代的産業の発展を不可欠と考えていた。そして第二部はこうした議論から出発する。

第二部の中心は「後期特許植民会社」の分析である。まず一八七七年に、デントによってアメリカから買収されたイギリス北ボルネオ会社の分析が行なわれる。「後期特許植民会社」の特徴は、前期の植民会社の衰退の経緯を踏まえ、①排他的な商業的独占の放棄を方針にしたこと、②政治的権力も制限され、「土人」の風俗習慣も尊重した点である。

「後期特許権民会社」も、直接国家が統治したら起こっていたであろう国際的な紛議を起こす事なく、その目的である大領土の獲得をもたらした。例えば、一八八六年の「王国ナイジャー会社」である。それは「前期特許権民会社」が商業的な色彩を薄めていったのに対して、商業的利益追求に専念し、西部アフリカにイギリスのための大領土を獲得した。また、一八八四年東アフリカの植民地化のために設立された「帝国英吉利東亜弗利加会社」も領土獲得に大きな貢献をした例である。そして、一八八九年にセシル・ローズによって設立された「英吉利亜弗利加会社」は、この地に建設されたローデシアという英国植民地の発展に大きな役割を果たした。大川は「ブール戦争」等をはさむ一九二四年まで、この会社がこの地の植民地経営にいかに大きな役割を担ったかを子細に論じている。

逆にドイツの特許植民会社は失敗した例である。アフリカにおけるドイツ帝国の植民地獲得のために設立されたのが、一八八四年の「独逸植民会社」であり、南洋の植民地化のために設立されたのが「ノイ・ギネア会社」である。前者はアラビア人・スワヒリ人の暴動に遭い、後者は経営そのものが破綻した。大川は前者について「其の占領せる土地が、人煙希薄にして文化未開なる」場合は特許会社の行動は有効であるが、「一定の団結力と、比較的進歩せる社会組織を有する土人に対するが如き場合は」(71)反抗を招くことを免れずと述べ、後者の敗因として現地の実情を見なかった点を指摘し、教訓を引き出している。しかし、大川は両者の失敗の原因を「特許植民会社制度」そのものにあるとはしなかった。

最後に研究の結論として大川は、特許植民会社が植民地の発展に最も適合する制度であったこと、それは過渡的な意義しか持っていなかった（その機能は最終的に国家に吸収されねばならなかった）が、国家の植民地獲得・拡大に偉大なる貢献をしたとまとめている。

さて、『特許植民会社制度研究』以後、大川は陸軍のエリートと急速に接近し、「満州事変」や「三月事件」「十月事件」「五・一五事件」等に関わりながら、植民地研究のいわば実践にあたる満州における植民地支配を画策するようになる。こうした立場に立って書かれたのが、行地社機関紙『月刊日本』に載せた「ロンドン会議の意義」（昭和五年）及び「満蒙問題の考察」（昭和六年）の二論文である。これらは「種族闘争の過去現在及未来」とどのような点において相違しているであろうか。

「ロンドン会議の意義」は、『月刊日本』昭和五年五月の第六二号所収論文である。ここではまずロンドン会議開催の意義は米国が大西洋および太平洋の覇権を握ることにあると述べる。米国は日露戦争以後

「支那満蒙」への勢力拡張をねらい露骨な東洋進出を図っている。米国にとってこの東洋進出の最大の障害は日本の存在である。日本にとって東亜進出は存亡死活問題であるが、米国は日本の東亜の進出を妨害するばかりでなく、自国内においては日本人移民を排斥している。ワシントン会議・ジュネーブ会議・ロンドン会議は「軍縮会議」といわれているけれど、その内実は米国の海軍拡張のための会議にほかならない。さらに米国は国際連盟創出を主唱しながら、これに加わらず、ラテンアメリカに対してはモンロー主義の門戸閉鎖を唱え、東亜に対してはジョン・ヘイの門戸開放を強要する。こうした米国の「非理不法」を糾訊する者が国内になく、「ロンドン会議は日本の覚悟を知らしむる絶好の機会なりしに拘らず」[72]日本の柔弱なる当局者は、「苟安を愉んで歩々国家を窮地に陥るゝこと、古今つねに同一轍である」[73]と結んでいる。

大正十三年の「種族闘争の過去現在及未来」における〈東西対決史観〉の文脈では、日本はアジアの「最強国」となり、世界史レベルの戦争をアメリカと戦うというものであったが、ここではアメリカと対決する目的がアジアにおける植民地・満蒙の争奪——日本の「東亜への進出」の妨害の除去——ということに矮小化されているわけである。

次に取り上げる「満蒙問題の考察」は、同じく『月刊日本』昭和六年六月の第七五号所収の論文である。ここではまず満蒙問題に関して日本に「理解」を示している前仏領東アフリカ総督G・アングルヴァンの所論を紹介する。彼によれば、日本の進出は満州に発展をもたらし、ソビエト・ロシアの進出を防ぎ、アジアの赤化防止に寄与している、日本人が満州に居住していることは軍事占領ではなく、ヨーロッパ諸国にとっては何の不利益にもならないのだという。

大川はこうした日本に対して好意的な欧米人の見解を紹介した上に、「支那」における反日感情の高まりは「支那人」の無知とアメリカ人の煽動によるところが大きいと主張する。日本は私利貪欲のために大陸に進出したのではない。「大義を四海に布くため」(74)である。「東洋平和の確立」と「東亜民族の平安と繁栄」を願っての行動である。そのために、日本は台湾・朝鮮問題を処理し、「支那」・ロシアと戦ってきた。満蒙への進出は経済的国防的見地のみではなく、「東洋平和の確立」という道徳的見地から考えられなければならない。それにもかかわらず「支那」の国民党は排日政策を推進している。「支那」で使われている教科書も排日の言葉であふれているが、こうした排日宣伝の例として、大川は上海民智局発行の『日本侵略我国満蒙積極政策之解剖』なるパンフレットを紹介する(75)。

さらに大川は日本の満州進出は、明治二九年の「日清通商航海条約」、明治三六年の「米清通商条約」、明治四二年の「満州五案件に関する条約」、大正四年の「南満州及東部内蒙古に関する条約」・「日支条約」、そしてワシントン会議における宣言等に基づく合法的経済活動、開発事業であると主張する。そして、そうした事業がいかに「支那」の官憲によって妨害され、誹諾されているかを明らかにする。また、満鉄を包囲すべく計画されている葫蘆島築港を含む満蒙鉄道網の計画は、日本が過去における「支那」側の条約違反を見過ごした油断と怠慢の結果である。満蒙から日本が退去することは「東亜全体の治安」が乱れることであり、白人制覇を打破した日露戦争の勝利を無にすることである。日本は満蒙を失えば、遅かれ早かれ朝鮮や台湾を失うことになり亡国の道を歩むことになる。

空想的なる国際協調主義、感傷的なる人道主義、而して無理想なる政治上の自然主義、かくの如き思想が国民の魂を支配し初めてより、国民は厳然たる事実を直視し、その事実に相応して厳粛なる行動を執るの気力を失った。……死活切迫の大機は日に迫りつヽある。正気重ねて煥発し、内、邪悪と柔弱とを克服し、外、国民的使命の実現に邁往する日も、また近きことを覚悟せよ(76)。

この論文の特徴は、「ロンドン会議の意義」における対米戦の意義が「満蒙の争奪」とされているのに関連して、第一に日本の大陸進出の目的が「東洋平和の確立」や「東亜民族の平安と繁栄」と位置付けられる点であり、第二に日本の満蒙進出には国際条約上の裏付けがあることを主張している点であろう。後者は一連の「植民地研究」で大川が見出したであろう支配する側の論理であったが、前者において注意しなければいけないことは、繰り返すが「東洋平和の確立」や「東亜民族の平安と繁栄」という意義付けは「種族闘争の過去現在及未来」における世界史的〈東西対決〉とは違って、あくまでも「矮小化」されたものにすぎないということである。そして、この目標に向かっての一方の当事者の中国は客体でしかなく、それらのアジアの国々と「連帯」「協力」しアメリカと対抗していこうなどという発想はないということである。

ところで、『特許植民会社制度研究』では植民地経営における「植民会社」の有効性が分析されたが、こうした視点に立てば、そこからは満蒙への進出は満鉄を足掛かりに商業的・非国家的に行なわれるべきであるという処方箋が導き出されると考えられるかもしれない。しかし、一方この論文では「植民会社」はあくまでも過渡的な役割を果たすに過ぎないとされていた。すなわち、満州経営を日本政府の主導で行なう方向に大川が肩入れしていくこととこの論文とは何ら矛盾しないのである。

事実、満州事変以後の満州国経営は大川の描いた通りの方向を進んだ。昭和七年、関東軍は大幅な人事異動を行ない（八月八日）満鉄に対する支配力を強める。こうした動きに呼応したのが宮崎正義であり、彼が石原莞爾と協力して設立したのが満鉄の経済調査会であった(77)。この経済調査会によって「満州経済統制策」が立案され、これが昭和八年に満州国政府から出された「満州経済建設要綱」、及び昭和十一年の「満州産業開発五カ年計画」等に反映され、この後の満州国の方向を決定付けていくことになる。そしてその方向とは「国家主導」の満州国経営であった(78)。つまりこの過程で満州国経営の実権は、満鉄の手を離れ日本から派遣されてくる官僚に移っていくのである(79)。それは言葉を変えれば、満州の支配が満鉄という企業体から国家の手に移っていったということであった。

4 アジアへの「回帰」

「五・一五事件」に武器供与の容疑で大川は昭和七年六月十五日夜行列車内で逮捕される(80)。昭和九（一九三四）年二月に第一審の判決が下され、懲役十五年を言い渡される。大川はこれを不服として控訴し、同年十一月禁固七年の刑に減刑され、同時に神武会の解散を条件に保釈される。刑は最終的に昭和十年十月の大審院法廷において禁固五年と確定し、翌昭和十一（一九三六）年六月十六日から昭和十二（一九三七）年十月十三日まで服役する。このため「五・一五事件」の昭和七年から『日本二千六百年史』が出版される昭和十四（一九三九）年は著作刊行の空白期といえる。

昭和十二（一九三七）年の仮出所後、大川は再び活発な言論活動を開始する。昭和十三年四月には法政大学大陸部長として迎えられ、同年五月東亜経済調査局付属研究所[81]を開設し所長に就任する。翌年『日本二千六百年史』を出版し、これは大ベストセラーになる。

一方時代はいよいよ大川が構想した日米戦に向けて急速に動いていく。大川はこうした時期に対米戦へ国民の士気を高める言論活動を積極的に行なう一方、政界の実力者たちに会い献策を行ない、大きな影響力を発揮するようになる[82]。「黒幕」ではなく一般的な言論人という意味でも最も大きな社会的影響力を持ったのが、昭和十四年からの第三期であったろう。

大川周明『日本二千六百年史』（昭和14年、第一書房）

ここでは、第三期の大川のアジア観が逮捕・保釈・服役をはさんでそれ以前とどのように変化したか、主にこの時期の代表作、昭和十五年の『亜細亜建設者』、十七年の『米英東亜侵略史』、十八年の『大東亜秩序建設』の三つの著作を通じて見て行きたい。

まず、『亜細亜建設者』を検討しよう。この書は大川自身が大正十一年の『復興亜細亜の諸問題』の

「続篇」(83)であると述べているように第二期以前の大川の〈国際政治秩序観〉が微妙な変化を見せながらも、基本的に継承されている。

まずその「序」において大川の〈国際政治秩序観〉の柱にあたる〈英雄史観〉〈エリート史観〉が表明される。「序」に次のように記されていることからわかるように、この〈英雄史観〉〈エリート史観〉は、以前より一層明確に前面に押し出されているといえよう。

偉大なる事業は、決して一人の力では出来ない。然し乍ら勝れたる一人の決意と指導となくしては、如何なる事業の成就も望まれない。新しき亜細亜の歴史を学びつつ、予の最も強く胸打たるる一事は、歴史に於ける英雄の偉大な役割である(84)。

『復興亜細亜の諸問題』が広く中央アジア諸国を扱ったのに対し、この書では新たにアラビアを加え、インド・トルコ・ペルシャ(イラン)の計四国に絞り、イブン・サウード(85)、ケマル・アタトュルク(86)、レザー・パフレヴィー(87)、ネールらアジアを指導した英雄にスポットがあてられている点が特徴である。特に「新トルコ建国者ケマル・アタトュルク」の章は、ケマルの生い立ちから第一次大戦中の活躍、戦後トルコの政治体制の構築者としての彼の一生を丁寧にたどったものである。

そして、『亜細亜建設者』ではそうした英雄たちが軍人であった点がヨリ明確に主張されている。例えば次のような記述がある。

両者（ケマル・アタトュルクとイブン・サウード──引用者註）は共に偉大なる将軍であり、同時に偉大なる政治家であり得た(88)

こうした認識はこれまでと同様「力に対する信仰」に支えられている。例えば、レザー・パフレヴィーの皇帝即位について米国記者が記したコメントに、大川は次のように皮肉を込めた反論をしているのである。大川はヴィンセント・シーアンという米国記者が、

レザーと袁世凱との類似は、それだけで止りそうもない。蓋し武力によって指導せられ、且武力によって指導せらるる国家は、その根柢に於て不健全である。その行きつくところは、古代ローマ及び近代支那に見る如く、解体と乱離とである。袁世凱の没落と死滅、及び彼が支那に遣せる恐るべき混沌は、数年ならずしてペルシャに於ても繰返されるであろう(89)

というのに対して、

シーアンは、レザー皇帝が武力を以てペルシャを建設し且統治することを非難して居るが、この非難もまた当を得て居ない。サー・ウィリアム・グレゴリー曰く「東洋に於ては、政治運動の主体は、常

に軍人である。彼等のみが、能く其の目的を遂行すべき統一と勇気とを有する。其他の人民は、殆ど不平さえも洩らし得ずに、毛を剪られ肉にせらるる羊の如くである」と。吾等は此言の真実なるをトルコに於て見、アラビアに於て見た。ペルシャもまた決して例外でない。さればこそレザー皇帝がテー《（ママ）》ラン政局の舞台に登場してこのかた、ペルシャ統一並に統治の基礎条件として、最も其力を籠め来りし一事は、実に軍隊の強化であった(90)。

こうした「力の信仰」――〈武力の政治秩序観〉は、従前通り大川の一連の国内外の改革思想の背骨にあるのであるが、さらにこの章の結論部で、ヨリ明確に国内外の諸政策推進にとって武力が大事であることを次のように述べる。

彼等（アッパス大帝・ペトロ大帝・レザー皇帝等―引用者註）はまた、一面外敵の脅威と戦い乍ら、他面国内に於て武断政治による徹底的革新を行った(91)。

「紀元二千六百年（昭和十五年）十二月」と「序」に記されたこの書を通じて、大川は来るべき日本の進路を改めて東条英機らの軍人政治家に託そうとしていたのであろう(92)。

一方〈英雄史観〉〈エリート史観〉と対極にある〈民衆へのまなざし〉は大川の思想には最後まで見られなかった。昭和二十年の敗戦直前の日記を見ても、そこには依然として国民の戦意喪失を恐れ、新指導者の出現を待望する記述が見られる(93)。この頃は日本の国民は空襲に逃げまどい、アジアの最前線では兵士が、草を食べ、泥水を啜り戦っていた。しかし、大川にはそうしたものへの視点が最後までなかった。ましてや、日本が侵略するアジアの民衆の苦しみに対するまなざしなどはあろうはずはなかった。

そして、そうした〈民衆へのまなざし〉の欠如は、〈自国の精神〉主義という一国中心的発想を運動の柱にしていたことにも一因があったろう。つまり、もし「アジア主義」という広域的視野があれば、国家という枠組みを超えた民衆一般の苦しみという共通の視点が芽生えたと思うのである。

しかも、その〈自国の精神〉主義はこの時期一層強くなっている。『亜細亜建設者』のトルコ国民運動についての記述では、「民と戦う」という言葉が出てくるが、それは「トルコ文化」のために戦うということで、偉大なる運動は国民精神の深処から出てこなければならないという意味であった。革命に勝利したケマル・アタトュルクの次の課題は国民精神による国内改革であった。

彼は之を防ぐる内外の敵と悪戦苦闘して遂に最後の勝利を得た。而も彼の戦いは決して之を以て終わったのではない。彼は進んで民と戦わねばならぬ民と戦うとは、民のために戦うことである。民のために戦うとは、トルコ文化のために戦うことである(94)。

また、こうした流れの中で、トルコの建国時にトルコ史の編纂事業が行なわれたことを指摘し、トルコの「国民館」と日本の青年団と比較し、日本の青年団が成功しない原因は指導者の資質の相違に起因するとし、ケマル・アタトュルクがラジオによって国民の教化を図った事(95)等を紹介する。それらは、大川の実際の言動に生かされていく。大川はこうしたトルコ等における国民運動から学び、日本においてナショナリスティックな運動を「国民精神の深処」から高揚させるべく数々の講義・講演あるいはラジオ講演を行なっていったのである。

ところで、この時期にも大川はガンジーのインド国民運動が自国の精神に根ざしたものであるという点で支持するという発言もしている(96)。こうしたインド国民運動に対する理解は、この時期、独・英の戦いで英が破れるという大川の希望に裏付けられていた。イギリスがドイツに破れるとインドは独立達成ということになるからである。こうした認識は英米に対抗し独伊との枢軸を志向した日本の外交路線と合致していた。昭和十二(一九三七)年には日独伊三国防共協定が、昭和十五(一九四〇)年には日独伊三国軍事同盟が締結されている。大川はドイツが勝てば、それがインド独立に繋がり、アジア解放に繋がると考えていたようである(97)。この点で大正期の〈東西対決史観〉と矛盾が生じる。つまり、西洋の国であるドイツやイタリアと手を結ぶことについて大川はどう考えていたかということである。そこに自己矛盾を感じていなかったであろうか。しかし、この点については大川は語っていない。

一方、大川の〈国際政治秩序観〉のいわば原点であった〈日露戦争礼賛史観〉(本章第2節参照)はこの書では陰りを見せ始めている。それは、第一期には疑問の余地のなかった大前提であったが、大川はこの時点で帝国主義国へと変貌し、アジアに対する侵略国として現れた日本の現実を客観的に読み取っているのである。

日本に対しては、日露戦争に於ける勝利以来、常に同情と尊敬とを抱き、その経済的並に軍事的発達をば、東洋に於ける欧羅巴帝国主義に対する防塁として歓迎して来た。……而して日本に対してもまた日支事変勃発以来、帝国主義的侵略国として頓に敵意を抱き初め、新聞雑誌の排日論調が露骨になって来た(98)。

このようにインドの日本に対する見方が変化したことを大川は正確につかんでいるが、日本の政策に対する中国側の反応についても盲目ではなかった。一九三九年に重慶の蒋介石を訪問したネールの「日本が支那に対して執る政策は、吾等の悪む所のものである。」(99)という言葉も引用しているからである。

以上のように比較してみると、『亜細亜建設者』についていえば、大川の〈国際政治秩序観〉は微妙な変化はあるものの、第二期以前と比べて大きな変化はなかったといえよう。ところが、次の太平洋戦争の開戦直後に出版された『米英東亜侵略史』では、大きな変化を見せるようになる。

『米英東亜侵略史』は昭和十六年十二月十四日から二五日まで連続一二回にわたって放送されたラジオ講演の内容を昭和十七年に刊行したものである(100)。

この書の前半の「米国東亜侵略史」の「第一日」では、大正十四年刊行の『亜細亜・欧羅巴・日本』とこのラジオ講演の思想的連続性が明言される。すなわち彼によれば『亜細亜・欧羅巴・日本』は①戦争には世界史的意義があること、②世界史は東西の対立・抗争・統一の歴史であること、③東洋並びに西洋の文化的特徴、④「全亜細亜主義」の理論的根拠、⑤新しい世界の実現のためには東西戦が不可避であるということを明らかにするために書かれたものであるとし、次のようにいう。

> 私の此の立言は、十六年後の今日、まさしく事実となって現われたのであります。私は日米戦争の真箇《（ママ）》の意味に就て、十六年以前と毛頭変らぬ考えを有って居ります。此の戦争は固より政府の宣言する如く、直接に支那事変完遂のために戦われるものに相違ありませぬ。而も支那事変の完遂は東亜新秩序実現のため、即ち亜細亜復興のためであります。亜細亜復興は、世界新秩序実現のため、即ち人類の一層高き生活の実現のためであります。世界史は、此の日米戦争なくしては、而して日米戦争に於ける日本の勝利なくしては、決して新しき段階を上り得ないのであります[101]。

ここでは、今回のラジオ講演と大正十四年の『亜細亜・欧羅巴・日本』との連続性が強調され、「支那事変完遂」と「東亜秩序実現」という目的が旧来の大川のアジア観に接合されている。こうした接合はしかし、大川の国際政治観の根幹にあった〈東西対決史観〉「最強国の抗争」論[102]との間に齟齬を来すことになる。

「種族闘争の過去現在及未来」における〈東西対決史観〉の論理展開は、世界史は東西の対決の歴史である。一六世紀以来ヨーロッパが世界を制覇しているが、これに対してアジアを復興させなければならない。そして、復興したアジアとヨーロッパの対決は必然であり、その対決は東西の最強国同士の決戦であるというものであった。

しかるに、この書では、まず「支那事変完遂」があり、それは「東亜新秩序・亜細亜復興」のためであるとされ、その「亜細亜復興」は「世界新秩序のため、即ち人類の一層高き生活の実現のため」であるといっている。すなわち「種族闘争の過去現在及未来」の論理展開になかった「支那事変完遂」と「東亜新秩序」が加わり、「種族闘争の過去現在及未来」では、無条件に日本はアジアの「最強国」とされていたのに対し、ここでは「支那事変」を「完遂」し、「東亜新秩序」をまず作らねばならないことになっている。つまり日本がアジアの「最強国」として西洋の最強国と戦うためには「支那事変完遂」が前提になるということである。そして、「完遂」とは「勝利」の意味であるから(103)、「支那」との戦争に勝たなければ、つまり味方であるはずのアジアの国との戦争に勝たなければ、「亜細亜復興」と「世界新秩序、即ち人類の一層高き生活の実現」ができないということになるのである。

〈東西対決史観〉「最強国の抗争」論の「矮小化」は前節でも指摘したところであるが、この時期の特徴はその目標を政府の方針にすり寄せている点である。すなわち、前記の「東亜新秩序」と「支那事変完遂」という言葉は、当時の日本政府の公式的外交用語であった。「東亜新秩序」は昭和十三年十一月三日の「東亜新秩序声明」(104)に登場する言葉であり、「支那事変完遂」は大川自身が「政府の宣言する如く」と述べているように太平洋戦争開戦日の東条首相のラジオ演説中の言葉である(105)。大川の説はこの著書以後、政府の外交路線に自らの従来の主張を重ね合わせるものになっていく。

そして、こうした特徴は次著の『大東亜秩序建設』(106)で一層顕著なものとなる。そこでは『米英東亜侵略史』における「支那事変完遂」と「東亜新秩序」に、「大東亜共栄圏」が加わっていくことになる。「大東亜共栄圏」という言葉は昭和十五年八月一日に第二次近衛内閣の外相松岡洋右の記者会見によって初めて公式に使われ、昭和十七年の第七九回帝国議会における東条首相の演説で表明されたものである。そして、『大東亜秩序建設』の要旨は、日本は明治以来この「大東亜共栄圏」の実現に向かって進んできたという「強弁」であった。

この書は二章構成で、その第一章第一節では、明治維新前夜に万国統一を唱えた佐藤信淵の思想から説き始められる。信淵はまず満州を手始めに、支那・フィリッピン・インドにまで日本の版図を拡大にしなければならないと考えていたという。そして「支那を保全強化して英国を挫き、日支提携して西洋諸国の東亜侵略を抑えねばならぬと力説したのである。彼の謂はゆる併呑が、決して侵略征服の意味ではないことが、之によって観るも明瞭であろう。」[107]といい、「東亜新秩序又は大東亜共栄圏の理念は、決して今日事新しく発案されたものではない(ママ)。それは近代日本が国家統一のために起ち上がれる其時から、綿々不断に追求し来れるものに外ならない」[108]。明治維新の志士は日本の革新とアジアの統一を併せて理想とした。そうした志士の例として大川は吉田松陰・真木和泉・平野二郎らをあげている。

ここで大川は、佐藤信淵を引き合いに出し、「東亜新秩序又は大東亜共栄圏の理念は、決して今日事新しく発案されたものではない」といっているが、大川がこうした主張をするのはこの第三期に入ってからのことである。例えば、佐藤信淵や平野二郎らは、昭和二年の『日本精神研究』[109]でも登場するが、そこでは信淵の学が「経世済民」の学であり、「道義国家」を理想とし、「日本精神」を持つ思想家であるということで取り上げられており、また、平野二郎は「攘夷」思想と、国体の本義を発揚するために幕府を倒し、皇室を尊重しなければならないという思想の持ち主として扱われており、双方ともアジアの連帯を主張した人物としては論じられていない。

同様の「強弁」は第一章第二節「明治維新以後に於ける大東亜理念の追求」以下でも行なわれ、そこでは明治以来の日本の「大東亜共栄圏」の実現の過程がたどられる。日本はまず琉球を沖縄県とし、韓国との間に特殊の「親善関係」を結び、日清戦争で台湾を版図とした。日露戦争で樺太の半分を「回復」し、南満州の諸権益を接収した。そして韓国を「合邦」し、「満州帝国」を建国した。それらはすべて東亜新秩序確立の準備であった。明治維新以来日本は常に「支那」を援助してきた。そのために「大東亜共栄圏」の指導権が日本に与えられたという。

次の第三節「日清日露両戦役の世界史的意義」では、日清・日露戦争の意義が述べられる。「支那」は朝鮮を欧米に売る策動に出たため日清は戦った。それはヨーロッパの東亜侵略を阻止する戦いであった。三国干渉は李鴻章が賄賂欲しさに欧米と結んだ結果である。日露戦争はヨーロッパのアジア侵略に対する第二の反撃であった。日露戦争はアジア覚醒の契機になった。第一次大戦はヨーロッパ没落の始まりであった。

そして、第一章第七節「支那事変より大東亜戦争へ」では「支那事変」以後の「大東亜共栄圏」思想が論じられる。それによると①満州「建国」は英米との協調を一蹴し興亜の大業を邁往し始めたもので維新精神への復帰である。②「支那事変」は当初「暴支膺懲」をスローガンに戦われたが、「東亜新秩序の建設」、次いで「大東亜共栄圏の擁立」が戦争目的になった。「東亜新秩序」の目的は日本を中心として東亜諸民族が協力提携して米英仏蘭の勢力をアジアから駆逐することである。③「支那事変」は国民の士気を鼓舞し英米とも戦う意欲を喚起した。④日本と「支那」は本来は手を結び欧米と戦うべき関係にある。日本と「支那」の戦いは内乱である。内乱を解決してから英米と戦うべきである。

ここでは、〈国際政治秩序観〉第二期の日本が単独で米国と最終戦を闘うという〈東西対決史観〉から、「支那事変」の「暴支膺懲」を間にはさみ、「東亜諸民族が日本と協力提携する」という〈協力提携論〉に変化していることがわかる。その時、「支那事変」は「内乱」とされ、「支那」は本来は手を結ぶべき国であるとされている。

そして、次の第二章「大東亜圏の内容及び範囲」ではアジアの「協力提携」の具体的な形が示される。大川の考えたアジアの「協力提携」は中国とインドと日本の三国の連帯というきわめてシンプルなものであった。

さて亜細亜の湿潤地帯は、地形的には其の三大地帯を包容して居る。而して此の三大地区を代表するものは、取りも直さず日本・支那・印度である。吾等が欧米と接触する以前に於て、吾等の世界とは唐と天竺、即ち支那と印度とを中心とする亜細亜の東半を意味し、此等の両国に日本を加えて之を『三国』と呼んできた。いま吾等は此の『三国』を大東亜圏と呼び、新しき秩序を此処に実現するために戦う(110)。

政府公認の「大東亜共栄圏」の及ぶ範囲は「日満支ヲ根幹トシ旧独領委任統治諸島、仏領印度及太平洋島峡、泰国《タイ》、英領馬来《マレー》、英領ボルネオ、蘭領東印度、ビルマ、豪州、新西蘭《ニュージーランド》並ニ印度等トス」と細かく定められていた(111)。それに比べ大川の三国の連帯はいかにもおおざっぱなものである。さらに、その三国の連帯の根拠も希薄なものであり、大川の説明は「三国一の花嫁」などという昔からのことわざをあげてのものであった(112)。

そして、昭和十九年の『新亜細亜小論』(113)、昭和二十年の『新東洋精神』(114)等では、そうした「日印支」連帯の精神的中心に置くべきものとして「亜細亜を一個の家族に形成」する「三国魂」(115)とか、「大東亜秩序の基礎たるべき新東洋精神」(116)が説かれることになる。

かくして、大川周明の〈国際政治秩序観〉は日露戦争が「亜細亜諸国に希望と勇気とを鼓吹し」(117)たとする〈日露戦争礼賛史観〉に始まり、日本が東西決戦の「最強国」「代表国」とする〈東西対決史観〉をへて、中国・インドとの連携をめざす「東亜諸民族」との「協力提携」論へと変遷し、アジアへ「回帰」した。しかしアジアへ「回帰」しても大川の日本は、インドからも中国からも「協力提携」をえられようはずもなかった。アジアの人々の心はアジア諸国を踏み台に英米との戦争を拡大していく日本からはまったく離れていたからである。そして、象徴的にも、この両国は大川が求めた指導者とはまったく違うタイプの指導者に導かれていた。毛沢東は革命主体を社会の最底辺の貧農に置き(118)、ガンジーは〈武力の政治秩序観(「支配元理」)〉とは正反対の徹底した「非暴力主義」をその運動の根幹に置いていたのである(119)。

ガンジーはいう。

世界の列強と肩を並べたいというのは、あなたがたのりっぱな野望でありました。けれども、あなたがたの中国に対する侵略や枢軸国との同盟は、たしかに、そうした野心が昂じた不当な逸脱だったのです。……これまでわたしが読んだすべてのものは、あなたがたはいかなる訴えにも耳を傾けようとはなさらない、ただ剣にのみ耳をかす民族だと語っています。そのように考えるのはあなたがたをはなはだしく誤解していることでありますように、そして、わたしがあなたがたの心の正しい琴線にふれることができますようにと、どんなにか念じていることでしょう!(120)

こうしたガンジーの言葉が大川の耳に達することはなかった。そこにはアジアの国々との「協力提携」など果たしようもない現実の前に立ちすくむ思想家大川周明がいるだけである。彼はここではまさに「喜劇」のヒーロー(〈英雄〉)にすぎなかった。しかし、そのような思想家の煽動に導かれアジアそして世界との戦争に駆り出された日本の国民にとって、それは「悲劇」以外の何ものでもなかったのである。

補論

「ウルティマ・ラティオ＝暴力」論を超えて

1　はじめに

本書は政治学の「パラダイム転換」を期した書である。戦後日本の政治学風景は「丸山政治学」という霧に覆われている。「丸山政治学」は西洋政治学を見事に取り入れることに成功した。その結晶は代表的な著作『政治の世界』であるが、丸山は永くその再版を許さなかった。丸山の後半生は日本政治の「古層」分析へと沈潜していった。

神島二郎は『近代日本の精神構造』以後、「政治学の再構築」の仕事にいち早く取り組んでいた。「後期丸山は私に近づいてきた」とは、丸山の「まつりごとの構造」論文（巻末参考文献参照）を読んだ晩年の神島の言である(1)。そうした神島の政治学再構築の成果が「政治元理表」にほかならない。ここで神島は「武力」を「ウルティマ・ラティオ」とした丸山の『政治の世界』を徹底的に相対化した。神島は『政治の世界』の丸山の図式を「支配」「カルマ」「同化」「自治」「闘争」で再構成している（『磁場の政治学』五八～五九頁参照）。そこで丸山政治学に欠けている「帰嚮元理」を見事に浮び上がらせた。神島の最終的に残した「政治元理表」はその段階よりもさらに四つの「元理」を加え拡充させているが、本書はその神島の理論に全面的に依拠している。それは「丸山政治学」（とりわけ〈前期〉）を超えなければ現在の時代的閉塞状況を抜け出せないという切実な危機感に基づいている。

そうした「パラダイム転換」を期した本書は、一方で根拠の希薄な批判とならないように、極力、史実・原文に即した記述を心がけた。歴史的資料、権藤成卿・大川周明の原文引用に筆者が終始こだわった理由はそこにある。従来の政治思想史・政治史の研究スタイルからすると、本書の資料・原文精査、仮説－実証という方法は、読者をしていささか違和感をもたせたかもしれない。例えば「時代背景の記述が弱い」「事件史・運動史の記述が足りない」「他の農本主義者との比較がない」などというご批判を受けるであろうことは想像にかたくない。しかし、本書は「歴史」研究というよりも「政治学」の書である。そのように読んでいただければそうした違和感は薄れるのではないだろうか。題して『日本政治思想研究』とした所以である。

ところで、神島二郎の「新しい政治学」に依拠することによって、権藤成卿・大川周明研究において、私自身も驚くほど多くのものを発見した。また、それを通じ大正デモクラシーから昭和ファシズム期への歴史象を「政治原理的」な動きとしてとらえることができ、大きく転換することができたと思う。あたかもオセロゲームのように黒から白へ、白から黒へコインが裏返されていくような知的興奮を私自身は覚えながら筆を進めた。それが読者に伝わればこの上ない喜びである。

では、本書は権藤・大川の思想や行動の解釈としてどこが新しいのか。本「補論」ではそれに答えるべく主要箇所を箇条書きにして「新しさ」を読者とともに確認していきたいと思う。

2　権藤成卿関連

1　権藤成卿が「暴力的革命家」であったという通説を否定し、「非暴力的」変革思想の持ち主であったことを明らかにした。

本書ではまず権藤成卿が「血盟団事件」に関わっていないという証明から論を起こした。そのために「血盟団事件」に関わり起訴された被告達の供述を通じて権藤との影響関係を見た。被告一四名のうち、権藤の思想を肯定するにせよ否定するにせよ影響を受けている者は四元義隆、池袋正釟郎、久木田祐弘、田中邦雄、田倉利之、小沼正であり、他の人々——首謀者の井上日召をはじめ八名——は影響を受けていない。また被告達はこの権藤の住居で「軽挙妄動」を戒められてさえいる。当然権藤は起訴されることはなかった。

これに対して大川周明はこの時期、一連の国家改造計画である「三月事件」「十月事件」「五・一五事件」において民間側首謀者として中心的な位置にいた。「五・一五事件」直後に、権藤成卿が『君民共治論』を出版した理由は、「五・一五事件」に対する自らの立場を明らかにし、大川周明を批判するためであった。権藤はこの書で大川の大化改新解釈を批判しながら、同時に大川の①日本史全体のとらえ方、②明治維新解釈、③議会政治のとらえ方に対しても厳しく批判した。こうした批判の上に権藤は各地で議会政治擁護の講演活動を行なっていった。

「五・一五事件」の被告に対する権藤の思想的影響を裁判の供述で見てみると、その多くは海軍側は藤井斉、陸軍側は菅波三郎を通しての間接的受容であった。そして、藤井、菅波共に権藤の思想から暴力的直接行動の計画を引き出してはいない。権藤の思想に暴力的革命の要素がない故に、暴力的国家改造の方法について藤井は『ナポレオン伝』によってそれを補っている。菅波三郎の①天皇中心の一君万民思想、②君側の奸の除去、③満蒙を軸としての世界制覇という思想も権藤の思想とは異なったものであった。「五・一五事件」の民間側のもう一つの核は愛郷塾のグループであったが、彼らは権藤・大川双方から影響を受けておらず、そのリーダーである橘孝三郎の思想的影響下にあった。

2　権藤の思想を郷土久留米の実学的風土と結び付けた。

権藤は従来暴力主義的な思想家と位置付けられてきたが、このことに疑問を持った筆者が、その確証をえたのは、彼の生まれ育った福岡県久留米への旅行によってであった。久留米は筑後川を中心にした豊かでのどかな穀倉地帯であった。筆者は久留米市立図書館と連絡を取り、『久留米市史』等の資料を読み漁った。その成果が、本書第2章第2節である。久留米は「実学」の地であり、幕末から明治にかけての政治変動もそうした風土の中で展開された。この節では、権藤と深い関わりがある「社稷党」もそうした実学的風土で生まれたことを明らかにするとともに、『権藤氏世譜』等によって権藤家の「家学」の伝統とその「実学」という性格を明らかにした。

3　権藤成卿の「社稷体統」論、「君民共治」論を思想として定義し、それに基づく彼の日本史論の構成を明らかにした。

「社稷体統」というのは、日本は古来「社稷」（権藤の考える自治の基本的単位、実体としては五〇戸程の邑里）の尊重の上に諸制度・道徳・芸能等が形成されてきたという思想である。そして、「自然而治」とは日本古来の「社稷」の政治のあり方で、上から強権的に治めるのではなく「社稷」の成員自らが治めることを意味した。こうした基本的村落の自治を基礎に「県邑」「郡県」「国家」の政治が重畳的に位置付けられる。これに対立するものは「官治」であり、上から「強圧」的・「独制」的・「統制」的に行なわれる政治である。

「君民共治」というのは、「社稷」の政治と国政とを関連付ける思想である。その政治のあり方は治者と被治者間の「慴服」や「統制」ではなく、治者の善政を被治者が支える関係である。その下からの支持の動態を表現して権藤は「人心」「民心」「衆心」ないしは「輿情」という言葉を使った。すなわち、治者－被治者間の距離を置かず「民政」・「社稷」を重視する治者を民衆の「人心」が支える。また被治者や「社稷」を顧みない治者からは民衆の「人心」が離反して、その交代が促されるという政治のあり方を、日本の伝統的な政治のあり方として提示したのである。

権藤の日本の歴史叙述はこうした二つの概念、「社稷体統」「君民共治」を骨子に展開される。昨今の「地方分権」化、「コミュニティ」の崩壊の問題を考える上で「社稷体統」論を「政治元理表」の「自治元理」で分析することも重要であるが、本書では「君民共治」論を「帰嚮元理」で分析する作業に焦点を絞った。「君民共治」の考え方は明治初期自由民権思想の人民政府構想に登場したが、明治政府はこれに対し天皇絶対の明治憲法体制を国家の基軸とした。こうした「君民共治」論は美濃部達吉や吉野作造の明治政府批判の思想系譜の中に受け継がれるが、権藤の「君民共治」論はその最もラディカルな形であった。上杉愼吉や蓑田胸喜等に徹底的に排撃されたこの「君民共治」論は、権藤が歴史舞台から退くことによって最後の灯を消し、代わりにこの時代をリードするものとして台頭したのが明治政府の公定の歴史観に合致した「君民一体論」の大川の歴史観であったのである。

4　権藤成卿を「農本主義思想家」ととらえず〈民生主義思想家〉と位置付けた。

権藤を「農本主義」の思想家の代表として位置付けたのは丸山眞男である。その「日本ファシズムの思想と運動」で丸山は日本のファシズムの特徴として(1)家族主義、(2)農本主義、(3)アジア主義をあげ、「農本主義者」の例として権藤をあげている。

権藤は「民」を表現する言葉として「民性」、「民衆」、「国民」、「生民」、「市民」と様々な言葉を使っているが、彼の政治思想では「民」の生活の安定（「衣食住の安泰・男女の調和」）に至高の価値が置かれた。

そして、権藤は「農村」や「農政」を語ったけれど、その「民」は「農民」だけをさしたのではなかった。『君民共治論』で権藤は次のようにいう――「『農は天下の大本なり、民の以て生を恃む所なり』とは、我社稷体統公同自治の成俗は実に農を基礎として発育し一国を構成したもので、当時農と言えば寧ろ天下の民衆都てを指させる言葉と見るべきである」（八頁）。こうした記述から権藤が「農民」といった時、それは職業を問わない民衆すべてをさしていたと考えられ、こうしたことから著者は権藤を「農本主義思想家」ととらえず〈民生主義思想家〉と位置付けた。つまり彼は「民」の生活を第一に考える政治を理想としたのである。こうとらえることによって権藤の思想は現代にも生きてくると考えるのである。

本書では権藤を〈民生主義〉者ととらえる故に、農本主義者とされる同時代の他の思想家、例えば徳富蘆花・江渡狄嶺・石川三四郎・山崎延吉等との詳細な比較はあえて行なっていない。

5　長野朗の「農村救済請願運動」を権藤の関わりの側面から再検討し、その運動の思想的特徴と権藤の影響関係を明らかにした。

権藤成卿は「血盟団事件」や一連の直接行動主義的な運動を支持もしなければ関わりもしなかったと述べたが、それでは彼の「本意」に沿った運動とはどのようなものであったのか。黒龍会に関わったということで、権藤の思想を黒龍会の対外膨張主義のフィルターを通してみる見方もあるが、黒龍会はアジアに対する研究団体という側面もあり、また権藤自身は関東大震災の甘粕事件を契機に内田良平とはたもとを分かっており、その生涯全体から見ればその関係をことさら強調することは返ってその思想理解の妨げになる。

では彼の「本意」に沿った運動とはどのようなものであったろうか。それが「農村救済請願運動」にほかならない。「農村救済請願運動」については、山川均によって「地主階級の農村救済運動」と「無所有農民の階級運動」の間にある「新農村運動」であると位置付けられていた。しかし、この「新農村運動」も「日本村治派同盟」（昭和六年）以来分裂・統合を繰り返し、権藤がブレーンとして最も関わったのが長野朗を中心とした「自治農民協議会」の運動、すなわち「農村救済請願運動」であった。

昭和七年と昭和八年から十年の二期にわたる「農村救済請願運動」については二つの特徴に注目したい。一つはその運動が小作争議等ではなく議会の請願や法改正という終始合法的かつ非暴力的に進められたこと、もう一つは農民の自治・自立——単なる援助や「施し」ではなく——を目標に行なわれたことである。こうした運動の基調において、権藤成卿の思想が運動のリーダーである長野朗に大きな影響を与えていたことを、長野の著作や『農村新聞』によって明らかにした。権藤の「本意」に沿った運動とはこうした合法的・非暴力的な運動であった。

6　時局的な論評の中の国内・国際政治論に着目し、「平和主義」や「反統制主義」（反「官治」）を明らかにした。

権藤は「ロシア革命」の経過を論じ「過激な変革」を諌める発言をしている。また、「ヘーグ《ママ》の平和会議」「ベルサイユ講和会議」に関しても、「軍国主義」「官僚主義」批判の文脈で論説している。植民政策においても、時の「小日本主義」論者石橋湛山の議論を彷彿させるような客観的国際情勢を念頭に置いた慎重論を説いていた。

権藤の政治論でもう一点注目しておきたいのは、日本が翼賛体制に向かう時代において「上から」の統制を早くから批判していた点である。権藤は昭和十二年一月発行の『制度の研究』第三巻第一号における「電力統制に関する座談会答問抄」という問答形式の論説の中で、昭和六年以来の電気事業法の改正について批判を加えている。権藤はこの改正の過程で強調された「公共的事業としての責務を尽さしむるよう事業監督力の拡張充実」という点に注目し、「非常時という呼声の下に国家――官僚統制を強化せしめる」傾向があることを指摘し、その改正を「ファッショ的統制案」であるといっている。電気事業法改正を手掛かりに、翼賛体制形成の初期の段階において早くも後の「強権的統合」体制への歴史的進行を見ぬいたものとしてこの権藤の着目を評価したい。

7　権藤の思想を日本政治思想史一般の中でとらえなおし、さらに神島二郎の「新しい政治学」で分析した。

この点が本書で一番主張したい点である。権藤の「変革論」においては、「民政」をおろそかにする為政者から「人心」が離反し、為政者の交替を望む歴史的変革が起こる。この「人心」をつかんだものが新たな為政者になる。権藤にとってはこの為政者の交代が「革命」ということになる。そして変革のためには「人心を緊粛」させることが必要である。「人心すら緊粛して居るならば、如何なる悪法律悪制度も、ある程度までは、必ず之を善用することが出来る筈のものである。」「人心の緊粛」とは「社稷を主とする」「自治である」という。そうした方向はあくまでも漸進的に進めねばならない。

権藤のこうした「人心」の政治思想は日本政治思想上どのように位置付けられるであろうか。権藤は古今東西様々な思想を吸収し自らの思想を形成している。この中で権藤の「人心」概念に影響を与えたであろうと考えられるのが伊達千広である。筆者は権藤の人心の歴史的推力という考えは、伊達千広の『大勢三転考』の影響があるのではないかと考えた。また松本三之介が指摘する安積澹泊『大日本史賛藪』の「人心」「衆心」「民心」という概念にも注目した。

ところで、「人心」という言葉やそれに近い概念は、日本を代表するような近代思想家――福澤諭吉・中江兆民・徳富蘇峰――にも見られるが、権藤と同時代でこうした「人心」に近い概念を提示したのは吉野作造である。吉野は「憲政の本義を説いてその有終の美を済すの途を論ず」の中で「人民の意嚮」「民意」という概念を用いているが、この「人民の意嚮」「民意」という考え方は権藤の「人心」に近いものではなかったか。権藤が日本の歴史叙述を通じて必死に明らかにしようとしていたものを、吉野は彼独自の西洋的教養の中で表現した。この時代において鶴見祐輔も「権力」の多様性に気付いていた。鶴見は「不戦条約」成立当時の時代状況の権力を「武力」「正義」「金力」「多数の力」「形式的法規の力」と五つにまとめている。そして、権力としての「武力」が他の要素によって克服されていくという見通しを立てている。

しかし、大正デモクラシーは吉野の活動の後退とともに退潮していき、それと同時に〈武力の政治秩序観〉を否定する傾向も退潮し、鶴見が可能性としてあげた五つの権力観のうち「武力の政治」が突出し、日本を戦争に引きずりこんでいった。大川周明の政治観はその典型であったわけである。権藤はこうした昭和十年代においても、〈非武力の政治秩序観〉を最後まで持ち続けたのである。

ところで従来の政治学においては政治における「ウルティマ・ラティオ」（最後的手段）は「武力」（「暴力」「物理的強制力」）であるとされてきた。そしてこのような政治観は明治以来欧米から輸入されてきた政治学によって近代日本に定着していった。権藤のいう「普魯士的国家主義」というのはこうした政治学を前提にした体制で、まさに上からの力による支配を意味し、そこでは権力＝「武力」であったのである。また日本は国際政治をこの欧米輸入の「力の政治学」によって理解していった。その結果が日清・日露・アジア太平洋戦争という「力の政治学」に過剰反応したような武力外交にほかならなかった。

こうした従来の政治学は日本政治思想史上の「人心」概念や、権藤や吉野、そして鶴見の政治論に光を当てることができなかった。それを可能としたのは神島二郎が開発した「新しい政治学」である。神島は「政治元理表」を開発し従来の政治分析の枠組みを飛躍的に拡張した。「武力」を「ウルティマ・ラティオ」とし政治現象を「支配・従属」関係としてとらえてきた政治観は相対化された。「新しい政治学」では、「武力」は数ある「権力」の一つにすぎず、「非武力」的要素が「武力」と同様に政治現象の中で「権力」となりうる点が大きなポイントである。

吉野がおぼろげながら「民意」「人民の意嚮」という形で抽出し、権藤成卿が日本の歴史を通じて抽出しようとした「人心」は「政治元理表」の「帰嚮元理」の「人心」で分析でき、鶴見の権力観——「武力」

「正義」「金力」「多数の力」「形式的法規の力」等も同様に分析できる。すなわち「武力」・「正義」は「支配元理」、「金力」は「同化元理」・「互換元理」のそれぞれ「文明」・「交換」に関わり、「多数の力」は「自治元理」の「世論」に関わり、「形式的法規の力」は「法元理」の「法」に関わるだろう。このように分析していけば、権藤、そして吉野や鶴見の思想が日本政治思想史上に新しい光を放ってよみがえってくるように私には思われる。

3　大川周明関連

1　権藤研究と同様、大川周明の生まれ育った郷土分析から出発し、大川の「英雄主義」の形成過程を明らかにした。

先に権藤に対する定説（「血盟団事件」の黒幕で暴力的革命思想の持ち主）を検討する手始めに権藤の生まれ育った福岡県久留米を訪れたことを記した。同様に筆者は大川のふるさと山形県酒田に赴いた。しかし、大川と故郷の関係は希薄であった。大川はこの地を五高入学と同時に離れていたのである。権藤がいわば泥臭い土着の思想家なら、大川は東京帝国大学卒のトップエリートの道を歩んだ。大川は「五・一五事件」のような暴力的反対制運動に関わったが、基本的には体制側のエリートであった。（おそらく大川はこの時点ではこのクーデタを契機に新しい体制の権力者になることを真剣に夢見ていたのではないだろうか。「十月事件」によって体制が覆されれば大川は新体制の大蔵大臣に就く予定であった。）それは権藤や橘孝三郎と比較するとよくわかる。この点を第4章第2節で「〈英雄主義〉の思想的背景」として描いた。

大川の〈英雄主義〉の形成の背後に四つの要因がある。①父親との確執による郷土酒田からの脱出、②五高から東京帝大というエリートコースへの進学、③普遍宗教としてのキリスト教への傾倒、④『列聖伝』の編纂に係わったことである。①と③は郷土酒田から離れる契機を大川にあたえ、②は大川にトップエリートとしての自覚と自信を植え付けたものと思われる。そして決定的に大きな役割を果たしたのが④である。大川は『列聖伝』の編纂を通して自らを「日本精神」論者として措定するとともに、それが「偉人の生涯を通じて具現された日本精神を掴もうとした」『日本二千六百年史』や『日本精神研究』等の研究に繋がったといっていることからもわかるように、彼の思想としての〈英雄主義〉〈エリート史観〉の形成の直接の契機となった。

2　大川を「道義国家論」に代表される道徳的な思想家ととらえる見方があるが、実は暴力主義的な革命思想家であったことを明らかにした。本書はこれを『日本文明史』『国史読本』『日本二千六百年史』等の日本史論及び「経済改革大綱」の比較検討を通じて明らかにした。大川の実像が従来見えなかったのは、彼の思想的「転向」が見落とされていたためである。

大川の政治思想を「道義国家論」ととらえる見方では、彼が関与した一連の直接暴力的な国家改造運動、「三月事件」「十月事件」「五・一五事件」との関連が不明瞭になる。そうした彼の運動と思想を結び付けるものが大正十年の『日本文明史』である。『日本文明史』では「革命」という言葉が使われ、「階級闘争史観」「民族闘争史観」が明確に見てとれるが、『国史読本』（昭和六年初版、以後改訂版が出る）『日本二千六百年史』（昭和十四年）などを見ると、「武力」による「革命思想」がはっきりと衰退していることがわかる。それは具体的な歴史叙述やその歴史把握の基調、「階級闘争史観」の変化や「革命」という言葉そのものの使われ方にも見られる。そうした変化は明治天皇の位置付けにおいて最も特徴的に表れる。『日本文明史』では明治維新をフランス革命になぞらえ、明治天皇は「徹底せる破壊的革命家」「専制統一の建設的君主」「復興せる国民的信仰の法王」「偉大なる三位一体」としてとらえられ、一〇〇〇年にわたって政治から排除されていた皇室を復権した、ロベスピエール・ダントン・ナポレオンを兼ね備えた「革命の中心者」として位置付けているからである。

そして「五・一五事件」での服役後に出された『日本二千六百年史』では革命思想が完全に払拭されるとともに、〈皇室尊重主義〉による「国民統合の強化」という方向性が全面に打ち出され、「東亜新秩序実現」等の時の政府の施策に則った主張が出てくるのである。こうした日本論の著述を通して「革命論」の衰退＝「転向」を読みとることができるが、昭和七年刊と記された「経済改革大綱」は「革命論者」から「統制論者」に転身すべく大川が権力に提出したいわば「転向声明」であるとしたのが第4章第4節である。

昭和初期からアジア・太平洋戦争期にかけて日本は統制的政治経済体制を強めて行く。それはソビエトの社会主義ともナチズムの体制とも異なって、満州国で実験済みの「民有国営論」ともいうべき「〈半〉社会主義国家体制」であった。

一九三〇年代から四〇年代を、戦後まで続く「統制」的国家体制の形成期として位置付けるものに小林英夫・岡崎哲二・米倉誠一郎・野口悠起雄等の研究がある。この時期、統制会・企画院・産業報告会等を通じ国家統制の網の目がはりめぐらされたが、こうした国家統制のイデオローグが満州国で自己形成した「革新官僚」と呼ばれる人々であった。そうした中でとりわけ注目されるのが宮崎正義である。宮崎は満州国経営の基本政策にあたる「満州経済統制策」を昭和七年に著したが、大川はこの宮崎の論文と極似した「経済改革大綱」を同じ年にまとめている。これは宮崎が提示した政策を日本国内で実施するための文書といえる。この文書がどのようないきさつで作られ、どのような影響を政府の政策に与えたかは詳らかにできなかったが、少なくとも昭和七年の時点において大川はその革命路線を捨て、国家統制論に転換したことがわかるのである。そして、大川周明の「統制」論は北一輝などと比べてヨリ強圧的であることを明らかにした。私はこの「経済改革大綱」を大川の「転向声明」であったととらえたが、それは「支配元理」としては一貫していた。なぜなら、下からの「革命」であれ、上からの「統制」であれ、〈武力の政治秩序観〉ということでは同じ性格のものだったからである。

3　従来、大川周明の〈国際政治秩序観〉を「アジア主義」の文脈でとらえる見方があるが、これを否定し、彼の国際政治観の中心にある〈東西対決史観〉の変容を通じてその「欺瞞性」明らかにした。〈国内政治秩序観〉については「五・一五事件」まで大きな転換はなく「五・一五事件」を契機に「統制論」、さらに昭和十四年以降〈国民統合強化論〉へと「転向」したと見られる。〈国際政治秩序観〉においてはその「五・一五事件」までが二期に分れ、「五・一五事件」後の空白期をへて昭和十四年から対英米対決路線が先鋭化する第三期に流れ込む。

三期の〈国際政治秩序観〉の第一期とは『印度に於ける国民的運動の現状及び其の由来』が出版された大正五年から、『復興印度の精神的根拠』が出版された大正十三年の九年間である。この時期は主にインド等のアジア地域研究を通じ大川のアジア観の土台が形成された時期である。第二期は行地社が結成され、その機関紙『月刊日本』で活発な評論活動が開始される大正十三、四年頃から昭和七年の「五・一五事件」で逮捕されるまでの間である。この時期の特徴としては〈東西対決史観〉が主張される一方、「植民地支配研究」が行なわれ、やがてこれに基づき満州の本格的な植民地支配が立案されたことである。第三期は「五・一五事件」による逮捕・仮釈放・服役という著述出版上の空白期間以後昭和十四年の『日本二千六百年史』から、終戦の年、昭和二十年に出された『新東洋精神』までの七年間である。大川はこの時期、従来の自らの主張に政府公式の外交方針を接ぎ木し、「日・支」提携論乃至は「日・印・支」の提携論(「大東亜共栄圏」の形成)を説くようになる。

この第三期の「協力提携」論は、それまでの〈東西対決史観〉を転換させたものである。つまり、第二期初期の〈東西対決史観〉においては、日本は東洋の「最強国」として単独で西洋と戦うべきであると考えられていたし、第二期後期の「東洋平和の確立」論でもアジアの国との「協力提携」論はなかった。しかし第三期の『日本二千六百年史』『亜細亜建設者』の中の「東亜新秩序」のスローガンを踏み台に、『英米東亜侵略史』では明治以来日本はずっとアジアの連帯をめざしていたと強弁し、アジアとの「協力提携」論を唱えるようになったのである。

こうして見てみると大川周明の思想の転換は、〈国内政治秩序観〉から見れば「革命論」から「統制論」をへて〈国民統合強化論〉へ向かっているのに対して、〈国際政治秩序観〉は対英米に対する単独対決の〈東西対決思想〉から政府の意向に沿ったアジア諸国との「協力連携」に基づく対英米対決論に移行しているといえる。

しかしこうした大川周明の〈国際政治秩序観〉も、〈武力の政治秩序観〉という側面では一貫している。つまり〈国際政治秩序観〉における〈東西対決史観〉とは、力がものをいう国際政治を舞台に日本が強国となり「武力」で欧米を打ち負かすという発想であり、これが対アジアに対しての「協力提携」論〈実際には武力制圧を前提にしたアジアの支配、植民地の安定〉にシフトしたといっても、その矛先がアジアに対して向けられたにすぎず「武力」依存には変りがなかったからである。

4　大川周明における〈武力の政治秩序観〉の形成要因を多角的に明らかにするとともに、それを「支配元理」で分析する視点を提示した。

大川周明の〈武力の政治秩序観〉の土台を形成するものは、第4章第2節で明らかにした〈英雄主義〉と明治四五年の『列聖伝』の編纂による「日本精神」の確立である。大川はこの編纂を通じ「愛国者」「日本民族の偉大」「大日本帝国は世界文明の成就者」「日本文明の完成は世界文明の完成」を唱える「日本精神」論を確固としていったのである。また、この編纂の契機となった「道会」を通じて押川方義と八代六郎海軍大将と出会った。大川は押川を「一個の国士」と評し、後に海軍大将となった八代六郎を「真個の武人」と評した。『日本的言行』で「軍人並に軍隊は今日といえども吾国の如何なる他の階級よりも遥に堅実であります」と述べる大川にとって、この八代に対する「真個の武人」という賛辞は最上級のものであった。〈英雄主義〉そして「日本精神」と「軍人礼賛」の上に大川の〈武力の政治秩序観〉は形成されていく。

さらにこれを決定付けたのは、大正二年のヘンリー・コットンの『新インド』との邂逅である。弱肉強食の国際政治の舞台で強力な武力を持たないことは、どんなに危険なことか。日本もインドの悲惨を見ないようにするために、強国にならねばならないと大川は考えた。単なる「道義国家」論者ではなく、〈武力の政治秩序観〉を持つに至ったのは、このコットンとの邂逅の影響が大きいと思われる。こうした発想は、徳富蘇峰にも見受けられる。満蒙開拓の尖兵とすべく「満蒙開拓青少年義勇軍」を創設した加藤完治も同様であるから、近代日本においては「力の福音」（徳富蘇峰）に感傷されるこういったケースは意外に多かったのかもしれない。

そして、大正五年の『印度に於ける国民的運動の現状及び其の由来』の〈日露戦争礼賛史観〉をへて、大正十五年に大川はその日本史論である『日本文明史』をまとめる。この書では、歴史過程における「武力」の契機が背骨になっており、「闘争史観」が色濃く見られる。こうした史論をまとめるにあたって、大川は岡倉天心・山路愛山・北一輝の影響を受けたと述べている。とりわけ〈武力の政治秩序観〉ということでは北一輝の史論が影響していると思われる。その『国体論及び純正社会主義』では「乱臣賊子」の「闘争史観」が貫かれているからである。但し、北が日本史は天皇に反抗する「乱臣賊子」出現の歴史であるとしたのに対して、大川は古来日本は皇室を尊重してきたという〈皇室尊重史観〉を提示し、皇室を日本人がどう見ていたかという認識はまったく逆になっている。

〈武力の政治秩序観〉の形成でさらに重要なことは満鉄の東亜経済調査局でのインド研究・アジア研究であろう。インドを足掛かりにして、アジア諸国の植民地化の悲惨な現状とそれを覆すべく活躍する「英雄」や、〈普遍的精神〉ではなくその国固有の「精神」を大川は研究し、〈東西対決史観〉を形成した。その〈東西対決史観〉は主に満川亀太郎とウラジミール・ソロビィヨフの影響によるものであった。

こうしたいくつかの要因を持って大川の〈武力の政治秩序観〉は形成された。この〈武力の政治秩序観〉は、「政治元理表」の「支配元理」で分析される。大正デモクラシーから昭和ファシズムの歴史過程は、「政治原理」(2)の転換という視点から見ると、吉野作造や権藤成卿、鶴見祐輔や石橋湛山等に見られる「帰嚮元理」「自治元理」「同化元理」「法元理」「互換元理」等の「非武力」を基調とする「元理」が、大川周明に代表されるような「武力」を基調とする「支配元理」に一元化される過程であった。

4　政治現象の「政治原理的」分析の必要性

現代は思想的に――世界を導く指針という意味で――混迷の時代である。ソ連崩壊とともにマルクス主義はその影響力を急激に低下させた。F・フクヤマが『歴史の終わり』(3)で高々に勝利宣言をした「市場主義」は、アメリカ合衆国の諸施策の基調となり、極端な形で世界戦略化されたが、イラク戦争の失敗を機にその破綻が予感され、世界を導くイデオロギーとしては見直しを求められる時期に来ているように思われる。

本書で、今後の日本そして世界の方向を考える上で資するべきものとして提示しようとしたものは、権藤成卿の〈民生主義〉と、大川周明批判の中で明らかにした〈武力の政治秩序観〉からの離脱という方向性である。

〈民生主義〉とは「民」のための政治であり、それに従えば現在一番の課題は、国内的にも国際的にも富の配分の見直し、つまり「格差社会」の見直しである。当面の日本のとるべき施策としてヨリ具体的にいえば「累進課税」の徹底等であり、国際的には南北格差の解消であろう。ちなみに「制度学者」権藤成卿の最も重視していたものは貨幣制度や税制であった。〈民生主義〉は「社会主義」に代わるものとして、一定の変革の方向性と説得力を持つものと私は考えている。

〈武力の政治秩序観〉からの離脱ということでは、国内的にはアメリカ合衆国の「武力」外交追随をやめること、国際的にはアメリカの「武力」外交を改めさせていくことであり、それに代わる「世論」や「人心」、「超贈与」等による〈非武力〉の政治の有効性を説得していくことである。

〈民生主義〉と〈武力の政治秩序観〉を「政治元理表」で解釈しなおせば、いうまでもなく「帰嚮元理」と「支配元理」ということになるが、詳しい説明は本文で述べたのでここでは繰り返さない。

本書で試みた権藤成卿と大川周明の思想及び大正デモクラシーから昭和ファシズムへの歴史過程の「政治元理表」による分析が、どれだけ説得力を持つかは読者の判断をまつしかない。しかし、現在ほど従来の政治学を超え、政治現象の「原理」的な分析の必要性が求められている時はないと思う。本書の研究の背後には、当然のことながら現在の政治を変え、歴史の方向性を定めようとする問題意識があるが、「武力」による秩序形成が、地球社会の未来に資することのないことが判明しつつある中で、何よりも政治学者自身が「武力」を「ウルティマ・ラティオ」とする従来の政治学を超えていく勇気を持たねばならないと私は思う。

註

序章

1　政治元理表――神島の最後の著作である「柳田國男と丸山眞男を超えて」（一高同窓会誌『向陵』一九九八年・VOL.40. 岡敬三・大森美紀彦編『回帰神島二郎』一九九九年・自費出版所収）の中の「政治元理表」が神島がたびたび改訂をした最後のものである（別表1参照）。

2　丸山眞男『政治の世界』（一九五二年・御茶ノ水書房）一五頁。

3　同前書・一六頁。

4　神島は次のようにいう――「ソ連のペレストロイカ、東西冷戦の終結、東欧の激動、中国の天安門事件、中東の湾岸戦争など、動反動はあっても、世界はたしかに動いている。それらの底流に思いを潜めるなら、近代以来、欧米において発達してきたところの、支配の論理を基軸にした政治、そして十九世紀以来国際政治の中でまさに猖獗をきわめた力の論理が、第二次大戦後、半世紀を経ていよいよこれでは政治がやっていけないという事態に直面しつつある。」（神島二郎『政治をみる眼』一九九一年・NHK出版・一六二～一六三頁）

「それぞれの元理の決め手になるものが権力だが、武力を決め手とするものは支配元理だけである。しかも、闘争元理でさえも決め手になるのは真鋭であって武力ではない。ましてそれ以外の元理は武力とは関係ない。元理表を通覧すると、驚いたことに十の元理のうちの支配元理以外の、他の元理の出番は増えているのに、武力の出番は減る一方である。したがって、支配元理の凋落は必然的とみてよいであろう。第二次大戦の勝敗は皮肉なことに先進国の勝利のお陰で、アウト・オブ・デートな支配元理に呪縛され、敗戦国は逆に支配元理から自由になった。戦争と革命の二〇世紀は終焉し、二一世紀を迎えて民族国家nation-stateの時代が終って、常民社会folk-societyの時代が始まる。それにつれてさまざまの政治元理があらわれるのに対して支配元理は凋落の一途を辿るにちがいない。」(『柳田國男と丸山眞男を超えて』前掲『回想神島二郎』三三三〜三三四頁)

5 前掲「政治元理表」参照。

6 丸山眞男「日本ファシズムの思想と運動」(『現代政治の思想と行動』一九六四年・未来社所収)。

7 滝沢誠『権藤成卿』(一九七一年・紀伊国屋書店)。

8 渡辺京二「権藤成卿における社稷と国家」(『伝統と現代』一九七七年一月号)。

9 岡崎正道「権藤成卿の革新思想」(『文芸研究』一九八三年・日本文芸研究会)。

10 福井直秀「権藤成卿の社稷自治論と『昭和維新』運動における影響」(池田進・本山幸彦編『大正の教育』一九七八年・第一法規出版所収)「初期北一輝の変革論」(松沢哲成編『人と思想・北一輝』一九七七年・三一書房所収)。

11 岩崎正弥『農本思想の社会史――生活と国体の交錯』(一九九七年・京都大学学術出版会)。

12 橋川文三「解説」(『大川周明集』『近代日本思想体系21』一九七五年・筑摩書房所収)。

13 栄沢幸二『日本のファシズム』(一九八一年・教育社)。

14 松本健一『大川周明――百年の日本とアジア』(一九八六年・作品社)。

15 大塚健洋『大川周明と近代日本』(一九九〇年・木鐸社)。

16 大塚健洋『大川周明』(一九九五年・中央公論社)。

17 刈田徹『大川周明と国家改造運動』(二〇〇一年・人間の科学新社)。

18 栄沢前掲書・一〇四頁。

19 松本健一の「原理主義」。松本は「原理主義」を「西洋=近代に抵抗しつつ、それを超える文明的な原理を掲げる、思想的なベクトルである」と定義し(『原理主義』一九九二年・風人社・九頁)、大川の「本質的な思想が政治的ナショナリズムになく、宗教的なファンダメンタリズム（原理主義）にあった」（松本『大川周明』四〇〇頁）とする。

第1章

1 三谷太一郎は「大正デモクラシー」期をいつからいつまでとするかという時期区分について二つの見方をあげている。一つは「日露戦争後の講和条約反対運動（明治三八年＝一九〇五年）を起点として普通選挙制および合法無産政党成立（大正一四年＝一九二五年）にいたる時期」とする見方であり、もう一つは「原政友会内閣成立（大正七年＝一九一八年）を起点として、昭和七年（一九三二年）の五・一五事件にいたる広義の政党内閣期」とする見方である。そして「前者は権力に対抗する運動に時代の意義を見出し、後者は権力の主体に着目」するとらえ方だという。三谷自身は「政友会と藩閥勢力の政権交代路線が始まる明治三八年から第一回普通選挙に臨む三つの合法無産政党が成立した大正一五年に至る政治的民主化（「民主化」とは「政治体制の政党化」をいう）の過程」と時期区分する（三谷太一郎『新版大正デモクラシー論』一九九五年・東京大学出版会）。三谷のとらえ方に従えば、本書は「運動」として「大正デモクラシー」をとらえ権藤の思想の意義を論じていることになる。この「大正デモクラシー」運動が一九一九（大正八）年にピークを迎えるというのは、前年の吉野・麻生久・福田徳三等の「黎明会」発足をばねに、この年『改造』、河上肇の個人雑誌『社会問題研究』、長谷川如是閑・河上肇・大山郁夫の『我等』、堺利彦等の『解放』、山川均の『社会主義研究』等が次々に発刊されたことをさしている。

2 『文芸春秋』昭和七年一二月号（『権藤成卿著作集』第七巻・三二四頁。『権藤成卿著作集』は黒色戦線社で一九七二年から一九八八年の間に刊行された。本書では特に断らないかぎり権藤成卿の引用は黒色戦線社版による）。

3 同前『第七巻』三三二頁。

4 同『第七巻』三三三～三三四頁。

5 同『第七巻』三二九頁。

6 同『第七巻』三二八頁。

7 『血盟団事件公判速記録・上』（一九六七年・血盟団事件公判速記録刊行会）一九～二七頁。以下『上』と記す。

8　藤井斉（一九〇四〜三二年）。昭和三年三月海軍士官を組織して王師会を結成。昭和五年の「ロンドン海軍軍縮条約問題」で、民間右翼・陸軍と結び激しい条約反対活動を行なう。同年十二月大村航空隊付となり、翌年八月から「十月事件」に向けて種々の会合に参加したが、昭和七年二月上海事変に出征、偵察旅行中に戦死。

9　前掲『上』八〇〜八一頁。

10　同前『上』八二頁。

11　同『上』二三七頁。

12　同『上』二三八〜二三九頁。

13　滝沢誠『権藤成卿覚之書』（一九六八年）一二九頁。

14　前掲『上』二一七〜二二九頁。

15　同前『上』二一三頁。

16　『血盟団事件公判速記録・中』五四四頁。以下『中』と記す。

17　前掲『上』二一七頁。井上日召の発言。

18　同前『上』六〇四〜六〇五頁。

19　『国家主義運動の概要』（昭和八年・内務省警保局編、一九七四年・原書房復刻）では、国家主義運動の学生団体として次のように紹介されている。「帝大の七生社（五〇名位）帝大朱光会（二〇名位）早大国防研究会、京都帝大猶興学会（二〇名）早大潮の会（五〇名）拓大魂の会（二〇名）明大興国同志会（三〇名）洛北青年同盟（三〇名）国家社会主義全日本学生協議会（三〇名）の各団体を初めとして、愛国学生連盟（約八〇〇〇名）大阪愛国学徒連盟（七六〇名）学生興国連盟（二〇〇名）護国義勇団（六〇〇名）全日本学生革正連盟（三〇〇名）全大学日本魂連盟（一〇〇〇名）日本学生連合会（五〇〇名）等々である。」（二一六頁）

20　前掲『中』九頁。

21　同前『中』一三頁。

22　同『中』二一六頁。

23 同『中』六八頁。

24 今泉定助（一八六三〜一九四四年）。『古事類苑』編集委員、国学院学監補などを歴任。一九三七（昭和十二）年日大に「皇道学院」を開設、院長となり「祭政一致」の国体論を教育。

25 上杉愼吉（一八七八〜一九二九年）。東京帝国大学法学部教授として憲法を講ずる。君権絶対主義の立場から天皇機関説を唱える美濃部達吉と論争。政党政治否認、国体明徴の立場から桐花学会を結成。第一次大戦後は吉野作造等の民本主義に対抗して東大内に興国同志会、七生社を結成、また経綸学盟、建国会などの右翼運動の指導者となる。

26 金雞学院は安岡正篤が行地社の分裂に際して一九二七（昭和二）年に創立。ファシズム体制を確立していく新官僚などに大きな影響を与えた。亀井俊郎『金雞学院の風景』（二〇〇三年・邑心文庫）によると、権藤は金雞学院で昭和三年に二〇回の講義をしているが、昭和四年からは来ていないという。権藤と安岡は離反したといわれているが、亀井の書は講義をしなくなったという事実面でそれを裏付けている。

27 『柳子新論』は山県大弐著。権藤成卿は田中宜卿手沢本を入手し、一九二八（昭和三）年訓訳して出版した。

28 前掲『中』一一七頁。

29 同前『中』二四六頁。

30 同『中』三一三頁。

31 「申す迄もなく直接行動を取るに至ったのは、言論文章等の合法的運動では到底改革を行うことは出来ないと信じたからであります、国家の改革は制度法律を改革する事でありますから、革新の志を有し、人格識見共に勝れた人物が政局に立たねば改革は出来ませぬ、即ち政権を取らねば改革は出来ませぬ、今日合法的に政権を取るには、議会に多数を得なければなりませぬ、然るに今日の選挙は金で買収しなければ当選する事は出来ませぬ」といい議会政治に対する大きな不信を述べている（同『中』三二九頁）。

32 同『中』三三九頁。

33 同。

34 同『中』三四一〜三四二頁。

35 菅波三郎は明治三七年生まれ。「五・一五事件」当時は独立守備隊歩兵第三連隊付の陸軍歩兵中尉。国体論・天皇論・国家改造論等に関して後藤映範・池松武志・篠原一之助・石関栄・八木春雄等陸軍士官候補生を中心に広範に影響を与える。
36 前掲『中』六一八頁。
37 同前『中』三九六頁。
38 同『中』三九一～三九二頁。
39 同『中』五〇五頁。
40 同『中』四九三頁。
41 同。
42 『血盟団事件公判速記録・下』四〇八頁。以下『下』と記す。
43 同前『下』四〇八頁。
44 同『下』四〇九～四一〇頁。
45 同『下』四一一頁。
46 同。
47 同。
48 同『下』四一二頁。
49 同『下』四一三～四一四頁。
50 同『下』四一四頁。
51 同。
52 井上日召『梅の実（その二）』（『現代史資料』5、『国家主義運動2』一九六四年・みすず書房所収）四〇八頁。
53 前掲『下』一一三八頁。「井上日召殺人被告事件（血盟団事件）論告概要」。
54 『今村訴訟記録第四巻五・一五事件（一）』（一九八〇年・専修大学今村法律研究室編）一五二頁。以下『五・一五事件（一）』と記す。
55 同前『五・一五事件（一）』一五四頁。
56 同。
57 『現代史資料』4、『国家主義運動1』（一九六三年・みすず書房）六〇頁。
58 前掲『五・一五事件（一）』二二八頁。
59 同前『五・一五事件（一）』一五五頁。
60 同『五・一五事件（一）』一五六頁。
61 前掲『国家主義運動1』六六頁。
62 同前『国家主義運動1』六七～六八頁。
63 同『国家主義運動1』八〇頁。
64 同。
65 同『国家主義運動1』九一～一一三頁。
66 同『国家主義運動1』一〇四～一〇六頁。
67 『検察秘録五・一五事件全四巻』は原秀男・澤地久枝・匂坂哲郎編で一九八九年五月十五日より一九九一年二月二十日にわたり角川書店より刊行された。以下『検察秘録1～4』と記す。
68 同前『検察秘録3』八〇頁。
69 同『検察秘録3』二一五～二一六頁。
70 同『検察秘録3』一八六頁。
71 同『検察秘録3』一八八頁。
72 同『検察秘録3』一三七頁。
73 同『検察秘録3』一三九頁。
74 同『検察秘録3』二四二頁。

75 同『検察秘録3』二六〇頁。
76 一九八八年一月十七日古賀邸にてインタビュー。
77 『血盟団事件公判速記録上』（一九六七年・血盟団事件公判速記録刊行会）八一頁。
78 「私ハ私方ニ出入スル陸海軍ノ青年将校等ニ対シテ種々制度上ノ革命其ノ他ノ話シヲ致シマシタガ真ニ私ノ話シヲ理解シタト思ワレル者ハ海軍ノ藤井斉、村山格之、両人位イノモノデ其ノ他ノ者ハ稍々モスレハ誤解シテ国家改造ノ実行的方面ニ走リタガルノデ私ハ夫レ等ノモノニ会ウ度毎ニ軽挙妄動ヲ戒メテ居タノデアリマスカラ右、古賀清志ニ対シテモ左様ナ注意ヲシタコト、思イマス」（『昭和八年（と）第一四二号爆発物取締罰則違反殺人及殺人未遂』所収「権藤成卿証人尋問調書」より）。
79 前掲『検察秘録3』七〇〇頁。
80 同前『検察秘録3』六八二頁。
81 同『検察秘録3』六六八頁。
82 前掲『検察秘録1』四〇七頁。
83 同前『検察秘録1』三七五頁。
84 前掲『検察秘録2』三九～四〇頁。
85 前掲『検察秘録1』五一二頁。
86 同前『検察秘録1』四二四頁。
87 同『検察秘録1』四三二頁。
88 同『検察秘録1』四六四頁。
89 同『検察秘録1』四七二頁。
90 前掲『検察秘録2』一一六頁。
91 前掲『検察秘録3』六三四～六四七頁。
92 前掲『検察秘録2』二七九～二八〇頁。

93 同前『検察秘録2』二三六頁。
94 同『検察秘録2』一四七〜一四八頁。
95 同『検察秘録2』一六五頁。なお、橘は戦後『思想の科学』(一九六〇年六月号)誌上で竹内好のインタビューに答えて次のようにいっている。
「竹内　権藤成卿とは、まえからの知り合いですか。
橘　いや、その頃権藤さんの書物を読んで尊敬の念を抱き、会いにいったわけです。実に偉大な学者ですね。権藤さんは日召に対して『橘にへんなことをさせてはいかん。ピストルなんかふりまわさせてはいかん』といっていたそうですね。まあそれに拘らずやったということは政党、財閥、特権階級の堕落、農民の窮状、軍縮問題による国防の危機など、このままでは日本が滅びるし、農民は救えない。しかも、口では偉いことをいっても、自らが捨石となってやるものがなかった、ということでしょう。」
96 前掲『昭和八年(と)第一四二号、爆発物取締罰則違反殺人及殺人未遂第二冊・予審訊問調書(民間人)』。
97 権藤成卿宛橘孝三郎書簡、一九三七年三月一日(国立国会図書館憲政資料室蔵)。二から三センチの大きな字で力強く書かれている(写真参照)。
98 前掲『検察秘録2』一七五頁。
99 この『君民共治論』の読み方については、生前の権藤成卿から身近に直接の教えを受けた松沢保和から示唆を受けた。松沢は一九〇八年東京神田淡路町に生まれる。文芸評論から東洋哲学にはいった伊福部隆彦に師事し文芸活動をへた後、昭和七、八年頃から権藤の木曜会に参加。権藤の支持のもと、昭和十年から昭和十二年にかけて雑誌『制度の研究』を発刊。権藤の松沢に対する信頼は厚く、権藤『血盟団事件、五・一五事件、二・二六事件其後に来るもの』(昭和十一年・平野書房)は、権藤の名で松沢が執筆したものである。
100 『君民共治論』(『権藤成卿著作集第三巻』一九七六年・黒色戦線社所収)一〜二頁。
101 大川周明『日本的言行』は昭和五年一月、行地社刊(『大川周明全集第一巻』所収)。『大川周明全集全七巻』は一九六一年から一九七四年にわたり岩崎書店から出版された。本書では特にことわりがないかぎり、大川周明の著作はこの『大川周明全集』による。

102 「其博士の議論」といった皮肉な表現は大川学説批判の他の箇所にも多く見出せる。例えば、第二章第三節「軽薄なる御用学者」(四四頁)、第六章第三節「朝野の耳目に上れる学者先生にして……」(一二〇頁)、第六章第七節「明治天皇御即位式の宣命まで忘却して、国典を論議する博士を出し、……」(一三七頁)等である。

103 南淵請安(みなみぶちしょうあん)は七世紀前半の学問僧。六〇八(推古十六)年に遣隋留学生として中国におもむき、六〇四(舒明十二)年新羅を経て帰国。『日本書記』皇極三年の条には、中大兄皇子(天智天皇)や藤原鎌足が請安について〈周孔の教〉(周公と孔子の教え・儒教)を学んだと記す。遣唐留学生高向玄理とともに漢氏出身の人(三省堂『コンサイス人名辞典』)。

104 旻(みん)?〜六五三年。七世紀中頃の人。新漢人(いまきのあやひと)日文といい、推古天皇十六年に学問僧として遣隋使小野妹子の一行と共に隋に渡り、留学すること二四年で、舒明天皇四年に遣唐使犬上御田鍬らと共に帰国した。仏教のほかに経書・緯書なども学んで帰り、祥瑞思想を伝え、また貴族の子弟を集めて周易を講じたともいう。六四五(大化元)年に大化改新が始まると、新政府の首脳に参加して高向玄理と共に国博士となり、中央官制の制定を始め、諸種の革新政策の立案にあたった。六五三(白雉四)年六月に難波の安曇寺で死んだという(『日本歴史大辞典第九巻』一九七九年・河出書房新社)。

105 高向玄理(たかむくのくろまろ)?〜六五四(?〜白雉五)年七世紀前半の遣隋留学生・国博士、渡来系の子孫。六〇八(推古十六)年に小野妹子に従って遣隋留学生として中国に渡り、六四〇(舒明十二)年南淵請安らとともに帰国する。新政府の国博士となり、四六(大化二)年新羅へ派遣され、五四(白雉四)年遣唐押使として入唐、唐で没した(三省堂『コンサイス人名辞典』)。

106 前掲『君民共治論』一三二頁。

107 同前『君民共治論』一三三〜一三四頁。

108 同『君民共治論』一三四頁。

109 『君民共治論』一二七頁等に「天智天皇の御遺謨たる、君民共治の公典に法らせられ、然も之れが、列《(ママ)》聖御代御代の御定めであると仰せ出され、是より萬機公論に決すとの御宣命あって、衆議院の開設となって居る。」とあり、文脈からいって、衆議院ないし議会制をさすものと思われる。

110 大川周明『国史概論』（昭和四年七月・行地社刊。岩崎書店版『大川周明全集第一巻』所収）四二三頁及び四二四、四二五頁参照。

111 宗教的権威と政治的権力を合わせ持ったという意味。

112 前掲『国史概論』四七一頁。

113 同前『国史概論』四七六頁。

114 前掲『君民共治論』一三一頁。

115 同前『君民共治論』一三六頁。

116 『訊問調書（大川周明）』（『現代史資料』5、『国家主義運動2』一九六四年・みすず書房）六八六頁。

117 もちろん大川はそうして出来上がった維新国家も「黄金の圧迫」により次第にその内実が変化したために「第二の維新」が必要だとして、「三月事件」「十月事件」を企てたのであるが（同前『訊問調書』六八七頁）。

118 『今村訴訟記録第六巻　五・一五事件（三）』一九八二年・専修大学今村法律研究室編所収。

119 同前『今村訴訟記録第六巻　五・一五事件（三）』二一八頁。

120 同『今村訴訟記録第六巻　五・一五事件（三）』二一九頁。

121 前掲『君民共治論』一三五頁。

122 松沢保和「制度学への途上――『君民共治論』の時代的意義―滝沢誠氏への書簡――」（『静岡の考え』昭和五十年二月一日号・静岡県農村問題研究所所収）。

123 権藤の父・直（松門）は品川弥二郎と親交があり、明治十六年、成卿が二松学舎入学の際は、品川弥二郎が保証人となった。この時、成卿は吉田松陰の年上の友人で長州騎兵隊の隊長をした白井小助に連れられ、明治政界の大物達（山県有朋・井上馨・大隈重信・嘉納治五郎等）に引き合わされた（松沢保和談）。こうした背景もあり、昭和に入った頃の権藤は「政権のご意見番」的存在であり、多数の政界の士が権藤宅を訪れていた（船田茂子・権藤延子談）。

「政界のご意見番」的存在の一端を示す例として滝沢誠が指摘していることだが、有名な「腹切り問答」のきっかけとなった浜田国松の演説草稿は権藤が書いたというエピソードがあげられる。また権藤葬儀の弔辞は浜田が読んでいる。

124 船田順弘（一九〇四～一九四〇年）。福島県三春町に生れる。福島事件の河野広中につき、政治家を志す。政友会の機関紙『中央新聞』の記者となる。昭和八年、権藤成卿末弟五七郎の長女茂子と結婚。以後、政界と権藤成卿とのパイプ役になる。

125 『制度の研究』は編集人・発行人松沢保和で昭和十年十月一日第一号より昭和十二年一月一日第一六号まで発行された。

126 同前『制度の研究』第一号所収。

第2章

1 滝沢誠『権藤成卿』（一九七一年・紀伊国屋書店）の年表によった。

2 『皇民自治本義』（大正九年・大地社出版部）。

3 『自治民範』（昭和二年・平凡社。黒色戦線社『権藤成卿著作集第一巻』所収）。

4 『訓訳南淵書』（昭和七年・大地社。黒色戦線社『権藤成卿著作集第四巻』所収）。『南淵書』は権藤成卿・小沢打魚によって『広開土王陵碑』文、『北史』、『三国遺事』等をもとにして作られたという（松沢保和「現在にも生きている――思想家・史学者としての権藤成卿」参照・一九八七年七月三一日『ふるほんや』所収）。

5 『八隣通聘攷』（昭和八年・平野書房。前掲『著作集第五巻』所収）。

6 『権藤氏世譜』（権藤成卿編・奥付なし）による。以下権藤家の系譜・略歴はこの『世譜』（権藤鴻二所有）による。この他権藤家について記述されたものには次のような書があるが、いずれもこの『世譜』に基づいている。

篠原正一『久留米人物誌』（一九八一年・菊竹金文堂）、久留米市史編さん委員会編『久留米市第二巻』（一九八二年・ぎょうせい）、同『第三巻』（一九八五年・ぎょうせい）、久留米市編『先人の面影』（一九六一年・久留米市）。

7　安東省庵（一六二二～一七〇一年）。筑後、柳川藩の儒者。京都の松永尺五に朱子学を学ぶ。木下順庵、貝原益軒と同門。伊藤仁斎とも交友があり、その著書には仁斎の影響が多く見られるという（『福岡の歴史』一九七四年・山川出版社・二〇〇頁）。

8　この頃の有名な明からの亡命者として朱舜水（一六〇〇～一六八二年。安東省庵の世話になり、後に徳川光圀に招聘され水戸学に実学的な影響を与える）がいる。鄭一元もこうした明からの亡命者と思われる。

9　『南淵書』はこの大中臣友安によって権藤家に伝えられたと権藤はいっている（『自治民政理』七〇頁以降参照）。

10　亀井南冥（一七四一～一八一四年）、筑前の儒学者。一七八八年福岡藩儒員兼医員。一七八三年藩校東・西学問稽古所が創設され、西学甘棠館の総受持となって徂徠学を講じた。一七九〇年寛政異学の禁で職録を奪われ、西学は廃される。失意の内に一八一四年居室に火を放って自殺。

11　亀井昭陽（一七七三～一八三六年）。亀井南冥の長男。徂徠学を父から受け継ぐ。頼山陽と親交があり、豊後国日田の広瀬淡窓・旭荘を育てた。

12　華岡青洲（一七六〇～一八三五年）。江戸後期の外科医。麻沸湯という麻酔薬を考案し、外科手術を開拓した。一八三三年紀伊藩奥医師格となる。

13　柴野栗山（一七三六～一八〇七年）。尾藤二洲、古賀精理とともに寛政の三博士と呼ばれた朱子学者。「寛政異学の禁」は栗山の推進によるところが大きいという。

14　菅茶山（一七四八～一八二七年）。江戸中・後期の儒学者・詩人。天明年間（一七八一～一七八八年）に私塾を開く。頼春水・山陽親子との親交が深く、山陽は一時その私塾の塾頭になる。

15　頼春水（一七四六～一八一六年）。江戸後期の儒学者。頼山陽の父。

16　頼山陽（一七八〇～一八三二年）。二一歳の時出奔して罪を得、自邸内に監禁される。『日本外史』の草稿はこの時作られた。一八二七年松平定信に『日本外史』を献じる。

17　池尻葛覃（一八〇二～一八七八年）。池尻始。久留米出身の志士。一八四三年藩の禁令を犯して長崎に密航し譴責される。真木和泉等と上洛し、尊王攘夷運動に奔走する。

18　坂井虎山（一七九八～一八五〇年）。広島藩儒坂井東派の子。一八二五年広島藩教授。頼山陽没後は史論・文章で関西第一とされた。

19　藤田東湖（一八〇六～一八五五年）。藤田幽谷の次男。幕末水戸藩の藩政改革の実権を握る。その熱烈な尊王攘夷論は橋本左内・横井小楠・西郷隆盛等に影響を与える。一八五五年の安政の大地震で圧死。

20　真木和泉（一八一三～一八六四年）。久留米の神官。尊王倒幕派で「禁門の変」の首謀者の一人。破れて山崎天王山において同士一六名と自刃。

21　村上守太郎（一八一九～一八五一年）、村上量弘。歳一八で『政論』十巻を著し、昌平坂学問所に学ぶ。天保十三年会沢正志斎門下に入り、田制の大家長島二左衛に学び、これを深く研究し幕末の久留米藩の藩政改革に大きく貢献した。真木和泉・木村三郎と久留米では天保学の三尊と称せられたが、後対立するようになる（前掲『久留米人物誌』）。

22　不破美作（一八二二～一八六八年）。若くして江戸に出て西洋の文物に通暁する。幕末期には村上派につき親幕開明路線を推進したが、明治元年勤王党青年に要撃され殺害される（前掲『久留米人物誌』）。

23　今井栄（一八二二～一八六九年）。村上守太郎等とともに西洋の文化・技術を導入し久留米藩の開明・富国強兵路線を進めたが、明治元年尊攘派の藩政府によって捕らえられ、翌二年屠腹させられた。

24　前掲『久留米市史第二巻』六五五頁以降参照。

25　同前『久留米市史第二巻』七〇一頁以降参照。

26　大楽源太郎（一八三二～一八七一年）。幕末・維新の志士。一八六九年神氏直人等が兵部大輔大村益次郎を暗殺、直人の審理からこの事件と関係ありとして幽閉される。後脱走して九州を彷徨し久留米で暗殺される。

27　前掲『久留米市史・第二巻』七〇八頁以降参照。

28　「社稷党」については本庄一行『久留米藩署史』（有馬頼寧原蔵・久留米市民図書館・昭和五九年二月複製）及び本庄一行『久留米一夕譚』（『久留米市誌』昭和七年二月・久留米市役所編・四四六頁）に見える。

29　前掲『久留米市史第三巻』五五頁以降参照。

30　倉富勇三郎（一八五三〜一九四八年）。倉富篤堂（一八二九〜一八九〇年）の次男。篤堂は広瀬淡窓に学び藩校明善堂教官になる。後、福岡県会議長。成卿と倉富勇三郎との関係は書簡（国会図書館蔵「権藤成卿関係文書」）から知ることができる。

31　内藤新吾（一八四一〜一九一七年）。真木和泉らの尊皇運動に関わる。明善堂寮長。明治五年には三潴県産物会社を起こす。久留米市初代市長。後、衆議院議員（前掲『久留米人物誌』）。

32　本間一郎（二代目・一八八九〜一九六三年）。久留米本間病院院長。久留米市市議会議員を勤め、実業家としても名高い。本間家と権藤家は姻戚関係で、本間一郎は頻繁に成卿の家に来ていたという（権藤延子談）。

33　本庄一行（一八四二〜一九〇六年）。家は世々久留米藩の御奏者番。本庄成福（舎人）の嗣子。名は八太夫、後一行と改める。二〇歳より藩政に参与し、朝廷・幕府に対する接触及び諸藩の交際事務を取り扱った。そのため諸制度に通じなければならず、大宝令以下の法令格式を研究して本邦の法制経済に通暁した。思想は富国強兵・開国論者で参政不破美作派であった。彼の書いた『久留米藩一夕譚』（『久留米市誌』昭和七年十二月・久留米市役所編所収）は久留米幕末史の貴重な資料になっている（前掲『久留米人物誌』）。

34　黒龍会。黒龍会はその名前からして（英語では「ブラックドラゴン」）、過激な右翼団体のイメージが持たれているが、もう一つの側面、民間の学術団体の側面も見逃してはならない。代表的な出版物に『東亜先覚志士記伝』があるが、人名辞典としてたいへん優れたものである。他にもアジア研究の学術書も出しているが、黒龍会のこうした学術研究団体的な側面にもっと光を当てれば、権藤とこの団体との関わりも違って見えてくるのではないか。また、黒龍会の「最右翼」ともいえる内田良平と権藤は関東大震災の時の大杉栄事件をきっかけに袂を分かっていることは有名な話である（滝沢誠『権藤成卿』紀伊国屋版・一二四頁）。

35　「国会図書館権藤成卿関係文書」（権藤鴻二寄贈）。

36　久留米の医家の松下家。二代目松下元芳の長男丈吉は中学明善校の第三代の校長となり、後三井物産の重要なポストに就く。松下高は中根町の住居の世話をし、松下元は成卿亡き後の夫人の世話をした。

37　権藤誠子。権藤松門の末娘。立教大学で学んだ後平塚雷鳥などと赤欄会を作って女性解放運動の先駆者の一人になる。

38 元田作之進（一八六二〜一九二八年）。立教中学教諭から同大学学長。前掲『先人の面影』には次のようなくだりがある。「作之進はこの遺言に感激した。田舎の中学校教諭に甘んじてはいけない。こう発奮した彼は明治十四年十一月に甘木中学を辞めた。そして養父佐一の許可を受け、当時彼が師として仕えた権藤直翁に随って大阪に行ったのである。」（三三七頁）

39 樺島石梁（一七五四〜一八二七年）と延陵の関係は前述。成卿の蔵書目録の中には『石梁遺文』全八冊がある。

40 高山彦九郎（一七四七〜一七九三年）。林子平、蒲生君平と共に寛政三奇人の一人とされる個性の持ち主。一八歳の時家を出て広く天下を周遊し忠君愛国を説く。久留米の儒医森嘉善宅で自刃。享年四七歳。久留米に三度来ており、権藤家にも訪れているという。「権藤成卿関係文書」には高山彦九郎関係の資料が数点存在している。

41 平野二郎（国臣・一八二六〜一八六四年）。福岡出身の尊皇派の志士。平野の『入薩日記』には権藤家との付き合いの記述があるという（滝沢『権藤成卿』一四頁）。

42 渡辺京二「権藤成卿における社稷と国家」（『伝統と現代』一九七七年一月号所収）。

43 品川弥二郎（一八四三〜一九〇〇年）。長州出身。一八九一年松方内閣の内相。成卿の二松学舎入学の際の保証人。成卿の父直と親交があった。

44 嘉納治五郎（一八六〇〜一九三八年）。講道館柔道の創始者。熊本の五高校長。勅撰貴族院議員。権藤の青年時代の上京の際、寄宿したのが嘉納の講道館であったという（松沢保和「権藤成卿研究（6）」『静岡の考え』一九七七年一月号所収）。

45 久留米青年義会（筑後壮年義会）。明治二五年組織。機関誌『筑後』を発刊。滝沢前掲書・一二三頁参照。

46 頭山満（一八五五〜一九四四年）。福岡出身。玄洋社を結成。以後政界の裏面で活躍し、明治・大正・昭和の国家主義者の代表的人物となる。

47 武田範之（一八六三〜一九一一年）。父は久留米藩士沢四兵衛之高、母は久留米新勤王党の有力者島田壮太郎の妹。一進会の日韓合邦運動に奔走。

48 前掲『自治民範』「緒言」六頁。
49 同前『自治民範』一八八頁。
50 同『自治民範』一九〇頁。
51 『君民共治論』(昭和七年・文芸春秋社。『権藤成卿著作集第三巻』所収) 四三頁。
52 同前『君民共治論』八二頁。
53 前掲『自治民範』一〇頁。
54 同前『自治民範』一一頁。
55 同『自治民範』一九頁。
56 同『自治民範』三八頁。
57 同『自治民範』四七頁。
58 同『自治民範』七二頁。
59 同『自治民範』一四八頁。
60 同『自治民範』一六六頁。
61 同『自治民範』一八一頁。
62 同『自治民範』一八四頁。
63 同『自治民範』一八九頁。
64 同『自治民範』五五二頁。
65 同『自治民範』一三頁。
66 同『自治民範』三~四頁。
67 『自治民政理』(昭和十一年・学芸社。『権藤成卿著作集第四巻』所収) 一七八~一七九頁。

第3章

1 『日本農制史談』（昭和六年・純眞社）。
2 『農村自救論』（昭和七年・文芸春秋社）。
3 『日本震災凶饉攷』（昭和七年・文芸春秋社）。
4 『君民共治論』（昭和七年・文芸春秋社）。
5 『八隣通聘攷（上・下）』（昭和八年・平野書房）。
6 『自治民政理』（昭和十一年・学芸社）。
7 『礼記』五経の一つ。周の末から秦・漢時代の儒者の礼に関する理論と実際との記録を集めた書。
8 『論語』四書の一つ。二十巻。孔子が弟子や当時の人と応答した語や孔子の行い、また弟子の応答を記したもの。
9 「農本主義」の思想的系譜としては二つあり、一つは「農は国の本なり」、つまり農を国家の主要産業とすべきであるという考え方と、他の一つは実際に農村に戻り農の生活を実践するという考え方である。前者は主に「官」の側からの「農本主義」で、山崎延吉、石黒忠篤、加藤完治等がこの思想家の例である。一方「農村に帰る」・「農業の実践」という思想は、「農本主義者」のもっともポピュラーな形かもしれない。武者小路実篤、徳富蘆花、橘孝三郎、江渡狄嶺等ほとんどの「農本主義者」はこの例である。これらの「農本主義者」と権藤が違う点は、その多くが「農に帰る」という地点にとどまっているのに対して、地域と国家政治のあり方を考究していること、つまり「君民共治」論があることである。
10 前掲『自治民政理』一七〇頁。
11 前掲『自治民範』一〇～一一頁。
12 同前『自治民範』一九頁。
13 同『自治民範』四五頁。
14 同『自治民範』一一〇頁。
15 同『自治民範』一一六頁。

16 同『自治民範』一三〇頁。
17 同『自治民範』一三六〜一三七頁。
18 同『自治民範』一四七〜一四八頁。
19 同『自治民範』一五八頁。
20 同『自治民範』一七九頁。
21 鈴木正幸『皇室制度』（一九九三年・岩波新書）一五〜二六頁。
22 吉野作造「民本主義と国体問題」（一九一七年・『大学評論』鈴木前掲書・一三九頁参照）。
23 吉野作造「憲政の本義を説いてその有終の美を済すの途を論ず」（大正五年『中央公論』一月号。一九七五年岩波文庫『吉野作造評論集』所収・五一頁）。
24 美濃部達吉『憲法撮要』改訂第五版（一九三二年・有斐閣）三四七頁。
25 上杉慎吉「国体に関する異説」（明治四五年・筑摩書房『近代日本思想大系33　大正思想集Ⅰ』一九七八年・一三頁）。
26 蓑田胸喜「美濃部博士の『国体変革』に対する原理的総合批判」（『原理日本』第十一巻第一号・昭和十年一月）。
27 蓑田胸喜『学術維新原理日本』（昭和八年・原理日本社・六二六頁）。
28 久野収・鶴見俊輔『現代日本の思想』（一九五六年・岩波新書）一三二頁以降参照。
29 文部省教学局「国体の本義」（昭和十二年。一九七八年『近代日本思想大系36　昭和思想集Ⅱ』筑摩書房・七三頁）。
30 同前「国体の本義」（前掲『昭和思想集Ⅱ』七九〜八〇頁）。
31 文部省教学局「臣民の道」（昭和十六年）。
32 山川均のいう「新農村運動」の研究として代表的なものに安田常雄『日本ファシズムと民衆運動』（一九七九年・れんが書房新社）がある。
33 内務省警保局編『社会運動の状況三・昭和六年』（一九七一年・三一書房より復刊・八二五頁）。
34 高畠通敏「強権的統合と民衆運動」（『ファシズム期の国家と社会6　運動と抵抗上』一九七九年・東京大学出版会）一五頁。

35 前掲『社会運動の状況三・昭和六年』参照。
36 同前『社会運動の状況・昭和七年』九一一～九一二頁参照。
37 自治研究会編『昭和農民総蹶起録』（一九六六年刊）一三～一五頁参照。
38 同前『昭和農民総蹶起録』一五～二三頁。
39 長野朗『自治論』年表参照（一九七九年・廣済堂クラウン株式会社）。
40 『農村新聞』。昭和六年四月二十日第一号から昭和九年四月十日第三七号までを前期とし、昭和十四年三月二十日再刊第一号から昭和十六年十二月二十日第三七号までを後期として検討することにする。
41 『農村新聞』前期第八号「農民から見た日本歴史（一）」参照。また『昭和農民総蹶起録』には「農村自治の学説は、権藤成卿に出て、その学説を継いだ長野朗」（七頁）とある。
42 前掲『社会運動の状況・昭和七年』。
43 『農村新聞』前期第一五号（昭和七年六月十日）参照。
44 前掲『社会運動の状況・昭和七年』九三一頁参照。
45 同前。
46 同『社会運動の状況・昭和七年』九三四頁、及び『農村新聞』前期第十八号（昭和七年九月十日）参照。
47 前掲『農村新聞』前期第一八号（昭和七年九月十日刊）。
48 同前『農村新聞』前期第三五号（昭和九年二月十日）参照。
49 前掲『昭和農民総蹶起録』一〇三頁。
50 『改造』昭和八年十月号。
51 長野朗『自治学・総論篇』（昭和十一年六月十五日・建設社）二九八頁以降参照。
52 前掲『農村新聞』前期第一八号。
53 同前。
54 一九三二（昭和七）年九月農林省に経済更正部が設立され、同年十二月に「産業組合の刷新普及」をはかる農林省訓令が出された。産業組合は更正運動の実行機関と位置付けられ、農村は以後国家の農村統制機関である産業組合を中心に組織化されていくことになる。

55 権藤は「五・一五事件」の直後、代々木上原から目黒の中根町に移り、そこに私塾「成章学苑」を開き、晩年の活動拠点とした（滝沢誠『権藤成卿』一七〇～一七一頁）。

56 前掲『君民共治論』一六九頁。

57 同前『君民共治論』一七四～一七五頁。

58 前掲『自治民範』五一九～五二〇頁。

59 前掲『農村自救論』八八頁。

60 大川周明「ロンドン会議の意義」（『月刊日本』昭和五年）。

61 石橋湛山「ロンドン海軍軍縮会議」（昭和五年五月三十一日・『東洋経済新報』「社説」）。

62 前掲『農村自救論』二二六～二二七頁。

63 権藤成卿「電力統制に関する座談会答問抄」（『制度の研究』第三巻第一号・昭和十二年一月）。

64 大川周明「経済改革大綱」（昭和七年・調査部第二課極秘文書）。

65 〈民主主義〉は筆者の造語である。権藤は「民政」という言葉は多用しているが、「民生」は使っていない。「民」を表現する言葉では「民性」「民衆」「生民」「市民」「国民」等を使っている。権藤は「農村」や「農政」を論じたが、その「民」は「農民」だけをさしたのではなかった。『君民共治論』で権藤は次のようにいっている。「『農は天下の大本なり、民を以て生を恃む所なり』とは、我社稷体統公同自治の成俗は実に農を基礎として発育し一国を構成したもの、当時農と言えば寧ろ天下の民衆都てを指せる言葉と見るべきである。」（八頁）こうしたことから筆者は権藤を「農本主義思想家」ととらえず、〈民生主義〉という言葉を造語し、〈民生主義思想家〉として位置付けた。つまり、彼は「民」の生活（「衣食住の安泰」と「男女の調和」）を第一に考える政治を理想としたのである。「民生主義」は歴史的には孫文の「三民主義」の中の一つとしてすでに唱えられている。しかし、孫文の「民生主義」は社会主義の言い換えである。「民生主義というのは、社会主義にほかならず、共産主義とも名付けられ、要するに大同主義である。」(『孫文毛沢東』中央公論社・一九八八年再版『世界の名著78』一七九頁)ここで私が提出する〈民生主義〉は社会主義・資本主義等の経済体制を問わず、とにかく為政者が「民のための生活」を第一に政治を行なうことを意味する。主権の奪取とは関係がない。こうした政治の価値は日本の伝統的なものともいえる。いわば日本人の政治意識の「底流」に流れているものであり、古くは仁徳天皇の有名な逸話に表れている思想である。「ここに天皇、高山を登りて四方の国を見て詔りたまわく、『国中に烟発たず。国皆貧窮し。故、今より三年に至るまで、悉に人民の課役を除せ』とのりたまひき。」(『古事記(下)仁徳天皇』一九八四年・講談社学術文庫・二四頁)

『君民共治論』は全編こうした「君」と「民」関係が論じられている。その関係は「国民大衆の輿情を質す」(『君民共治論』六頁)、「民心を体して化を行はせらるる」(同・七頁)、「大勢の帰趨に副い」(同・七頁)、「人民の期待を見て一国の大是を定め」(同・七頁)などの言葉から知ることができる。そこに表れている「治者─被治者関係」は、「民」の意をくんで諸施策を行なう政治のあり方である。神島の「政治元理表」の「帰嚮元理」の「体制」(治者─被治者関係)は「まつろう・しらす」である。これを神島は次のように説明する。「『まつろう・しらす』は、帰服推戴・嘉納聴許と言い換えることもできる。『まつろう』は自発的に服従することであり、『しらす』は聴いて受け入れることである。私の解釈では、前者はまつられる、すなわち、まつるの受け身形で、後者はしるの尊敬語である。前者は、八百萬の神を天皇がいわいまつったこと(=敬神)に対する諸氏族の応答であったと考えることができる。後者は『きこしめす』ともいわれることでそれが分かるだろう。……したがって、これは、支配従属が支配を起点にしているたのに対して、まつろうを起点にしており、支配の論理とまったく逆になっていることが、注目されるべき点である。」(『政治をみる眼』一三四頁)

権藤の「君民」関係は、まさにここでいう「帰服推戴」であり「嘉納聴許」であろう。権藤の「治者─被治者」関係は、神島政治理論の「まつろう・しらす」で解釈するときわめて明瞭なものとなる。そして、それは「支配元理」の「支配・従属」とはほど遠い関係概念である。

66 前掲『自治民範』一〇～一一頁。
67 同前『自治民範』五五一～五五二頁。

68 同『自治民範』二四三〜二四四頁。
69 松本三之介『近代日本の思想像』(一九八四年・研文出版)。
70 丸山眞男編『歴史思想集』(一九七二年・筑摩書房)三五八頁「解説」参照。
71 『日本思想大系』『近世史論集』(一九七四年・岩波書店)四五二頁。
72 福澤諭吉『文明論之概略』(一九八四年・岩波文庫第四一刷・七八頁)。
73 中江兆民『三酔人経綸問答』(一九六五年・岩波文庫・一九六頁)。
74 徳富蘇峰『国民自覚論』(神島二郎編『徳富蘇峰集』一九七八年・筑摩書房・三七〇頁)。
75 吉野作造「憲政の本義を説いてその有終の美を済すの途を論ず」(『吉野作造著作集』一九七五年・岩波文庫・七五頁)。
76 鶴見祐輔『英雄待望論』(昭和三年・大日本雄辯會講談社)三六三〜三六四頁。
77 鶴見の権力観。「武力」「正義」「金力」「多数の力」「形式的法規の力」を「政治元理表」の「権力」カテゴリーで読み替えると、「武力」はもちろん「支配元理」の「武力」である。「正義」は同じ言葉が「支配元理」の価値カテゴリーにある。また「金力」は「同化元理」の「文明」や「互換元理」の「交換」で解釈できよう。「多数の力」はこれも「自治元理」の「世論」に読み替えることができよう。「自治元理」は議会政治を形成する主要元理であるからである。「形式的法規の力」はいうまでもなく「法元理」の「法」となる。そして、鶴見はこうしたものが「武力に代るちからになる」つまり「現実世界の基本準則」となるといっているのであるから、「武力」と同等の権力カテゴリーにしようと模索したと思われる。
78 神島二郎『新版政治をみる眼』一三二〜一三三頁。
79 ここであげたルソーは、親友の飯塚西湖をへて権藤に当然影響を与えたと思われる(滝沢『権藤成卿』七九頁参照)。

第4章

1 「押川方義先生を憶う」(『大川周明全集第四巻』所収・一八一頁)。
2 『安楽の門』『大川周明全集第一巻』昭和三六年・出雲書房所収・八六〇頁)。
3 同前『安楽の門』八五八頁。
4 『大川周明日記』(一九八六年・岩崎学術出版社)四九頁。明治三七年一月の日記。この年の九月に大川は熊本の五高に入学する。
5 橘孝三郎『日本愛国革新本義』(『現代史資料』5、『国家主義運動2』一九六四年・みすず書房)七五頁。
6 松沢哲成『橘孝三郎――日本ファシズム原始回帰論派』(一九七二年・三一書房)四四~四五頁。
7 前掲『安楽の門』七七六頁。
8 同前『安楽の門』七七四~七七五頁。
9 同『安楽の門』七七五頁。
10 同『安楽の門』七五四頁。
11 前掲「押川方義先生を憶う」一八二頁
12 同前。
13 「日本精神」とは「万国無比」(『日本的言行』『全集第一巻』所収・三七三頁)という日本の独自性をまず要件として、外来の「亜細亜精神」や「西洋精神」等を取り込み、「万世一系」という国体を基礎にして日本や世界に「方向を与える」(『日本的言行』三八〇頁)ものであるという。西洋哲学やインド哲学から「魂の故郷」(『安楽の門』八〇三頁)日本に「帰った」(同)『列聖伝』以降の大川の中心思想である。
14 前掲『安楽の門』七九一頁。
15 同前。
16 「私は大学の講義や図書館の読書では、自分が求めた宗教的なものを掴めなかったけれど、道会に入会したことによって学校や図書館では得られなかった貴いものを与えられ、魂の渇きを癒することが出来た。考えて見れば不思議な話で、もとく〳〵道会の会員となったのは松村先生を導師と仰ぐためであったのが、先生から殆ど教えられるところなく、却って後に道会から遠ざかった押川・村井の両先生、わけても押川先生によって私の霊性の扉が開かれた。また私は八代大将とも道会で知り合い、深い関係も私の一身上の問題から始まり、その問題は不調に終った代りに、私と大将夫妻とは親子もただならぬほど親密に結ばれるようになった。押川先生並に八代大将に親炙し得たことは、私の生涯に於ける最大の幸福のうちであるが、それは私が全く予期しなかった賜物である。」と大川はいっている（同『安楽の門』八〇二頁）。

17 同『安楽の門』七五四頁。

18 『日本的言行』（『大川周明全集第一巻』一九三〇年・行地社所収・四〇三頁）。

19 大川の故郷の歴史は研究に値するものであった。庄内藩は譜代大名の中でも佐幕派有力藩として位置付けられていた。権藤成卿の生まれ育った久留米藩が幕末に討幕派が追われ佐幕派が優位をしめ、明治元年にこれが逆転するという紆余曲折をへるのとは違って、戊辰戦争で血道をあげて戦い最後まで抵抗した庄内藩は朝敵であった。東北地方における戊辰戦争は奥羽越列藩同盟と新政府との戦いであるが、慶応四年九月会津・庄内藩降伏によって幕を閉じる。戦争は薩摩・長州勢力にとって報復の意味も持ったが、庄内藩の戦後処理で西郷隆盛は寛大な処置を取ったといわれ、これが後にこの地で『南洲翁遺訓』という西郷の遺訓集が出される背景となる。大川周明はこうした地に生まれ育ちながらその歴史研究には向かわなかった。また、明治政府への抵抗心が生まれなかったのも興味深い。西郷の庄内藩に対する温情故にそうした反発心が生じなかったのであろうか。大川の著作の中には東北戊辰戦争を扱ったものもなければそのなかで西郷の果たした役割を強調した著作もない（西郷については『安楽の門』で「吾母と相並んで、私の生涯を通じて最も屢々私を慰めてくれた恩人」と語ってはいるが……）。郷里を去り熊本五高を進学先に選んだ大川周明にとって故郷は否定さるべきものであったかもしれない。普遍的宗教であるキリスト教は郷土を離れる大きな力になっても、そこにとどまるための大きな力にはならなかったのであろう。東京帝大で専攻した印度哲学も郷土に目を向ける契機にはならなかった。『列聖伝』によって日本に対する関心は強まっても郷里に対する関心は強まることはなかった。ましてや博士論文のテーマである植民地研究はまさに日本が過去の桎梏を棄てて欧米と比肩すべく近代帝国主義国家へと脱皮する手段であったのである（酒田市史編さん委員会編『酒田市史改訂版・下巻』一九九五年等参照）。
20　前掲『安楽の門』八〇三頁。
21　同前。
22　同『安楽の門』八〇三〜八〇四頁。
23　『日本精神研究』（『全集第一巻』昭和二年・文録社所収・一一三〜一一四頁）。
24　偶然なのであろうか、奇妙なことに私が分析した『日本文明史』と『国史読本』は岩崎書店刊の『大川周明全集』には集録されていない。『全集』解題では「本全集には、その重複をさけて本篇の『国史概論』と後掲の『日本二千六百年史』の二著書を集録するにとどめた」（『国史概論』「解題」『全集第一巻』所収）とあるが、「重複」どころか重要な相違があることが今回の分析でわかった。
25　『日本文明史』（大正十年十月・大鐙閣刊）。「大正デモクラシーが終焉に向かうターニングポイント」というのは、大正八年頃にその運動のピークを迎えるという著者の見解に基づく（第一章「はじめに」の註参照）。
26　『国史読本』（昭和六年九月・先進社）。昭和八年の国民運動社版には大きな改訂はないが、昭和十年の有精堂版から改訂が認められる。昭和十三年の東亜会版は有精堂版と同様の内容である。
27　『日本二六〇〇年史』（昭和十四年六月・第一書房）。
28　大塚健洋『大川周明』（一九九五年・中央公論社）。大塚は第三章に「大川周明の思想」と題する節を設けている。そこでは大川周明の思想が「人格的生活の原則」と「道義国家の原則」という二つにまとめられており、その思想と運動の道徳的な側面のみが強調されている。
29　前掲『日本文明史』一頁。
30　同前『日本文明史』二頁。これに続く箇所で大川は次のようにいっている。「これなくして総ての理想は空想であり、総ての正善は影薄き主観である。これあるによって客観的・具体的正義が実現せられ、一切現実の存在に内在する理法が、統一的綜合体として組織せられる。」

31　大川が岡倉の「アジアは一つ」を引用するようになるのは、太平洋戦争期である。例えば昭和二十年四月の『新東洋精神』などを待たなければならない（次章第4節参照）。
32　山路愛山（一八六四〜一九一七年）。明治時代の史論家・評論家。
33　山路愛山「史学論」（明治三三年七月二十日・国民新聞。『明治文学全集35』一九六五年筑摩書房・三二五頁）。
34　北一輝『国体論及び純正社会主義』（『北一輝著作集第1巻』一九五九年・みすず書房所収）及び『支那革命外史』（『著作集　第2巻』所収）参照。ここで大川は具体的に北の『支那革命外史』から影響を受けたといっている。
35　前掲『日本文明史』五頁。
36　同前『日本文明史』八五頁。
37　前掲『国史読本』第十章「鎌倉幕府の政治」参照。
38　蓑田胸喜『学術維新原理日本』（昭和八年・原理日本社）参照。
39　前掲『日本文明史』七三頁。
40　前掲『国史読本』第二章参照。
41　前掲『日本文明史』第十二章「建武中興前後」と前掲『国史読本』第十二章「建武中興」を比較。『国史読本』第十二章「建武中興」で「革新」と「革命」の言葉がどう出てくるかというと、昭和六年版、八年班では「革新」が六ヶ所「革命」が三ヶ所、昭和十年版以降はすべて「革新」に書き改められている。
42　同前『日本文明史』三三六頁。
43　同。
44　同『日本文明史』三六四頁。
45　同『日本文明史』三四九頁。
46　同『日本文明史』三五〇頁。ちなみに北は明治天皇を「東洋的大皇帝」「東洋的英主」などを称している（前掲『国体論及び純正社会主義』三五七頁）。
47　同『日本文明史』三七四頁。

48　同『日本文明史』三七五頁。
49　同『日本文明史』三八七～三八八頁。
50　徳富蘇峰『大正の青年と帝国の前途』（大正五年・民友社）第八章参照。
51　同前『大正の青年と帝国の前途』二二六頁。
52　大川がアジアの連帯を唱えるようになるのは「五・一五事件」の服役後の執筆活動再開以降である。「五・一五事件」の逮捕・服役以前は東西対決思想の下で日本はアジアの最強国・代表国として単独で欧米と戦うべき国であると考えていた（次章参照）。
53　『中央公論』大正八年三月号「巻頭言」。吉野作造の執筆といわれている。
54　前掲『日本文明史』「序」。
55　前掲『国史読本』初版（昭和六年）二七九頁。
56　同。
57　同『国史読本』初版・二八〇～二八一頁。
58　「三月事件」ではまず第一段階として「大川周明の計画に依り民間側左翼、右翼一万人の動員を行い、八方より議会に対しデモを行い、政・民両党本部、首相官邸を爆破する。各隊の先頭には計画に諒解ある幹部を配し、統制をとり、各隊に抜刀隊を置き、必然的に予期せられる警官隊の阻止を排除する。」（『現代史資料』4、『国家主義運動1』六〇頁）ことが計画された。つまり「下からの革命」の色彩をもっていたのである。しかるに、「十月事件」では大衆動員は計画されなかった。「三月事件の計画に於ては、第一段に於て民間側が左右両翼分子のデモンストレーションを敢行せしめ、警視庁の力によっては収拾不能の状況を作為し、第二段に於て軍隊がその鎮撫の名目を以て出動し、各機関を占領し、改造を実行する順序であったのに対し、十月事件に於ては第一段を行なわず、直ちに軍の出動を開始する」ものとした（前掲『現代史資料』六七頁）。「三月事件」と「十月事件」はこのように客観的に性格が異なるものであった。
59　『日本二千六百年史』（『全集第一巻』昭和十四年・第一書房・五二二頁）。

60 前掲『日本二千六百年史』五四二頁。
61 大川周明「経済改革大綱」（昭和七年・調査部第二課極秘文書『大川周明関係文書』一九九八年・芙蓉書房所収）。
62 野口悠紀雄の整理によると「新官僚」とは「革新官僚」の前身であり「一九三一年の満州事変以降に登場した」のだという。岸信介、後藤文夫、迫水久常、和田博雄等が含まれる。この系譜が「革新官僚」に引継がれるが、「革新官僚」に含まれる人々は、新官僚と重複する部分も多いという。ただ「新官僚が内務官僚中心だったのに対して、革新官僚は経済官僚中心であった。革新官僚が活動する場は、一九三七年に設立された内閣企画院であった」と指摘している（後掲『一九四〇年体制』四四～四五頁）。
63 小林英夫・岡崎哲二・米倉誠一郎『「日本株式会社」の昭和史』（一九九五年・創元社）。
64 野口悠紀雄『一九四〇年体制』（一九九五年・東洋経済新報社）。
65 笠信太郎（一九〇〇～一九六七年）。東京商大（現一橋大学）卒。大原社会問題研究所をへて朝日新聞の論説委員となる。近衛文麿のブレーンとして有名。
66 笠信太郎『日本経済の再編成』（一九三九年・中央公論社）。
67 「満州経済統制策」（昭和七年七月・経済調査会第一部・極秘文書・国立国会図書館所蔵）。
68 宮崎正義（一八九三～一九五四年）。ペテルスブルグ大学法学部をへてモスクワ大学卒。満鉄経済調査会主査となり、満州国建国経済政策を立案。日満を一体とした統制経済体制の確立をめざし活躍。主著に『東亜連盟論』（一九三八年）がある。
69 「満州経済建設要綱」（一九三三年・満州国発行）は経済調査会第一部主査宮崎正義と第一部第一班安盛松之助の二人で立案したという（小林英夫『日本株式会社を創った男――宮崎正義の生涯』一九九五年・小学館）参照。
70 「日満財政経済研究会」は一九三五（昭和十年）年宮崎正義を中心として作られた政府の統制経済プラン作成の研究会（小林前掲書・一一四～一一六頁）。
71 「満州ニ於ケル軍需産業建設拡充計画」は一九三七（昭和十二年）年宮崎等が設定した満州における増産目標と日満配分計画（小林前掲書・一三二～一三三頁）。

72 「満州産業開発五ヵ年計画綱要」は一九三七年に満州国の国策となり、これが満州国の産業計画の基本となる（小林前掲書・一三四〜一四三頁）。

73 大川が「経済改革大綱」（昭和七年稿と記されているが）を出したのは昭和九年であるといわれている（『大川周明関係文書』一九九八年・大川周明関係文書刊行会・芙蓉書房・大塚健洋解説・八三四〜八三五頁）。昭和七年六月十五日に大川は「五・一五事件」により逮捕されているから、確かに「経済改革大綱」がこの年に出されたとは考えにくい。

74 前掲「満州経済統制策」後編・第一章第二節終わり部分。

75 同前「満州経済統制策」後編・第一章第五節（四）。

76 同「満州経済統制策」後編・第二章最後の部分。

77 同「満州経済統制策」後編・第三章第一節最初の部分。

78 同「満州経済統制策」後編・第三章最後の部分。

79 同「満州経済統制策」後編・第四章第一節。

80 同「満州経済統制策」後編・第四章第二節（一）。

81 同「満州経済統制策」後編・第四章第三節（五）。

82 前掲「経済改革大綱」三頁。

83 同前「経済改革大綱」一五頁。

84 同「経済改革大綱」二〇頁。

85 同「経済改革大綱」一四頁。

86 同「経済改革大綱」二九頁。

87 同「経済改革大綱」一二頁。

88 同「経済改革大綱」一三頁。

89 同「経済改革大綱」三四頁。

90 同「経済改革大綱」三五頁。
91 同「経済改革大綱」二二頁。
92 同「経済改革大綱」二八頁。
93 北一輝『日本改造法案大綱』巻二「私有財産限度」より（大正十二年・改造社）。
94 前掲「経済改革大綱」一一頁。
95 同。
96 同。
97 同「経済改革大綱」四四頁。
98 同「経済改革大綱」B頁。
99 同「経済改革大綱」四二頁。

第5章

1 大川周明『印度における国民的運動の現状及び其の由来』（『大川周明全集第二巻』一九一六年・五三九頁。一九六二年・岩崎書店）。
2 北一輝「日本国の将来と日露開戦」「日本国の将来と日露開戦（再び）」（『北一輝作集第三巻』一九〇三年。一九七二年・みすず書房・七三〜八四頁）。
3 北一輝『国体論及び純正社会主義』（『北一輝著作集第一巻』一九〇六年。一九五九年・みすず書房・四三三頁）。
4 石原莞爾「戦争史大観の序説」（一九四一年。『最終戦争論・戦争史大観』一九九三年・中公文庫・一二三頁）。
5 同前・一二五頁。
6 同。
7 権藤成卿『自治民政理』（一九三六年。『権藤成卿著作集第四巻』一九七七年・黒色戦線社・三〇一頁）。
8 大川のコットンとの出会いについては多くの論者が言及している。劇的で面白いので少々長い引用だが、『復興亜細亜の諸問題』から次の箇所を引いておく。

「一顧して長望すれば十年矢の如く去った。竜樹研究を卒業論文として大学の哲学科を出た時、予が心密かに期したりしは、一生を印度哲学の色読に捧げることであった。僧佉によって知識を練り、瑜伽によって之を体達するの道を説くウパニシャドこそ、汲みて尽きざるわが魂の渇きを癒す聖泉であった。かくて多くも要らぬ衣食の資を、参謀本部の独逸語の安翻訳に得つゝ、日毎大学図書館に通って、心を印度哲学の研究に潜めた。さて予に取りて決して忘じ難き一書は、サー・ヘンリー・コットンの『新印度』である。印度に対する至深の関心が現在の印度及び印度人に就て知る所あり度いと云う念いを、いつとはなく予の心に萌し初めさせたことは、固より何の不思議もない。大正二年の夏であった。一夕の散歩に神田の古本屋で、不図店頭に曝さるゝコットンの書を見出した。予はコットンの為人も知らず、また此書が世にも名高き著作なりとも知らず、唯だ書名の『新印度』とあるに心惹かれ、求め帰って之を読んだ。而して真に筆舌尽さゞる感に打たれた。此時に至るまで、予は現在の印度に就て、殆ど何事も知らなかった。印度思想の荘厳に景仰し、未だ見ぬ雪山の雄渾を思慕しつゝ、婆羅門鍛錬の道場、仏陀降誕の聖地としてのみ、予は脳裡に印度を描いて居た。然るにコットンの著は、真摯飾らざる筆致を以て、偽はる可からざる事実に拠り、深刻鮮明に印度の現実を予の眼前に提示した。此時初めて予は英国治下の印度の悲惨を見、印度に於ける英国の不義を見た。予は現実の印度に開眼して、わが脳裡の印度と、余りに天地懸隔せるに驚き、悲しみ、而して憤った。予はコットンの書を読み終えたる後、図書館の書庫を渉って、印度に関する著書を貪り読んだ。読み行くうちに、単り印度のみならず、茫々たる亜細亜大陸、処として白人の蹂躙に委せざるなく、民として彼等の奴隷たらざるなきを知了した。」
(『復興亜細亜の諸問題・序』『全集第二巻』四〜五頁)

9 『今村力三郎訴訟記録第五巻「五・一五事件(二)」』(一九八一年・専修大学今村法律研究室編「大川周明第三回公判調書」八五頁)。以下、『今村訴訟記録』と記す。

10 「予は二十八年春遼東半島に赴き、我か馬関条約によりて割譲せられたる地域を踏査し、以て将来大陸発展の経論を立てんとを企てたり。行程一週旅順に帰著するや、意外にも遼東還付の事を聞けり。大事去矣、予は直ちに趾の塵を払い旅順を去れり。去るに臨み、旅順湾頭より一撮の砂石を手巾に包み、齎らし還りて日く、是れ我か領土の一片也と。此の如くして、此の砂石は、今尚お書斎の一隅に保存しつゝある也。予は是に於て無力なる道理は、有力なる無道理に勝たず。道理をして実行せしめんとせば、之を実行せしむる実力なかる可からざるを覚悟したり。即ち道理其物は、殆ど自動的にあらずして、他の力を持って始めて其の妙光を発揮することを覚悟したり。予は是に於て力の福音に帰依したり。苟も実力あらば、無理さへも押し通さる、況んや道理をや。」（徳富蘇峰『時務一家言』一九一三年・民友社・一五～一六頁）「満蒙開拓移民」制度の立役者の加藤完治（一八八四～一九六七年、茨城県内原に満蒙開拓青少年義勇軍訓練所を創設）も、その弱肉強食の国際政治観をもったきっかけは二度にわたる洋行であった（『加藤完治全集』加藤完治全集刊行会編・第二巻七頁参照）。洋行をきっかけに国際政治を弱肉強食の場とみるようになる思考パターンは近代日本においてしばしば見られる。

11 大川周明『印度に於ける国民的運動の現状及び其の由来』（『全集第二巻』五七七頁）。

12 同前『全集第二巻』五七八～五七九頁。

13 同『全集第二巻』六〇二頁。

14 同『全集第二巻』六〇五頁。

15 大川周明『印度国民運動の由来』（一九三一年。『全集第二巻』所収）。

16 前掲『全集第二巻』五〇八～五一〇頁。

17 前掲『今村訴訟記録第五巻』八三頁。

18 同前・八六頁参照。

19 同・八八頁参照。

20 同。

21 同・八四頁参照。

22 吉野作造「憲政の本義を説いてその有終の美を済すの途を論ず」（『中央公論』大正五年一月号）。

23 徳富蘇峰『大正の青年と帝国の前途』（一九一六年・民友社刊）。

24 三谷太一郎は「大正デモクラシー期」のなかでとりわけ吉野作造の運動に注目し「大正デモクラシー運動期」を時

期区分する。そしてそれを大正七年から十年と設定している（第一章第一節註1『新版大正デモクラシー論』一八頁）。この運動は吉野作造が明治文化研究に没頭し始めた大正十年に終焉を迎える（同・二九頁）。

25 シナッシィ・エフェンディ（Ibrahim Schinassi Efendi・一八二六〜一八七一年）。『復興亜細亜の諸問題』では、青年トルコ党の前身の「青年トルコ運動」の担い手として紹介されている（『全集第二巻』一一八頁）。

26 ミドハト・パシャ（Midhat Paşa・一八二二〜一八八四年）。オスマン帝国末期の革新的政治家。第一次憲政期を作り、「憲政の父」といわれる。

27 ムスタファ・カミール（Muṣṭafā Kāmil・一八七四〜一九〇八年）。エジプトの民族主義者。イギリスの占領撤廃運動に活躍。

28 アブドゥル・ラーマン（Abdal Raḥmān・一八四四年頃〜一九〇一年）。アフガニスタンのバーラクザーイ朝第六代の王。国家の近代化に努め、完全な統一を達成した。

29 ララ・ラージッパット・ライ（Lālā Lajpat Rāi・一八六五〜一九二八年）。一九〇五〜一九〇八年のベンガル分割反対闘争の指導者。

30 〈民衆主義〉。もともと「民衆主義」（Populism）は一九世紀アメリカの人民党の言葉。ここでは、なんらかの形で政治に対する民衆の役割を重視していた大正デモクラットの吉野作造・大山郁夫・長谷川如是閑、及び権藤成卿らの思想を「英雄主義」と対比する意味で使った。

31 大川が陸軍の主要人物と近づくようになったのは、行地社分裂後の昭和二年頃からだという。大川がこの頃懇意になったエリート軍人は、小磯国昭・板垣征四郎・土肥原賢二・多田駿・河本大作・重藤千秋等であった（前掲『今村訴訟記録第五巻』九〇頁）。

32 徳富蘇峰「中等民族」。徳富蘇峰の造語。具体的には農工商の人民・「田舎紳士」（選挙権を持つ土地の所有者）のこと。「中等階級の堕落」明治二五年（『蘇峰文選』大正四年・民友社所収）参照。

33 『復興亜細亜の諸問題』（『全集第二巻』三八頁）。

34 同前『復興亜細亜の諸問題』（『全集第二巻』四二頁）。

35 岡倉天心『東洋の理想』(一九〇三年。『現代日本思想大系』第九巻『アジア主義』一九八五年・筑摩書房所収)。天心がここで主張したことは、西洋の文化帝国主義に対するアジアの美の擁護であった。そうした意味で、アジア連帯の共通の価値を探ったものといえる。なお、大川が岡倉天心の「アジアは一つ」を引用して、自説を展開するようになるのは第三期である(『新東洋精神』昭和二〇年・新京出版株式会社。『全集第二巻』九五一頁)。

36 『復興印度の精神的根拠』(大正十三年・東洋研究会。『復興印度の精神的根拠』は『亜細亜建設者』四に収録されている)。

37 前掲『復興印度の精神的根拠』六頁。

38 『アルタ・シャーストラ』(*Arthaśāstra*)は古代インドの政治論書。『実利論』と訳される。

39 パータリプトラの都市計画。パータリプトラ(**Pātaliputra**)は古代インドの都市でマガダ国の首府。

40 内務省警保局編『国家主義運動の概要』(一九三三年。一九七四年・復刻・原書房)。

41 「種族闘争の過去現在及未来」(『日本及日本人』一九二四年元旦号)。

42 『亜細亜・欧羅巴・日本』(一九二五年・大東文化協会)は入手することができなかった。国会図書館では「昭和二三年より行方不明」との回答であった。酒田市立光丘文庫『大川周明旧蔵書目録』のなかにはなかった。『全集』では『大東亜秩序建設』に収録されているとして、「重複をさけて」という理由で単独では収録されていない。『大東亜秩序建設』所収の「亜細亜・欧羅巴・日本」には「建国二千六百年、この優秀なる……」というくだりがあり、明らかに加筆されていることがわかる。大川は『米英東亜侵略史』や『大東亜秩序建設』で、自らの国際政治に対する見方は『亜細亜・欧羅巴・日本』以来一貫していると主張しているが、それはその初版がないと確認できない。『全集』に『亜細亜・欧羅巴・日本』の初版が収録されなかったのはいかにも残念である。その結果、私は大正期の大川の〈国際政治秩序観〉を検討するのに『大東亜秩序建設』所収の「亜細亜・欧羅巴・日本」の代わりに前記の「種族闘争の過去現在及未来」を資料とせざるをえなかった。ただ、この論文は長さの面でも『亜細亜・欧羅巴・日本』と同程度であり、『亜細亜・欧羅巴・日本』の初版の内容とかなりの部分重なっているものと思われる。

43 『近代欧羅巴植民史』は「五・一五事件」の獄中で書かれたものである。この内、近世初期のヨーロッパ植民史をまとめたものが一九四一（昭和十六）年に慶應書房から出版された『近世欧羅巴植民史1』である。残りの部分は戦後『大川周明全集第五巻・第六巻』に収録された。
44　前掲「種族闘争の過去現在及未来」三六頁。
45　同前。
46　同「種族闘争の過去現在及未来」三七頁。
47　同「種族闘争の過去現在及未来」四一頁。
48　満川亀太郎「黄白人種闘争の史的観察」（前掲『日本及日本人』一九二四年元旦号）。満川亀太郎（一八八八～一九三六年）は、老壮会や猶存社以来大川と行動を共にしている。
49　満川亀太郎『東西人種闘争史観』（一九二四年・東洋研究会）。
50　前掲「黄白人種闘争の史的観察」四九頁。
51　前掲「種族闘争の過去現在及未来」三九頁。
52　大正十三年六月号の『東洋』で大川は次のようにいっている。「吾等は数年以前公にしたる『日本文明史』の中で、米国は第二維新の激成者として天から選ばれて居るのかも知れぬと述べて置いた。また今年元旦号の『日本及日本人』に発表せる一篇の中に、東西戦の避け難き所以を説きて、亜欧の最強国が、それぞれ東西の代表者として戦はねばならぬ運命にあることを力説した。いま日米問題に吾等の自信は益々堅固になるだけである。」（「日米問題」『大川周明関係文書』一九九八年・芙蓉書房出版所収）「種族闘争の過去現在及未来」では「最強国」の明言はないが、同時期のこうした文章からそれは日米であることは間違いない。
53　前掲「黄白人種闘争の史的観察」五五頁。
54　ウラジミール・ソロビィヨフ（一八五三～一九〇〇年）は、『道徳哲学の根本問題』（麓田正喜訳・大正一四年・賓文館）の解説等によると、一八七五年に二二歳でモスクワ大学教授になったロシアを代表する哲学者で、トルストイ、ドストエフスキーと並ぶ近世ロシアの三大偉人に数えられる人物であるという。その一生は不遇で、様々な迫害の中で一九〇〇年に没した。彼の哲学は「キリスト教を以て人類の意識的統一とし『人にあらわれた神性』を以て道徳の最高の姿」(六三九頁)と見る点に特徴があるという。

55 「ソロビィエフの戦争論」(『月刊日本』一九二八年六月・第三九号。『全集第四巻』所収)。大川はこの翻訳はケーラーの一九二二年ドイツ語版によったとしている。

56 このソロビィヨフの戦争論は、大川によってかなり脚色されているのではないだろうか。ソロビィヨフ『善の弁証』・「戦争の意義」は、すでに大正三年、昇曙夢(ロシア文学者・陸大教授)によって訳されている(『戦争と世界の終局』冨山房)。昇の訳を見るとソロビィヨフの中の東西対決思想は大川の解釈とかなりニュアンスが違う。大川の訳では、ソロビィヨフが東西戦の客観的必然性のみならず、積極的にその文明史的意義を唱えているように訳されているが、昇の訳では、ソロビィヨフはその客観的必然性は認めるものの、基督教国の人々の態度次第(「一層善く基督教徒」となれば)では、「欧亜の大戦」を避けることができるという自己内省的なものとなっている。

私は、両者のわけの違いが鮮明に出ている次の個所を引用し、ソロビィヨフ研究者の批評を仰ぎたいと思う。

「やがて起らんとする欧亜の大戦に就ては、仮令それが殆ど疑を容れぬほどの大なる可能性を有って居るとは言え、吾等にとりて決して外面的必要事ではない。万事は尚ほ吾等の掌裡に在る。若し基督教を奉ずる国民が今より基督教的になるならば、換言すれば彼等が現在の如く経済的並に宗教的生活に於て耻づ可くも利己的で、傲慢であることを止め、公私生活の一切の方面に於て道徳的原則に従って行動するようになれば、或いは平和の間に蒙古人種を基督教文明の世界に包容し従って東西戦を避け得るかも知れぬ。而もこは到底不可能な期待と言ってよい。」(『大川周明全集第四巻』五五九〜五六〇頁)

この大川の引用文中「彼等」が「基督教を奉ずる国民」なのか、「蒙古人種」なのかわかりにくい。「基督教を奉ずる国民」であるなら、「到底不可能な期待」という表現は「基督教を奉ずる国民」を侮蔑した言い方になる。「蒙古人種」なら「傲慢」という言い方は「敵対視」を促すものとなる。この点、昇はこの部分をソロビィヨフが一貫して「基督教を奉ずる国民」について論じているように訳しており明快である。

「将来に於ける欧亜間の大戦争に就いて言うと、此の事のある可きは殆ど疑いを容れないのであるが、此の戦争は我々に取っては、外から余儀なくせしめられる必要に迫られてはいない。万事は尚ほ我等の掌裡に在るのだから、問題は我等次第で定まる。少し疑わしい事ではあるが、兎に角蒙古人種を基督教的文明の圏内に平和的に導き得る第一の要件は、基督教を奉ずる国民自身が、一層善く基督教徒になり、集合的生活の有ゆる関係に於て、耻づ可き利己主義や経済的及び宗教的反目を棄て丶、高尚な道徳的原則に指導されることが必要である。」（昇訳・前掲書・六七頁）

57 孫文「大アジア主義」（一九二四年の講演『世界の名著七八・孫文毛沢東』中央公論社所収）。

58 「最終戦争論」は一九四〇（昭和十五）年京都義方会に於ける講演である（中公文庫『最終戦争論・戦争史大観』一九九三年・中央公論社所収）。大川が『亜細亜・欧羅巴・日本』を出した大正十四年の頃は石原はドイツ留学中（大正十一年七月～大正十四年十月）であった。

59 高橋喜蔵「大川博士と石原将軍」（雑誌『新勢力』一九五八年・第三巻第一二号所収）。

60 石原「最終戦争論」（中公文庫前掲書・四三頁参照）。

61 ポール・リシャール（Paul Richard・一八七四～一九七三年）。大川は一九一六（大正五）年にリシャール夫妻に出会い、親交を重ねるようになる。一九一七年には大川はリシャールの「Au Japon」を翻訳出版する。その他リシャールの『第一一時』『永遠の知恵』を翻訳出版している。

62 リシャール『第一一時』（一九二一年）所収の「黎明の亜細亜」という詩から次のくだりを引いておこう。「四　新しき科学と旧き知慧と、欧羅巴の思想と亜細亜の思想とを自己の衷に統一せる唯一の民よ此等二つの世界、来るべき世の此等両部を統合するは日本の任なり　六　建国以来、一系の天皇、永遠に亘る一人の天皇を奉戴せる唯一の民よ日本は地上の万国に向って、人は皆一天の子にして、天を永遠の君主とする一個の帝国を建設すべきことを教えんが為に生れたり」（『大川周明全集第一巻』九七一頁）。これらの言辞は大川の耳にどれほど心地好く響いたであろうか。

63 「五・一五事件・第三回公判調書」（『今村訴訟記録第五巻「五・一五事件（二）」』（一九八一年・専修大学今村法律研究室編・九〇頁）。

64 『特許植民会社制度研究』（昭和二年・東京寶文館）。

65 伊藤武雄『満鉄に生きて』（一九六四年・勁草書房）一一頁。

66 前掲『今村訴訟記録第五巻』「第三回公判調書」九一頁。

67 同前『今村訴訟記録第五巻』九一～一〇八頁参照。
68 大川はイギリスによる北米植民地の統治方法を論じるところで、国家が直接植民地を経営する方法以外に①地主植民地、②王領植民地等の方法をあげている（『全集第四巻』七六四頁）。
69 同前『全集第四巻』七四七頁。
70 同。
71 同『全集第四巻』八四一頁。
72 「ロンドン会議の意義」（『全集第二巻』所収）六四八頁。
73 同前・六四八頁。
74 「満蒙問題の考察」（『全集第二巻』所収）六五二頁。
75 同前『前集第二巻』六五九～六六七頁。
76 同『前集第二巻』六八三頁。
77 伊藤前掲書・一九〇頁以下。
78 小林英夫・岡崎哲二・米倉誠一郎・NHK取材班『「日本株式会社」の昭和史』（一九九五年・創元社）四三頁。
79 同前『「日本株式会社」の昭和史』五八頁。
80 大川周明「市ヶ谷の楽天囚人」（『私は見た――決定的瞬間』一九九〇年・文芸春秋社）一六四頁。
81 東亜経済調査局付属研究所。昭和十三年、東京市中野区鷺宮に開所。アジア調査の要員の育成を目的とし、大川周明を所長として設立された。
82 『大川周明日記』（一九八六年・大川周明顕彰会編・岩崎学術出版社）によると、昭和十三年から松岡洋右、東条英機等政府要人としばしば会い、時局に対する意見を述べたり、献策をしたりしている。また講演等も活発に行なうようになっていく。
83 『亜細亜建設者』（『全集第二巻』二五二頁）。
84 同前。

85 イブン・サウード（Ibn Saʻūd・一八八〇〜一九五三年）。サウジアラビア王国の初代国王。
86 ケマル・アタトュルク（Kemal Atatürk・一八八一〜一九三八年）。トルコ共和国の創立者・初代大統領・トルコ民族解放運動の指揮者。
87 レザー・シャー・パフレヴィー（Reḍā shāh Pahlevī・一八七八〜一九四四年）。イラン、パフレヴィー朝の創始者。コッサク師団の将校からイラン軍総司令官になり、パフレヴィー朝を創設。
88 『亜細亜建設者』（『全集第二巻』三七一頁。）
89 同前『全集第二巻』三九四頁。
90 同『全集第二巻』三九五頁。
91 同『全集第二巻』四〇七頁。
92 前掲『大川周明日記』一八八頁等には大川が東条英機と会ったという記述がある。またこの『日記』には「主要人名注」がついているが、仮出所後も軍の要人と頻繁に会っていることを知ることができる。
93 同前『大川周明日記』三八三頁。
94 『亜細亜建設者』（『全集第二巻』三五八頁）。
95 同前『亜細亜建設者』（『全集第二巻』三六七頁及び三七七頁）。
96 同『亜細亜建設者』（『全集第二巻』四六五、四八〇頁）。
97 前掲書に次のようにある。「現に彼は『独立の延期は左まで苦にする必要がない』と言い、また英国が突如没落し、印度が一朝にして解放せらるる場合を想像して、それが必ずしも印度のために幸福ならざるべしとさえ暗示して居る。いずれにもせよ印度独立運動の成敗が、欧羅巴戦争に於ける英国の勝敗によることは言うまでもない。国民会議は、内外の情勢に刺戟せられ、今後も時として右に、時として左に傾きながら、兎にも角にも独立を目指して進むであろう。」（『全集第二巻』五〇四頁）また『米英東亜侵略史』には次のようにある。「イギリスが、ドイツと共に日本を敵とするに至ったことは、其の運命の尽きる日が到来したことであります。イギリスの運命尽くることは、世界が解放されること、殊に亜細亜が解放されることであります。」（『全集第二巻』七三四頁）

98 『亜細亜建設者』(『全集第二巻』四九八〜四九九頁)。

99 同前・四九九頁。

100 『米英東亜侵略史』(一九四二年・第一書房)。また、前掲の『大川周明日記』によると「米英東亜侵略史」の他に大川は次のようなラジオ放送もしくはその準備を行なったことが認められる。

＊昭和十八年二月二八日、「大東亜に呼ぶ」というラジオ講演の原稿を書いたとある。

＊昭和十九年一月三日、「決戦第三年新春の決意」というラジオ講演をしている。

＊昭和十九年三月二八日、「新東洋精神」という題で全六回のラジオ講演を始めている。

101 前掲『米英東亜侵略史』(『全集第二巻』六九〇頁)。

102 前掲「種族闘争の過去現在及未来」。

103 「大東亜戦争は、事実によって支那事変の性格を一変し、之を以て東亜に於ける一個の内乱たるに至らしめた。吾等は一刻も早く此の内乱を鎮定してこそ、初めて大東亜戦争の完遂を期し得るのである。」(『大東亜秩序建設』『全集第二巻』八〇三頁)大川にとって大東亜戦争の「完遂」とは「鎮定」、すなわちこの地を武力制圧することであった。

104 近衛首相は、この日、日本の戦争目的は東亜永遠の安全を確保し得る新秩序の建設にあたるとする「東亜新秩序声明」を発表した。

105 太平洋戦争開戦の日(一九四一年十二月八日)東条首相のラジオ演説「大詔を拝して」(佐々木隆爾他編『ドキュメント真珠湾の日』一九九一年・大月書店)。

106 『大東亜秩序建設』(一九四三年・第一書房)は「大東亜秩序の歴史的根拠」「大東亜圏の内容及び範囲」「亜細亜・欧羅巴・日本」の三編からなっている。このうち「亜細亜・欧羅巴・日本」は一九二五年すでに刊行したものの再録である。この編集からも、大川がかつての自らの主張と昭和十八年当時の自らの主張と結びつけようとしていることがわかる。しかし、この「亜細亜・欧羅巴・日本」には「建国二千六百年、この優秀なる民族を以てして……」等の記述があり(建国二千六百年は昭和十五年のこと)、筆が入っている恐れがあり慎重な検討が必要であることは前に指摘しておいた。

107 前掲『東亜建設者』(『全集第二巻』七七三頁)。
108 同前。
109 『日本精神研究』(一九二七年・文録社)は社会教育研究所(大正十年設立、大正十四年に大学寮に改組)の講義録である。
110 『大東亜秩序建設』(『全集第二巻』八〇九頁)。
111 『現代政治学事典』(一九九一年・ブレーン出版・三輪公忠執筆項目・六二八頁)。
112 「加うるに日本は、既に述べたる如く東洋全体を『三国』と呼び、不断に之を意識して活動して来た。花嫁をほめては『三国一の花嫁』と言い、富士山を誇りては『三国一の富士山』と言うのは、日本国民の日常生活が、三国意識即ち東洋意識の上に築かれて居る事を示すものである。支那は殆ど日本を眼中に置かず、印度は恐らく日本の存在をも知らなかったのに、誰だ吾が日本のみが自己の衷に支那と印度とを摂取し、明白に『三国』を意識して居たことはやがて日本が亜細亜に対して偉大なる使命と責任とを負荷すべき日の来ることを示唆するものである。而して其日は遂に来た。いま将に実現せられんとする東亜新秩序の精神的基礎たるべきものは、日本が千年に亘る生活体験によって錬成せる三国魂である。三国魂の客観化又は具体化こそ、取りも直さず大東亜共栄圏である。」(『大東亜秩序建設』『全集第二巻』八三八頁)
113 『新亜細亜小論』(一九四四年・日本評論社)。
114 『新東洋精神』(一九四五年・新京出版株式会社)。
115 前掲『新亜細亜小論』(『全集第二巻』八八四頁)。
116 前掲『新東洋精神』(『全集第二巻』九八一頁)。
117 前掲『印度における国民的運動の現状及び其の由来』(『全集第二巻』五三九頁)。
118 毛沢東「湖南省農民運動視察報告」等参照(一九二七年文書・前掲『孫文毛沢東』中央公論社所収)。
119 マハトマ・ガンジー『わたしの非暴力2』(一九七一年・みすず書房)等参照。
120 マハトマ・ガンジー「すべての日本人に」(一九四二年・前掲『わたしの非暴力2』三五~三八頁)一三四頁。

補論

1　神島は丸山眞男の「まつりごとの構造」を自説の「追試」と評した。「これ（「まつろう・しらす」の構造―引用者註）について丸山眞男は、『まつりごとの構造』（一九八八年）において、古典をテキストに構造論的に追試を施し、これを思想的に追跡してバッソ・オステイナトであるとなした。」（神島『政治をみる眼』一九九一年・NHK出版）

2　神島は「政治元理」と「政治原理」を区別している。神島が「原理」と「元理」を区別するようになったのは一九九〇年代前半であると思われる。一九九一年の『政治をみる眼』（NHKブックス）までは「政治の論理」という使い方であったが、一九九三年四月の比較日本研究会で耳で聞いても区別できるように「モト（元）理」と「ハラ（原）理」と区別し、現実の政治現象はいくつかの「モト理」で構成されると解説してくれた。神島は「政治の論理」から「元理」・「原理」を区別するようになるまでの変遷を次のように説明している。「私はまず眼前にある政治の現実から直接六つの原理を抽出し、次いで論理を精密に純粋化・単純化して〈原理〉から〈元理〉を区別し、新たに四つを加えて十の元理を用意し、自然科学の『元素表』にならって『元理表』を作成した。」（神島「柳田国男と丸山眞男を超えて」『向陵』Vol.40・No.1・一九九八年・九五頁参照）神島は現実の政治現象はいくつかの「元理」で構成されていると考え、その政治現象全体を把握すれば当核政治現象の「政治原理」が明らかになると考えたのではないだろうか。つまり、物資の分子が数種類の元素から成立しているイメージである。

3　フランシス・フクヤマ『歴史の終わり』（渡部昇一訳・一九九二年・三笠書房）。

主要参考文献

〈神島二郎・高畠通敏関連〉

神島二郎『近代日本の精神構造』（一九六一年・岩波書店）

神島二郎編『現代日本思想大系10　権力の思想』（一九六五年・筑摩書房）

神島二郎『日本人の結婚観』（一九六九年・筑摩書房）

神島二郎『文明の考現学』（一九七一年・東大出版会）

神島二郎『国家目標の発見』（一九七二年・中央公論社）

神島二郎編『柳田国男研究』（一九七三年・筑摩書房）

神島二郎共編『シンポジウム柳田国男』（一九七三年・ＮＨＫ出版）

神島二郎編『日本の名著50　柳田国男』（一九七四年・中央公論社）

神島二郎編『近代化の精神構造』（一九七四年・評論社）

神島二郎共編『天皇制論集』（一九七四年・三一書房）

神島二郎『政治の世界』（一九七七年・朝日新聞社）

神島二郎『人心の政治学』（一九七七年・評論社）

神島二郎編『近代日本思想大系8　徳富蘇峰集』（一九七八年・筑摩書房）

神島二郎編『天皇制の政治構造』(一九七八年・三一書房)
神島二郎『日常性の政治学』(一九八二年・筑摩書房)
神島二郎『磁場の政治学』(一九八二年・岩波書店)
神島二郎『常民の政治学』(一九八四年・講談社学術文庫)
神島二郎編『現代日本の政治構造』(一九八五年・法律文化社)
神島二郎『日本人の発想』(一九八九年・講談社学術文庫)
神島二郎『転換期日本の底流』(一九九〇年・中央公論社)
神島二郎『新版政治をみる眼』(一九九一年・NHK出版)
高畠通敏・関寛治編『政治学』(一九七八年・有斐閣)
高畠通敏他編『平和事典』(一九八五年・勁草書房)
高畠通敏『増補新版政治学への道案内』(一九九七年・三一書房)
高畠通敏『政治の発見』(一九九七年・岩波書店)
高畠通敏『平和研究講義』(二〇〇五年・岩波書店)

〈政治学・政治思想史関連〉

H・D・ラスウェル『政治』(久保田きぬ子訳・一九五九年・岩波書店)
岡義達『政治』(一九七一年・岩波新書)
久野収『平和の論理と戦争の論理』(一九七二年・岩波書店)
C・E・メリアム『政治権力』(斉藤眞・有賀弘訳・一九七三年・東京大学出版会)
矢部貞治『政治学入門』(一九七七年・講談社学術文庫)
J・K・ガルブレイズ『権力の解剖』(山本七平訳・一九八四年・日本経済新聞社)
大熊信行『国家悪』(一九八一年・論創社)

秋元律郎『権力の構造』（一九八一年・有斐閣）
R・ダール『ポリアーキー』（高畠通敏・前田脩訳・一九八一年・三一書房）
松本三之介『近代日本の思想像』（一九八四年・研文出版）
N・ペリン『鉄砲をすてた日本人』（川勝平太訳・一九八四年・紀伊国屋書店）
新藤栄一『現代紛争の構造』（一九八七年・岩波書店）
MARUYAMA MASAO, "The structure of Matsurigoto- the basso ostinato of Japanese political life", 『THEMES AND THEORIES IS MODERN JAPANESE HISTORY』 edited by Sue Henny and Jean-Pierre Lehmann, 1988, THE ATHLLONE PRESS.
K・V・ウォルフレン『日本――権力構造の謎』（篠原勝訳・一九九〇年・早川書房）
今谷明『室町の王権』（一九九〇年・中公新書）
上山春平『日本の国家デザイン――天皇制の創出』（一九九二年・NHK出版）
丸山眞男『忠誠と反逆』（一九九二年・筑摩書房）
塚田富治『政治家の誕生』（一九九四年・講談社新書）
藤田省三『全体主義の時代経験』（一九九五年・みすず書房）
田口富久治『戦後日本政治学史』（二〇〇一年・東大出版会）

K・マルクス『共産党宣言』（大内兵衛・向坂逸郎訳・一九五一年・岩波文庫）
丸山眞男『政治の世界』（一九五二年・御茶の水書房）
J・J・ルソー『社会契約論』（桑原武夫・前川貞次郎訳・一九五四年・岩波文庫）
丸山眞男『現代政治の思想と行動』（一九六四年・未来社）
藤田省三『天皇制国家の支配原理』（一九六六年・未来社）
M・ウェーバー『支配の諸類型』（世良晃志郎訳・一九七〇年・みすず書房）

C・シュミット『政治的なものの概念』（田中浩・原田武雄訳・一九七〇年・未来社）
原田鋼『少数支配の法則』（一九七四年・新泉社）
福田歓一『近代民主主義とその展望』（一九七七年・岩波新書）
K・フォルレンダー『マキャベリからレーニンまで』（宮田光雄訳・一九七八年・創文社）
原田鋼『政治権力の実体』（一九八九年・御茶の水書房）
加藤節『政治と人間』（一九九三年・岩波書店）
S・ハンチントン『文明の衝突』（鈴木主税訳・一九九八年・集英社）
伊藤彌彦『維新と人心』（一九九九年・東京大学出版会）
加藤節『政治学を問いなおす』（二〇〇四年・筑摩書房）

〈近代日本史関連〉

久野収・鶴見俊輔『現代日本の思想』（一九五六年・岩波新書）
遠山茂樹・今井清一・藤原彰『昭和史』（一九五九年・岩波書店）
鶴見俊輔他編『日本の一〇〇年』（全一〇巻・一九六一～一九六四年・筑摩書房）
高畠通敏「強権的統合と大衆運動」（一九七九年『ファシズム期の国家と社会6　運動と抵抗・上』所収）
橋川文三『昭和維新試論』（一九八四年・朝日新聞社）
升味準之輔『日本政治史』（全四巻・一九八八年・東京大学出版会）
芝原拓自・猪狩隆明・池田正博編『対外観』（『近代日本思想体系12』一九八八年・岩波書店）
竹内好『日本とアジア』（一九九三年・筑摩書房）
鈴木正幸『皇室制度』（一九九三年・岩波新書）
『岩波講座・日本通史』（第一六巻～一九巻・一九九四～一九九五年・岩波書店）
中島誠『アジア主義の光芒』（二〇〇一年・現代書館）

〈大正デモクラシー関連〉

信夫清三郎『大正デモクラシー史』(全三巻・一九五四〜一九五九年・日本評論社)
鹿野政直『大正デモクラシーの底流——土俗的精神への回帰』(一九七三年・NHK出版)
松尾尊兊『大正デモクラシー』(一九七四年・岩波書店)
栄沢幸二『大正デモクラシー期の政治思想』(一九八一年・研文出版)
井出武三郎『吉野作造とその時代』(一九八八年・日本評論社)
藤原保信『大山郁夫と大正デモクラシー』(一九八九年・みすず書房)
太田雅夫『大正デモクラシー研究』(一九九〇年・新泉社)
松尾尊兊『大正デモクラシーの群像』(一九九〇年・岩波書店)
栄沢幸二『大正デモクラシー期の権力の思想』(一九九二年・研文出版)
三谷太一郎『新版大正デモクラシー論』(一九九五年・東京大学出版会)
三谷太一郎『日本政党政治の形成』(一九九五年・東大出版会)

〈昭和史関連〉

山室信一『キメラ——満州国の肖像』(一九九三年・中央公論社)
加藤陽子『模索する一九三〇年代——日米関係と陸軍中堅層』(一九九三年・山川出版社)
色川大吉『昭和史　世相篇』(一九九四年・小学館)
野口悠紀雄『一九四〇年体制』(一九九五年・東洋経済新報社)
小林英夫・岡崎哲二・米倉誠一郎『「日本株式会社」の昭和史』(一九九五年・創元社)
吉田裕『日本人の戦争観』(一九九五年・岩波書店)
升味準之輔『昭和天皇とその時代』(一九九八年・山川出版社)

鶴見俊輔『戦時期日本の精神史』（二〇〇一年・岩波書店）
鶴見俊輔『戦後日本の大衆文化史』（二〇〇一年・岩波書店）
J・ダワー『敗北を抱きしめて上・下』（三浦陽一・高杉忠明・田代泰子訳・二〇〇一年・岩波書店）

〈権藤成卿関連・戦前〉

武田凞『支那文献の解題とその研究法』（昭和六年・大同館書店）
土田杏村「権藤成卿氏の所論」（『セルパン』昭和七年七月号・第一書房）
向坂逸郎「権藤成卿の所論を評す」（『改造』昭和七年七月号）
兎川寛二「血盟団事件の黒幕権藤成卿の全貌」（『人の噂』昭和七年八月号）
林葵未夫「農村の自治自救は可能なりや――権藤成卿氏の思想を批判す――」（『経済往来』昭和七年十月号・日本評論社）
山川均「新農村運動のイデオロギー」（『経済往来』昭和七年十一月号・日本評論社）
座間勝平『日本ファッショ運動の展望』（昭和七年・日東書院）
郷登之助「日本を知らぬ日本主義者――「非常時日本」の道化思想家権藤成卿の仮面を剥ぐ」（『人物評論』昭和八年五月号）
長野朗「権藤成卿氏と其学説」（『改造』昭和八年十月号）
蓑田胸喜『学術維新原理日本』（昭和八年・原理日本社）
松沢保和編・雑誌『制度の研究』（昭和八年十月一日第一号～昭和十二年一月一日第十六号・編集人発行人松沢保和）
黒龍会出版部『東亜先覚志士記伝』（上・昭和八年、下・昭和一一年）
戸坂潤『日本イデオロギー論』（昭和十一年・白揚社）

〈権藤成卿関連・戦後〉

『権藤成卿著作集』(全七巻・一九七二〜一九八八年・黒色戦線社)
桜井武雄「昭和の農本主義」(『思想』一九五八年五月号・岩波書店)
伊福部隆彦「東洋的アナーキスト――権藤成卿の自治学説」(『思想の科学』一九六一年・第28号)
丸山眞男『現代政治の思想と行動』(前掲)
藤田省三『天皇制国家の支配原理』(前掲)
橋川文三『近代日本政治思想の諸相』(一九六八年・未来社)
蠟山政道『日本における近代政治学の発達』(一九六八年・新泉社)
関口尚志「危機意識と日本型ファシズムの経済思想――北一輝と権藤成卿」(『近代日本経済思想史』一九七一年・有斐閣)
土方和雄「日本型ファシズムの台頭と抵抗」(『近代日本社会思想史Ⅱ』一九七一年・有斐閣)
G・M・ウィルソン『北一輝と日本の近代』(岡本幸治訳・一九七一年・勁草書房)
滝沢誠『権藤成卿』(一九七一年・紀伊国屋書店。一九九六年・ペリカン社より改訂増補版)
鈴木正節「権藤成卿と橘孝三郎」(『伝統と現代』一九七三年九月号)
綱沢満昭「権藤成卿論」(『農本主義と天皇制』一九七四年・イザラ書房所収)
村上一郎『北一輝論』(一九七六年・角川文庫)。村上には社稷に対する問題意識があることが注目される。
滝沢誠『近代日本右派社会思想研究』(一九六〇年・論創社)
久保隆『権藤成卿論―農本主義とアジア的共同体』(一九八一年・JCA出版)
篠原正一『久留米人物誌』(一九八一年・菊竹金文堂)
久留米市史編さん委員会編『久留米市史・第二巻』(一九八二年・ぎょうせい)
久留米市史編さん委員会編『久留米市史・第三巻』(一九八五年・ぎょうせい)
岩崎正弥『農本思想の社会史』(一九九七年・京都大学学術出版会)

亀井俊郎『金雞学院の風景』（二〇〇三年・邑心文庫）
吉田試子『三代の記』（吉田震太郎編・二〇〇五年・明倫社）
立花隆『天皇と東大――大日本帝国の生と死・上』（二〇〇五年・文芸春秋社）
片山杜秀『近代日本の右翼思想』（二〇〇七年・講談社）

〈大川周明関連〉

『大川周明全集』（全七巻・一九六一〜一九七四年・岩崎書店）
野島嘉晌『大川周明』（一九七二年・新人物往来社）
橋川文三編『大川周明集』（『近代日本思想大系二二』一九七五年・筑摩書房所収）
刈田徹『昭和初期政治・外交史研究――十月事件と政局』（一九七八年・人間の科学社）
長崎暢子「大川周明の初期インド研究」（一九七八年三月・『歴史学研究報告』第十六号）
栄沢幸二『日本のファシズム』（一九八一年・教育社）
原田幸吉『大川周明博士の生涯』（一九八二年・大川周明顕彰会）
富樫富『大川周明――回帰への遍歴』（一九八二年・大東塾出版会）
松本健一『大川周明――百年の日本とアジア』（一九八六年・作品社）
大塚健洋『大川周明と近代日本』（一九九〇年・木鐸社）
谷寿美『ソロヴィヨフの哲学――ロシアの精神風土をめぐって』（一九九〇年・理想社）
酒田市立図書館編『大川周明旧蔵書目録』（一九九四年・光印刷）
酒田市史編さん委員会編『酒田市史・改訂版下巻』（一九九五年・光印刷）
大塚健洋『大川周明――ある復古革新主義者の思想』（一九九五年・中央公論社）
大川周明関係文書刊行会編『大川周明関係文書』（一九九八年・芙蓉書房）
昆野伸幸「大川周明の日本歴史観」（『日本思想史学』二〇〇〇年・日本思想史学会）

昆野伸幸「昭和期における大川周明のアジア観」（『近代の夢と知性』二〇〇〇年・翰林書房所収）
刈田徹『大川周明と国家改造運動』（二〇〇一年・人間の科学新社）
中島岳志『中村屋のボース』（二〇〇五年・白水社）
中島岳志『パール判事』（二〇〇七年・白水社）
中島岳志編『頭山満と近代日本』（二〇〇七年・春風社）
関岡英之『大川周明の大アジア主義』（二〇〇八年・講談社）

〈北一輝・橘孝三郎関連・戦前〉

北輝次郎『国体論及び純正社会主義』（一九〇六年・東洋社）
北一輝『日本改造法案大綱』（一九二八年・改造社）
橘孝三郎『日本愛国革新本義』（一九三二年・建設社）
橘孝三郎『農業本質論』（一九三二年・建設社）
橘孝三郎『土の日本』（一九三四年・建設社）

〈北一輝・橘孝三郎関連・戦後〉

『北一輝著作集』（全三巻・一九五九〜一九七二年・みすず書房）
松沢哲成『橘孝三郎――日本ファシズム原始回帰論派』（一九七二年・三一書房）
山本修之助『佐渡の百年』（一九七二年・佐渡の百年刊行会）
村上一郎『北一輝』（一九七六年・角川書店）
五十嵐暁郎編『北一輝論集』（一九七九年・三一書房）
宮本盛太郎『天皇機関説の周辺』（一九八〇年・有斐閣）
田中圭一他『北一輝と佐渡』（一九八四年・中村書店）

田中圭一『先駆ける群像（下）――佐渡の幕末・維新』（一九八九年・刀水書房）
田中圭一『天領佐渡（3）島の幕末』（一九九二年・刀水書房）

略年表

一、作成にあたり主に以下の文献を参照した。滝沢誠『権藤成卿』、大塚健洋『大川周明』。
一、年号については以下の通り略記した。慶応→慶、明治→明、大正→大、昭和→昭。

西暦（年号）	世界史	日本史	権藤成卿	大川周明
1867（慶3）		大政奉還		
1868（明元）			福岡県三井郡山川村（現在の久留米市山川町）で生まれる	
1871（明4）		廃藩置県		
1877（明10）	英領インド帝国成立	西南戦争		
1881（明14）		玄洋社結成		
1882（明15）	伊・独・墺三国同盟成立			
1883（明16）		北一輝生まれる		
1884（明17）	朝鮮で甲申の変		二松学舎入学、まもなく退学	
1885（明18）	第一回インド国民会議			
1886（明19）				山形県飽海郡荒瀬郷藤塚村に生まれる

1888（明21）		市制町村制公布		
1889（明22）	第二インターナショナル成立	帝国憲法発布		
1890（明23）		第一回帝国議会開会	京都空也堂葛原定慶の娘信枝と結婚	
1893（明26）		橘孝三郎生まれる	対馬金鰲島の漁業事業に関係、翌年失敗	
1894（明27）	朝鮮東学党の乱	日清戦争始まる		
1895（明28）		下関条約・三国干渉	長崎春徳寺に寄寓	
1898（明31）	フィリッピン米領となる			
1899（明32）	ボーア戦争（～1902）。米、中国に対し門戸開放宣言、義和団の乱おこる			
1901（明34）		内田良平等黒龍会結成		
1902（明35）	日英同盟成立		上京麻布市兵衛町に居住	
1904（明37）	英仏協商 李容九等一進会を結成	日露戦争		荘内中学卒業
1905（明38）		ポーツマス講和会議	赤坂檜町に居住	

1906（明39）		北一輝『国体論及び純正社会主義』。南満州鉄道会社設立の勅令	赤坂仲ノ町に居住	
1907（明40）				第五高等学校卒業
1908（明41）		戊辰詔書発布		
1910（明43）		大逆事件。日韓併合。一進会解散		
1911（明44）	清国に辛亥革命	幸徳秋水等一二名死刑		東京帝国大学文科大学卒業
1912（明45）	中華民国成立	明治天皇死去、大正となる		
1913（大2）		第一次護憲運動		
1914（大3）	第一次世界大戦始まる		麻布芋洗町に居住	
1915（大4）	日本、中国に対華21ケ条要求			
1916（大5）				『印度に於ける国民的運動の現状及び其の由来』 老壮会結成
1917（大6）	ロシア革命		麻布三河台に居住	
1918（大7）	米ウィルソン14カ条の提唱。連合軍シベリア出兵。ドイツ降伏	米騒動		

1919（大8）	パリ講和会議。五・四運動		皇民一性会結成	猶存社結成。東亜経済調査局編輯課長となる
1920（大9）	国際連盟発足		『皇民自治本義』。自治学会発足	拓殖大学教授を兼任
1921（大10）	ワシントン会議	朝日平吾、安田善次郎刺殺		『日本文明史』
1922（大11）	ワシントン海軍軍縮条約九カ国条約調印	日本共産党結成	『南淵書』	『復興亜細亜の諸問題』
1923（大12）	ソビエト社会主義共和国連邦成立	関東大震災・北一輝『日本改造法案大綱』	関東大震災を契機に内田良平と袂別	東亜経済調査局調査課長となる
1924（大13）	第一次国共合作	第二次護憲運動高まる		「種族闘争の過去現在及未来」
1925（大14）	日ソ基本条約調印	治安維持法・普通選挙法成立		行地社結成。広瀬兼子と結婚・『亜細亜・欧羅巴・日本』
1926（大15）	蔣介石北伐開始	大正天皇死去、昭和と改元		『日本及日本人之道』
1927（昭2）		金雞学院開校	『自治民範』	『特許植民会社制度研究』刊行
1928（昭3）	不戦条約調印	共産党大弾圧（三・一五事件）。特高警察を全国に置く	『柳子新論』	

1929（昭4）	米ニューヨークで株価大暴落・世界恐慌始まる			東亜経済調査局理事長となる
1930（昭5）	ロンドン海軍軍縮会議	桜会結成		『日本的言行』
1931（昭6）	九月「満州事変」	「三月事件」「十月事件」	『八隣通聘攷』	『国史読本』
1932（昭7）	三月満州国建国宣言	二月「血盟団事件」五月「五・一五事件」	一月『日本農政史談』、七月『農村自救論』、八月『日本震災凶饉攷』。目黒区中根町に居住。十二月『君民共治論』	二月神武会結成。六月「五・一五事件」で逮捕
1933（昭8）	日本、国際連盟を脱退		『間々子詩』	
1934（昭9）	ヒトラー総裁に就任		『制度学雑誌』創刊	
1935（昭10）	エチオピア戦争	天皇機関説攻撃される	「制度研究会」発足	神武会解散。10月大審院宣告禁固5年
1936（昭11）		「二・二六事件」。日独防共協定調印	『自治民政理』	6月下獄
1937（昭12）	日独伊防共協定	7月「盧溝橋事件」、日中戦争始まる。浜田国松の腹切り問答	7月9日死去、青山斎場で葬儀久留米市郊外隈山の権藤家墓地に葬られる	10月仮出所

1938（昭13）		国家総動員法公布	法政大学大陸部長となる。東亜経済調査局付属研究所開設、所長となる
1939（昭14）	第二次世界大戦勃発		『日本二千六百年史』
1940（昭15）	南京に汪兆銘政府成立	大政翼賛会結成。紀元二千六百年式典挙行	
1941（昭16）		日本軍真珠湾を奇襲、太平洋戦争始まる	『亜細亜建設者』。「米英東亜侵略史」ラジオ講演
1942（昭17）			『米英東亜侵略史』
1943（昭18）	大東亜会議開催		『大東亜秩序建設』
1944（昭19）			『新亜細亜小論』
1945（昭20）	二月ヤルタ会談。八月第二次大戦終る。十一月独戦犯に対するニュルンベルク国際軍事裁判開始	8月日本無条件降伏・終戦の詔書放送	『新東洋精神』 12月A級戦犯容疑で逮捕
1946（昭21）	チャーチル「鉄のカーテン」演説	一月天皇「人間宣言」。五月極東国際軍事裁判開廷。十一月日本国憲法公布	東京裁判で東条英機の頭を叩き精神障害の疑いで入院

1947（昭22）	トルーマンドクトリン発表。コミンフォルム結成			
1948（昭23）		東京裁判判決		不起訴処分12月30日退院
1950（昭25）		朝鮮戦争勃発		『古蘭』翻訳
1951（昭26）	サンフランシスコ平和条約・日米安全保障条約調印			
1952（昭27）	英・最初の原爆実験			
1954（昭29）	米・ビキニ水爆実験	防衛庁・自衛隊発足		
1955（昭30）		社会党統一大会・自由民主党結成（五五年体制）		
1956（昭31）	ハンガリー事件にソ連軍介入	経済白書「もはや戦後ではない」		
1957（昭32）		岸内閣発足		神奈川県愛甲郡愛川町中津の自宅で死去

あとがき

私が本書で扱ったような「権力」に対する問題意識を持つようになったのは、高校時代に溯る。私の高校時代は大学闘争から飛び火した「高校紛争」の時代であった。都立上野高校や都立新宿高校が有名であるが、私の出身校の都立国立高校もささやかな生徒の異議申し立てが行われ、授業がストップされた。私はクラス単位の議長としてこの「高校紛争」に積極的に関わった。身近な政治を大きな社会と関わらせて考えるきっかけになったのはこの「高校紛争」の経験であったかもしれない。その時、私は当時の〈闘争学生〉の主張するマルクス主義的な〈武装闘争主義〉にどうしても共鳴できなかった。そしてそれ以来、政治における武力や暴力の問題を考えつづけた。

私の入学した立教大学法学部は今から思うとそうした問題意識を持った学生にはうってつけの学部であった。すでに故神島二郎教授は「政治元理表」の構築に入ろうとしていた。また、法学部の諸先生方は立教の大学闘争を〈非武力的〉に解決したスタッフだけであって既成の政治学をするどく批判し、新しい政治学を模索している新進気鋭の方ばかりで社会的にも注目されていた。

私は、二年次で故高畠通敏教授のゼミを受講し、三年次から神島二郎教授のゼミに入ることを許された。こまごまとした私の研究過程をここで述べることは差し控えるが、「武力」を「ウルティマ・ラティオ」と考える政治学への抗いの気持ちはずっと持ち続けた。大学を卒業し、東京都の職員となり、数年後大学院に入り直し、近代日本政治思想研究を再開した。大学院修了後は再び神島二郎教授の門を叩き、教授のもとで「新しい政治学」を鋭意学習し、それを自分の研究に活かす事を自らの課題としてきた。

本書はそうした神島二郎先生の「新しい政治学」を自分なりに用いて解いた近代日本政治思想の研究である。どれだけ先生の構築した政治学を咀嚼できたか自信がないが、とにかく研究発表として世に問いたい。読者諸兄の忌憚のないご批判を待つばかりである。

＊

つたない研究であるが、私がここまでまがりなりにも来ることができたのはひとえに神島二郎先生をはじめ多くの先生方の学恩のおかげである。御礼を述べねばならない方は数多い。

神島先生には立教大学での三・四年次のゼミから教えを受けてきた。日本を代表するような大家であるにもかかわらずその平易な言葉とやさしそうな笑顔に瞬く間に虜になり、接するにしたがってその厳しい学問的態度、そして批判精神にもふれることができた。それ以来一九九八年に亡くなるまでどれだけの教えを受けたであろうか。特に先生が御自宅で組織された比較日本研究会には一九八五年から九五年の一一年間の長きわたってそのメンバーとして参加を許していただき、親身に指導を受けた。にもかかわらずその学恩に報いることができなかったのは痛恨の一言である。今回のこの書もまだ先生に献呈するだけのものとなってはいない。

比較日本研究会は神島先生が作られた比較日本研究所のメンバーを中心に今も継続している私の最も大切にしている研究会である。この研究会に集い、また集まった方々、その中でも岡敬三氏は永年来時には厳しく時には暖かく指導してくださる私の兄弟子のような方である。岡氏の指導がなければこの本もできなかったと思う。神奈川大学教授の石積勝氏は研究や人生に迷うような時にいつも私を暖かく励ましてくださる方である。そして、本書は原稿の段階で石積氏やこの研究会でいつも鋭い批評を放つ西田豊和氏・山本浩士氏に最初に目を通していただいた。特に山本氏には文章の訂正だけではなく細かい史実についても丁寧に検討していただいた。感謝の限りである。この書のもとになった論文はいずれも比較日本研究会の研究会誌『政治文化』に掲載されたものである。この書は故神島先生や研究会のメンバーとの切磋琢磨の結果でき上がったものである。

立教大学でたくさんの教え子を育て、二〇〇四年七月七日にガンとの闘病の末逝去した高畠通敏教授にもながきに渡って親しく教えを受けた。日本の多くの政治学者がエリートや権力者の高みから政治を見る中で、教授は安保闘争以来の市民運動に関わりながら権力を持たない一人ひとりの市民の立場から政治学を考え続けた。立教大学の最後の時期には「平和研究」の講座を開いたと聞く。高畠教授にはこの出版に際しても親身に相談に乗っていただき、世織書房の伊藤晶宣氏を紹介していただいた。すぐれた編集者でありまた市民運動の実践家でもある伊藤氏の下でこの本の作業を進めることができたのは幸いであった。

惜しいことに早世した一橋大学教授の塚田富治氏はヨーロッパ史を「プリマ・ラティオ」(「最初の手段」)から「ウルティマ・ラティオ」(「最後の手段」)への歴史として描く画期的な近代ヨーロッパ政治思想史観を提示した。塚田氏は本書の構想に理解を示され、私を都立大学名誉教授の升味準之輔先生のまわりに集う研究会に導いて下さった。それ以来もう十一年がたとうとしているが、升味先生には歴史考察の基本的な方法について常に教えを受けてきた。学者として大学人として〈非権力的な政治〉を実践されてきたことが偲ばれる温厚なお人柄と語り口から受ける影響は絶大である。先生には本の原稿の段階で貴重なアドバイスをいただいた。また先生を中心に集う青山学院大学教授大石紘一郎先生はじめ「マスミ会」の諸先生方は、毎回謙虚な中にも刺激的な議論で私の蒙を啓いてくれる。

私は大学を出る時、神島先生から大学院で研究を希望しているようだが、その前に一度社会に出た方が良いとアドバイスされた。「社会科学が解かねばならない問題は図書館にあるのではなく、実社会にあるのだから」とおっしゃった先生の言葉はまだ耳にこびりついている。私はそれにしたがって、東京都の職員となりそのかたわら研究を続けてきた。そうした生き方に最も理解を示してくれた先輩に秋野晃司女子栄養大学教授がいる。秋野教授は時にくじけそうになる研究生活の持続を教授主催の学会に招待してくれるなど、を通じていつも側面から励ましてくれた。教授自身もインドネシアという研究フィールドを持ち、地に足がつかない学問を最も忌避される方でもある。

大東文化大学准教授の新里孝一氏にはこの本の原稿段階で目を通していただき、きびしくも適切なアドバイスをいただいた。また早稲田大学教授小林英夫氏、専修大学教授栄沢幸二氏には「経済改革大綱」等の貴重な資料をお借りすることができた。高知短期大学准教授の木下真志氏には『大川周明全集』等資料収集の際にたいへんお世話になった。権藤成卿に親しく教えを受けたという故松沢保和氏、長野朗の遺児である故長野莱策氏には研究上の様々な示唆をいただいた。権藤成卿のご親族にあたられる故船田茂子氏、権藤延子氏、権藤鴻二氏、明治大学教授の権藤南海子氏には成卿の写真や資料をお借りし、また貴重な経験談をお聞かせいただいた。大川周明顕彰会の方々には酒田訪問の際に色々と便宜を図っていただいた。

この他にも私を暖かく見守ってきてくれた方は数多い。権藤成卿研究の第一人者の滝沢誠氏、立正大学名誉教授の西田照見氏、聖学院大学教授石部公男氏、明治学院大学教授播本秀史氏、同志社大学教授今川晃氏、立教大学法学部の五十嵐暁郎教授・松田宏一郎教授、弁護士金井重彦氏、講師を勤めさせていただいている神奈川大学経営学部の諸先生方、成蹊大学大学院でお世話になった植手通有名誉教授・加藤節教授・宇野重昭島根県立大学学長・佐藤竺名誉教授、そして私をいつもはげまして下さる上原稔男氏をはじめとする多くの友人達、この拙い書物をこれらの方々に謹んで捧げたい。

最後に、このようなわがままな道を認め見守ってきてくれた亡き父と母、そして病と伴に歩み「沈黙のやさしさ」と「暖かな無関心」で私を支え続ける妻澄子に心より感謝したい。

戦後六四年五月十五日（「五・一五事件」より七七年目の日に）

著者

高畠通敏編
現代市民政治論
3000円

菅原和子
市川房枝と婦人参政権獲得運動
●模索と葛藤の政治史
6000円

大海篤子
ジェンダーと政治参加
2200円

都築勉
戦後日本の知識人
●丸山眞男とその時代
5300円

五十嵐暁郎
明治維新の思想
2600円

五十嵐暁郎編
象徴天皇の現在
●政治・文化・宗教の視点から
3400円

＜価格は別税＞

世織書房

〈著者紹介〉
大森美紀彦（おおもり・みきひこ）
1952年、東京都三鷹市生まれ。
1977年、立教大学法学部卒。1985年、成蹊大学大学院法学政治学研究科博士前期課程修了（法学修士）。現在、神奈川大学・聖学院大学非常勤講師。比較日本研究会幹事（故神島二郎設立）。

日本政治思想研究——**権藤成卿と大川周明**

2010年３月15日　第１刷発行©

著　者	大森美紀彦
装幀者	M. 冠着
発行者	伊藤晶宣
発行所	(株)世織書房
印刷所	三協印刷(株)
製本所	協栄製本(株)

〒220-0042 横浜市西区戸部町７丁目240番地 文教堂ビル
電話045(317)3176　振替00250-2-18694

落丁本・乱丁本はお取替いたします　Printed in Japan
ISBN978-4-902163-50-6

人名索引

あ　行

か　行

さ　行

た 行

な 行

は　行

ま　行

や　行

ら　行

わ　行

事項索引

あ　行

か　行

さ　行

た　行

な　行

は　行

ま　行

や　行

ら　行

わ　行